U0067448

大學生心理衛生與輔導

鄭照順　著

［吳序］ 大學生身心健康的寶典

吳武典 名譽教授

　　健康須由鍛鍊而提升，心智須由鑽研而增進，潛能須由挑戰而激發。健康、心智、潛能的發展已成為大學教育共同追求的目標。根據調查，台灣大學生常見的心理壓力問題前十項是：課業與就業壓力、情緒困擾、人際衝突、感情困擾、人生價值意義、父母期望、自我期望、經濟壓力、精神疾病與網路成癮。其中情緒困擾、生活壓力、男女感情問題、人際衝突、網路成癮，以及與潛能發展、自我實現有關的父母期望、自我期望等問題，均可以在鄭照順博士這本《大學生心理衛生與輔導》一書中找到很好的解答及輔導方法。

　　鄭照順博士向以增進學生身心健康及發展學生身心潛能為職志。近年他在大學任教，蒐集英國、美國、日本、北歐、中國大陸和台灣本土最新的心理輔導新知，經過五年多的心理與輔導理論及實踐研究，寫出國內第一本大學生的心理衛生與輔導的專書，目的在增進大學生的心理健康及潛能發展。全書共十一章，理論論述、實用技巧及個案輔導實務兼顧，極具啟發性與創新性。由於作者具有厚實的教育學基礎，平時涉獵心理輔導和中醫學，在中學和大學又有豐富的教學和行政經驗，故能融會貫通，寫出這樣的一本好書。從書中觀察作者的心路歷程，處處可見其真知灼見，例如：

　　──**「天時、地利、人和」均可營造**：多數的生活壓力來自人、時、天的不和。創造人和，可由人品去調整；創造地利，可以透過環境改造；創造天時，可由好心情來營造。

　　—— **自我實現的潛能，來自知性、感情與意志力**：教育工作者可幫助智力、意志力的培育，心理工作者可幫助心理、情緒的調和。

　　—— **將音樂、藝術融入輔導**：樂者，天地之和，扣人心弦，可怡情養性，促進心理的平衡；藝者，天地之美，賞心悅目，可令人陶醉，更可以調節心情。

　　個人認識作者多年，並曾合作進行以「多元智能學校經營」為主題的國科會研究計畫，深知作者在教學、心理輔導、教育行政、中醫學等領域，無論研究或實務，均本著積極勤奮、勇於創新、愛與關懷的使命感，戮力為學校、為社會做出努力與貢獻。今日這本深具創見的心理輔導著作出爐，令人欣喜，先睹為快之餘，特撰此序，鄭重向大家推薦。

國立台灣師範大學名譽教授

吳武雄　謹識

2011年12月

[曾序]　行者常至，為者常成

曾燦燈　校長

　　大學生心理衛生與輔導的工作，需要有豐富的實務經驗、專精的心理知能及積極奉獻的熱誠，才能做出最佳的成果，照順兄曾擔任高雄市諮商輔導督學等十年，擔任中學校長十四年，輔導與教育行政經驗豐富。照順兄擔任本校諮商輔導中心主任期間，認真投入並發展了許多特色與成果，諸如：

　　一、創設發行「高苑心田電子報」：報導校長的輔導觀念、介紹專家學者的輔導新知，及師生在心理輔導的實踐心得，共出版四期。

　　二、創編「導師輔導知能手冊」：從如何與學生溝通、如何建立師生關係、幫助學生生涯規劃、心理疾病的預防，到相關輔導資源的介紹。

　　三、首創「音樂治療」服務：提供音樂治療資源，每月介紹五張CD，師生如有心理壓力、情緒困擾、失眠等問題，均可申請安排音樂治療。

　　四、創立「網路諮詢」服務：提供二十四小時的網路諮商，使學生的身心困擾、生活壓力等問題得到一個立刻諮詢的管道。

　　五、整合校內外輔導資源：聘精神科醫師駐診，及邀請心理輔導專家演講，幫助身心有困擾的學生度過難關，提升全校師生輔導知能。

　　六、成立潛能開發的「品格領袖社團」、「天使志工社團」：協助學生開發多元智能，培養良好品格，建立自信心。

　　七、榮獲教育部第一等評鑑成績：教育部2007年大學教育評鑑，照順兄所推動「諮商輔導」行政成果，在「學務部門──諮商輔導」

項目，榮獲第一等評鑑成績。

照順兄「輔導行政」、「輔導的教學」及「心理輔導研究」的理論與經驗兼備，曾赴歐美各國蒐集輔導新知，融合個人的心理輔導研究，投入五年的時光，寫出《大學生心理衛生與輔導》專書。這本著作，包含的內容與特色如下：

——**討論大學生的身心健康、保健的問題：**如「心理健康與保健」、「生活壓力與因應」、「情緒智能與管理」等。

——**關心大學生的潛能發展，及新興的心理議題：**如「自我實現的人格培育」、「談情說愛的技巧與分手的調適」、「網路心理與輔導」、「音樂與藝術治療」。

——**關心大學生危機事件、天然災害的諮詢方法：**如「自殺事件的預防」等。

——**從認知、輔導到實踐方法兼顧：**對大學生增加「心理健康知能」，對輔導老師增加「輔導技術」等。

1974年於台灣師範大學教育系時，我與照順兄已是相知相惜的好友，照順兄為人謙和、和善，做事主動積極、認真，是位有教育理想的教育工作者、心理輔導研究者。博士研究期間專攻心理輔導專業，也曾於1993年赴美國科羅拉多大學進行心理專題研究，更於廣州中醫藥大學博士班專攻「情志病的身心兼治」，是一位優秀的心理輔導學者，對於照順兄能夠出版此本經典之作，與廣大的心理輔導的同好分享，及為大學生的心理健康做出貢獻，本人樂意為此書的誕生作序。

高苑科技大學校長

謹識

2011年12月

[自序]　優質的身心健康，就是最高的幸福

　　2006年的仲夏，我從花蓮擔任玉里高中校長的工作，回到故鄉高苑科技大學擔任諮商輔導中心主任，回想擔任十四年的中學校長生涯，所做的努力在整合資源、創新發展、提升文化素養、策略行銷、培育品格，不覺間，已培育二萬多名學生，希望對社會有所貢獻。擔任諮輔中心行政主任及大學教學七年間，所抱持的工作理念包含：整合輔導新知與輔導資源，主動服務師生，特色發展，提升心理健康，增進潛能發展，希望能培育出身心健康的優質大學生。

　　大學教授的職責，在做好教學、研究與社會服務三項工作，因此勤於教學與學術研究工作之餘，創立「高苑心田電子報」，提供師生發表輔導新知及心理健康的實踐心得；編輯《高苑科大導師輔導手冊》，也在奠定好導師的基本輔導知能。每年為導師、義輔老師辦了十幾場心理輔導新知演講，這些熱心奉獻的校際名師包含：吳武典、馮觀富、張德聰、曾迎新、柯慧貞、呂素眞、林梅鳳、蘇振泰、唐有毅、李明憲、鄭國輝、吳明隆、劉威德、陳照雄、林季宏、蔣榮安、高強華、吳松林、黃文華、徐大鈞、王靜風、鄭阿乾、盧克文、郭隆興、林志聖、唐子俊、彭懷眞等教授，均為高苑的心理輔導工作、心理健康智慧，注入新的活泉。

　　2007年2月筆者去海南島旅遊，不巧連下三天雨，天寒地凍，只好到書局買書，偶然看到武漢大學余琳教授所著《大學生心理健康教育》一書，拜讀之餘深為感動，決心花四年的時光撰寫《大學生心理衛生與輔導》一書，以彌補台灣地區尚未有一本屬於大學心理衛生與輔導的專書。本書能夠順利發行，要感謝吳武典教授的鼓勵，才能夠在繁忙中完成此專書。

　　本書的主要特色有四：

　　一、心理衛生理論與實際兼具：每一章均有周詳、系統的心理衛

生學理介紹，並有相關的案例做討論，且分析其實施成效。

二、附有「金科玉律」作為每章的引言：其中的意涵是「金的箴言」、「科學精神」、「玉石之堅」、「律己自省」，以傳承先人、聖賢大師、名家之智慧，以啟發學習者的興趣，及引入智慧之門。

三、各章均附有「討論題」：心理衛生的議題日新月異，上課須與社會新聞、時代潮流、學生的日常生活相結合，再應用心理衛生的知識、方法去解決問題，給予未來預防的啟發，這是本書的重要旨趣。

四、掌握大學生心理健康的新興議題：本書的內容包含：心理衛生的起源、大學生的心理健康標準、大學生的生活壓力、大學生的情緒智能、大學生的人際、人格發展、大學生的戀愛心理、大學生的潛能發展、大學生的心理疾病與預防等。

五、掌握及時性的新興議題：如「天然災害的生命、物質及心理救援方式」，可以給我的日本好友一戶胤夫教育長、川畑敬三校長、春日信興校長及災民等如何因應日本311大地震海嘯的心理重建作參考，也為天然危機事件之因應建立國際資訊交流的機會。

綜合言之，「道尊而後民知敬學」，作者深覺心理衛生、心理輔導的知識並非定能解決所有大學生心理困擾、憂鬱或精神分裂等問題，因此繼續專研「中醫學治療」的專業知能，期能達成「身心兼治」，做較完善的輔導與治療服務。總之，本書能夠順利完成，要感謝吳武典教授、曾燦燈校長等的鼓勵，更感謝心理出版社洪有義董事長、林敬堯總編輯、李嘉浚經理、林汝穎編輯等的協助，才能順利付梓出版，於此對本書的思考、研究、出版等有貢獻的師長、好友、家人，致上最高的謝意。

鄭照順 謹識

2011年12月

目　　次

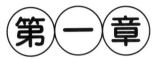

第一章

心理衛生導論

健康心理的金科玉律

健康的身體根基於健康的心靈（A healthy body depends on a healthy mind）。

（西諺）

健康之道，在於清心寡慾、作息規律、親近大自然。

（老子）

提升體力、耐力、腦力、品格，就是競爭力。

（鄭照順）

西方諺語說：「健康是最重要的財富。」沒有健康就失去一切。因此千百年來，醫學受到大家的重視，二十世紀初心理治療的研究興起，大眾的「心理衛生」常識開始被關注，對身心健康的預防加以重視。西醫了解藥物能殺死細菌，但藥物並不能改變人格及心理環境；中醫也開始重視「身心兼治」的策略。二十世紀末，各國於大學教育階段開始設「心理衛生」課程，以增加對人類身心的健康知識；各國衛生單位也大量投入醫療、心理、生物、醫藥、環境等的研究與改善，以預防身心疾病的發生。

有關大學生的「心理健康標準」，二十一世紀初開始受到重視與討論。心理衛生的研究方法，也正逐步的拓展，由心理輔導、精神醫學、個案研究及潛能開發等方法，逐漸走向科際整合的途徑。

第一節　心理衛生的源起與意義

Beers（1908）是發起心理衛生（mental hygiene）運動的先鋒，他於1909年成立了「美國全國心理衛生委員會」（The National Committee for Mental Hygiene），使心理衛生成為全美國關注的重點。1930年於美國首府華盛頓召開的「第一屆國際心理衛生大會」，有53個國家的代表出席，並成立了「國際心理衛生委員會」（International Committee for Mental Hygience），對推動增進人類的心理健康，有重要的貢獻。

壹 心理衛生的源起

美國學者Clifford W. Beers於1908年5月發起成立「康乃狄克州心理衛生協會」，Beers自己擔任發起人，會員有教授、醫生、心理學家、精神病學家、律師、法官、社會工作者、復健師及精神病患家屬等。「康乃狄克州心理衛生協會」有五項目標：

1. 如何保持心理健康。
2. 如何防止心理疾病。
3. 提高精神患者的待遇。
4. 普及大家對心理疾病的認識。
5. 與心理衛生有關的機構合作。

1909年Beers與同行好友繼續努力，成立了「美國全國心理衛生委員會」。首任會長是心理學家Walter B. James，Beers擔任秘書長，執行委員七人，財務長二人，行政人員五人。全國心理衛生協會並於1919年發行《心理衛生季刊》（*Mental Hygiene*）。《心理衛生季刊》的編輯主旨包含下列幾項：
1. 心理衛生推廣教育。
2. 心理衛生文獻的研究。
3. 心理疾病的病理了解。
4. 心理疾病的預防方法。
5. 心理缺陷病患的了解。
6. 心理衛生行政的獎勵、管理、控制及預防。

1930年5月5日，美國於首府華盛頓召開「第一屆國際心理衛生大會」，有53個國家的代表，共有3,042人出席，並成立「國際心理衛生委員會」，每兩年召開一次世界心理衛生研討會，其主旨如下：
1. 致力於增進人類的心理健康。
2. 關於健康的科學與教育活動。
3. 進行心理疾病的研究治療與預防。

貳 心理衛生的涵義

心理衛生（mental hygiene）是一種促進心理健康的方法、行政措施、教育輔導、促進發展及研究途徑等整合性的名詞。許多學者曾對「心理衛生」做出內涵的描述，以下是數位專家學者對「心理衛生」之定義。

1. 《心理衛生季刊》主編 Beers（1917）對「心理衛生」的定義：「即對心理疾病的了解、研究、教育及提出心理疾病的預防措施，並對預防措施加以管理、控制、獎勵，最終目的在促進個體的心理健康。」足見有關「心理衛生」的了解、研究、預防與管理，具有相當的複雜性。

2. Rosanoff 於1938年指出：「心理衛生，是心理健康與心理效能的保持及實踐的科學」，具有三個目的：(1)由衛生學觀點獲得下一代的優生，及培育優質的天賦；(2)並把優質的天賦，用於改善健康、工作能力、兩性的適應等方面；(3)對心理障礙的了解，並提出預防措施（賴保禎，1991）。

3. Lowry 於1954年指出：「心理衛生，是一種幫助心理健康、幫助人格健全發展、預防心理障礙及協助心理精神治療的綜合性心理科學。」（賴保禎，1991）

4. 吳澄波（2006）對心理衛生的定義為：「防止心理疾病，促進心理健康，以幫助個體對所處環境，能夠有良好適應的綜合性活動。」

5. 王以仁、林淑玲、駱芳美（2006）認為：「心理衛生是針對心理疾病之預防及保持心理健康為目的，所發展出來的一門科學。」賴保禎、簡育仁（1980）指出：「心理衛生，即以心理為對象的衛生教育措施。消極目的，是對心理疾病與心理健康做預防；積極目的，是維持心理健康，及增進心理健康潛能的發展。

6. 吳武典、洪有義、張德聰（2010）指出：「心理衛生，是幫助個體預防心理疾病的發生；並且協助個體在生理、心理、社會上保持最佳的狀態，是促進心理健康的一門以心理學、精神醫學為主的綜合性科學。」

綜合言之，心理衛生的涵義有四種：

1. 「心理衛生」是一種增進心理健康的專業知識與行政服務：經由研究、了解、提出正確觀念，提供教育措施、行政服務、專業服務，以促進個體的心理健康。

2. 是一種促進心理健康的專業方法：心理衛生的專業方法，包含各種心理治療、精神分析、行為治療、認知治療、人本治療、現實治療、EQ管理、音樂治療、藝術治療、家族治療等。心理治療措施，包含心理成長團體、心理研討會、個案會議、閱讀心理書籍、參與心理衛生講座、學校團體輔導，幫助個體預防、治療及復健等，以達到心理健康。

3. 心理衛生教育具有預防、維持及增進心理潛能發展之多元功能：心理衛生教育的目的，在於教導如何預防心理疾病、心態偏差、情緒困擾，使能維持正常的和諧、穩定、健康的心理狀態。並進一步透過心理衛生的知能，提倡積極的自我、提升自我實現的能力，以充分發揮自我潛能，及培養優生的下一代，提升身心健康的最高品質。

4. 提供有效輔導措施，可以補救缺失：對於已患有心理、情緒、精神疾病或有心理缺陷者，能夠有效的進行心理諮商、心理輔導，以及給予合乎人性化的治療與復健措施，使心理疾病的病患早日恢復正常的生活。

參　心理健康的涵義

希臘諺語：「沒有健康，智慧就難以表現；沒有健康，財富瞬間成空。」阿拉伯諺語亦云：「有了健康就有希望，有希望就有未來。」我們也常聽到這樣的說法：「健康是人生的財富，健康是事業的基礎，健康是未來的希望。」管子則說：「起居有常，飲食有節，勞逸適度，可以提升健康、延年益壽。」陳紅英（2008）、劉焜輝（1975）、柯永河（2008）及世界衛生組織（1989）等，對心理健康提出一些重要的看法：

1. **陳紅英（2008）提出現代心理醫學的看法**：過去對健康的看法，以為沒有病痛和不舒服就是健康。當代心理醫學的看法，提出生理、心理、社會、醫學模式，要了解人的整體性、生理、心理、人與自然、人與社會環境的互動與適應情形，才叫心理健康的人。

2. **劉焜輝（1975）指出**：心理健康是一種持續的心理狀況，在生活上有良好的適應，具有生命活力，並能發揮身心潛能，心理能積極與充實，而不是沒有疾病而已。

3. **柯永河（2008）的看法**：增進心理健康的消極面，在減少焦慮、不安與壓力侵害，有助心理健康；心理健康的積極面，在提升正面情緒，如愉快、幽默、快樂、希望等，以增進心理健康的品質及心理潛能的發展。

4. **賴保禎（1994）認為**：心理健康消極面是消除心理疾病，積極面則是在提升身體、心理及社會最佳的適應能力與最高的效能。

5. **世界衛生組織（1989）提出健康的定義**：健康應具備生理健康、心理健康、社會應良好及道德健康。

   (1) 生理健康：生理是否有病痛、缺陷，及身體各部分的機能狀況。

(2) 心理健康：是否有心理的疾病，是否有持續、積極的心理發展狀態，包括智力發育、情緒穩定樂觀、意志堅強、精力充沛、熱愛生活，能遵守規範、樂於承擔責任、人際關係調和，能適應變遷的環境、能因應壓力，知足常樂、心理年齡一致，能承受壓力及面對未來的挑戰。大腦因為心理情緒好，會分泌出腦嗎啡、腎上腺激素，以增強體力去抵抗疾病。

(3) 社會適應：掌握生活知識、專業技能，是否有正確的生活目標，是否能遵守生活規範融入群體、承擔社會角色、適應社會生活。是指個體在學校、社會、工作單位均會依據各種角色、職位、職責做出承諾，使學習、工作、潛能做最好發揮，並激發出學習成就、工作成就、潛能發展的成就感。即適應環境規範下，做最高能力、智能的發揮；適應不良即缺乏角色、責任、規範意識。

(4) 道德健康：道德健康者，不以傷害他人的利益來滿足自己的需要，即能夠判斷是非、真情與假意、光榮與屈辱、正向思考與負向思考、道德與邪惡等，能實踐道德認知、道德情感、道德行為；且能按照社會規範，來約束自己的行為、調整自己的想法，克盡自己應盡的責任，具有健康、積極的價值觀及品德修養。有健康心智、健康的價值觀、良好的品德、良善的行為等道德行為的總體表現。

6. 國際心理衛生協會1946年提出：「心理健康的指標」包含(1)身體、智力、情緒表現很調和；(2)社會環境適應良好，社會的規範能遵守，人際間能和諧溝通；(3)工作職場適應良好，工作中能調適情緒，讓能力做最有效的發揮；(4)生活中能樂觀，懷抱希望，對未來擁有幸福感。

7. 鄭照順（2010a）指出：心理健康可分為「狹義」與「廣義」的

涵義：

(1) 狹義的心理健康：是指身體智能、思想、情緒行為，能夠穩定、正常達成身心平衡；外在壓力來臨時，能夠採取社會可以接受的適應行為，並能達到心理的愉悅、快樂、滿足與成就感。

(2) 廣義的心理健康：在了解自己的優點、缺點、潛在能力及自己的需求、目標；以能夠達成適才、適所、適能，達到「自我實現」的境界。即成為有良好的社會適應、工作成就、能自我賞識、自我激勵，具有幸福感的人。

8. 余琳（2008）指出：「心理健康」是指個體與他人、工作、環境的調適狀態。(1)在工作上，樂於工作，表現自己的才能、達到工作成就感；(2)在人際交往上，能接納他人、與他人建立良好關係，在平等、互惠、互補中發展人際關係；(3)在環境適應上，能合乎社會行為，並為自己帶來快樂。

綜合言之，心理健康的涵義包含(1)多元向度的健康：生理健康、心理健康、社會適應及道德健康的統合表現；(2)心理健康包含消極面與積極面：消極面在減少壓力、焦慮、不安的侵害；積極面在增加正面情緒、樂觀、幽默、意志力、品格的影響力，以提升心理潛能的發展；(3)心理健康是一種生活、學習、工作、社會適應良好的心理狀態：在學習方面能夠積極，在工作上能勝任，在社會適應上能夠面對挑戰，而達到身體、智能、心理的平衡狀態，獲得幸福感、希望感；(4)心理健康走向生物、心理、社會、醫學的新模式：要了解一個人是否心理健康，要看個體的生理、心理與自然社會環境是否適應，是否能夠有效的調節，以充分發揮個體的潛能，在不能適應時又能有效的求助專業人員及醫療資源的協助。

第二節　心理衛生的基本任務

心理衛生的基本任務，在對於「心理衛生」所服務的內涵及對象，進行責任性的推動，主要包括：(1)提供心理健康的知識；(2)介紹心理健康的方法；(3)促進心理潛能發展的知能；(4)預防精神疾病的自我維護；(5)關心衛生資源與衛生行政的推展等。因此余琳（2008）、吉紅（2006）、鄭照順（2008a）、賴倩瑜等人（2000）諸位學者，提出心理衛生的基本任務如下。

壹 心理衛生的任務

心理衛生，是在教導如何提升心理健康的方法、心理健康的知識，及增加心理健康的資源。心理衛生與心理健康的任務包含（余琳，2008）：

1. **預防心理障礙及各種精神疾病**：步入二十一世紀，是資訊、知識經濟社會，生活節奏加快，各種領域均競爭激烈，人們的精神壓力日增，心理障礙和精神疾病成為常見的一種疾病。

   2008年世界衛生組織（WHO）估計全球有四千多萬人患有精神疾病，精神疾病如果在早年時期發生，會對學習與就業勞動力造成影響，因此心理障礙和精神疾病的預防，是心理衛生重要的任務之一。

2. **協助人們提高心理健康水平**：教導大眾能夠有效的因應各種精神壓力，並減少身心功能的損害，幫助人際和諧，擁有安定、愉快的生活。

   心理衛生的對象，不限於心理疾病患者，而是對全社會與全人類個體與群體的協助，透過諮詢、輔導及普及教育的方法，以提升心理健康水平，建立心理安定、和諧、幸福的生活型態，提出有

效預防精神壓力所導致身心功能受害的防治方法與措施。

3. **協助充分發展心理潛能與智能優勢**：心理衛生主要目標，在維護心理健康，提升心理健康素質，這些是措施而非目的。積極的目標，在提升個人身心的潛能，使能有效的完成各種社會職業能力，為社會做出積極的貢獻。心理健康是人類適應環境、改變環境及創造發展的基礎。心理健康的最高目標在幫助人們充分發展心理潛能和優勢，使能高效率的完成社會所賦予個體的各種職責。

貳　心理衛生教育對大學生的任務

進入二十一世紀知識經濟時代，培養健康、高素質、具創造能力的人才尤為重要。余琳（2008）、吉紅（2006）認為「大學生的心理健康」有七項指標：

1. 能正確認識自我，悅納自我。
2. 具備學習能力、學習興趣與求知慾。
3. 具備人際交往的技巧，善與人和諧相處。
4. 能適應環境、尋求內在的和諧及改善環境之能力。
5. 能察覺情緒，調適情緒。
6. 人格健全，言行一致，積極樂觀，人格和諧、統一。
7. 行為心理符合年齡，特徵、理想與能力相等。

心理衛生教育對大學生的主要任務，吉紅（2006）、余琳（2008）、鄭照順（2010a）等，認為有四項任務：

一、提高大學生心理素質

大學生的基本素質，應包含生理素質、心理素質、道德素質、專

業素質、科學藝術、文化素質等。其中生理與心理素質是一生事業，是健康人生的基礎。人的心理素質，是經由教育與環境形成。譬如身心健康的知識包含營養、運動、水分、休息、休閒、娛樂、呼吸、提升能量、更新體質等。宮川龍雄（2008）提出道家養生學說的精華是「接觸大自然、規律運動、喜悅的心情、清淡食物、寡慾、感恩」，老子的養生思想也影響日本的養生與保健之道。日本女性壽命平均86歲，男性平均81歲，為全世界最高壽民族。身心健康的重要要素，包含了食物、運動、環境、飲食、情緒、品格等。

　　大學生是可以塑造成為具有良好心理素質的個體。良好的心理素質的形成與發展，需要有良好的環境薰陶，與有效教育的引導。大學生的心理健康之任務在培養大學生具備完善的個性、堅強的意志、穩定的情緒、挫折承受力、良好的人際關係，及奮發向上的成就動機。

二、提升大學生心理健康

　　大學生正值青春期的後期，其生理、心理、理想之間常有不平衡的現象。面對生活、學習、愛情、工作常充滿理想與困惑，慾望過多、期待過高，造成極大的困擾。大學心理衛生教育在幫助個體了解自己的能力、找到自己的興趣、建立自信、責任感、樂觀的態度等，使其能容忍失敗，包容異己，與人建立和諧的人際關係。即幫助大學生承認問題、解決問題，不去逃避問題，使能適應生活與學習。

三、增進心理保健能力

　　自我心理保健能力，是指在心理健康知識的引導下，主動發現「自己的問題」，並能有效的解決心理問題，且能保持良好的心態，實現心理健康。學校心理衛生單位透過積極的宣導及具體的教育，學校努力營造一個健康、向上、積極奮發的大環境。大學生的心理衛生教育重視自我保健知識，例如：均衡的飲食、規律作息、適時的運

動、乾淨的居住環境、良好的衛生習慣等。使大學生在遭遇課業失敗、學習困境、感情挫折、情緒低潮、經濟壓力、人際衝突、成就受挫、理想破滅、受人陷害、誤入歧途時，能夠有效的因應。大學生常見無效的因應心理問題，是逃避、理由化、曲解、固著、苦惱、生氣、責怪別人不好、過高的期望、自陷惡劣環境、不能寬容別人等，並且產生憤怒、生氣、自責、攻擊或自殺等不良現象。因此心理衛生教育的積極面在增加因應能力；消極面是指導讓痛苦、挫折、苦惱能夠化解，幫助他們找到希望、快樂與成就。

四、提升心靈與多元潛能發展

　　大學教育在幫助大學生生理、心理、智能、人際的發展，以及開發其潛能；心理衛生除了教導心理健康的知識、因應生活壓力危機的技巧之外，並能幫助發展身心的潛能，及維護身心健康。例如教導「生理養護」方法，了解充分的睡眠、運動、營養與環境的重要性；「心理養護」則包含心態調整、不要期望過高、要感恩知足、樂觀、積極、包容，懂得情緒的紓解等。

　　生理健康與心理健康是互為影響的，大學生初到一個新的學習環境，常發生學習困擾、學習適應、人際交往等問題，引導其正確的學習方法、學習習慣、樂於與人分享等，有助於提升心理健康。因此心理健康的促進，要積極為對方付出、分享，才會帶來正面的人際互動。心理健康更積極的一個發展趨勢，是「身心潛能」的開發。何種方法可以幫助發展腦力、提升快樂情緒，增進體力、耐力、創造力、思考力，以提升個體面對新壓力的挑戰？例如：好山水、好友誼、與有智慧的人互動、好的休閒活動、好的工作環境等，均有助於提升潛能發展。近來新的輔導方法如「自然療法」、「音樂療法」、「幽默治療」、「氣功治療」、「藝術治療」、「情緒智能培育」、「多元智能培育」、「品格教育」等，將會提升心理健康及智慧能力發展，

進入新的領域。

參 心理衛生教育對每個人的任務

　　心理衛生與心理健康教育對個人而言，有預防、診斷及治療的功能。賴倩瑜等人（2000）、鄭照順（2008a）等，提出心理衛生教育的基本任務，在幫助每個人：

一、對自我心理健康的了解

　　心理衛生的知識在了解身心疾病發生的原因，並由身心衛生的知識去指導個人遵守生理衛生、心理衛生的原則與習慣，以確保身心的健康。「維持身心健康」即家庭生活的第一要務，家人平平安安就是一種幸福，否則全家人均受精神上的拖累與金錢上的損失。

　　個人對自己的性向、興趣、能力、理想、目標有所了解，再做生涯規劃，其成功機率會大大的提升。健康的因子包含營養、運動、環境、人際、休閒、娛樂、品格、習慣等，如果能夠內省自我的生活健康因素、維持正向因子增多，自然可以獲得身心的健康。以好的嗜好，取代不好的嗜好；以好習慣、好信念，去取代不好的習慣、不好的信念，如自私、負面思考等，心情上會有所改變，心情變好，身心健康也會受正面影響。

二、增加心理情緒的控制能力

　　人的情緒常受外人、環境、期望、人際互動所影響，因為期待愈高，受傷害愈大。如何保持情緒平衡、愉悅，心理學者Goleman（1996）提出情緒自覺、自我激勵、挫折容忍力等方法，可以提升「情緒智能」（emotional intelligence, EQ），情緒失控時，我們的心智、健康都會受影響。

　　戴晨志（2009a）提出「想快樂的事，沒有不快樂的」，對方的傷害只是一個時間點，何必錄影起來，一直傷害自己。情緒受傷害時，最好是改變環境去找快樂、有興趣的事，來取代不斷的傷害。情緒影響行為，有情緒來時千萬不要做決定，情緒失控下的語言、行為暴力都難以預測，情緒平衡後才採取行動會比較能掌控。「時間」與「空間」都是良好的治療方法。

三、提升心理保健能力

　　心理健康之維護，是需要學習一些身心健康的維護知能。譬如：(1)影響學習的挫折因素：包含不好的學習習慣、學習方法、能力的不足，均應自我了解及找出因應對策；(2)影響壓力情緒的因素：工作上、學習上、經濟上、人際上等許多因素的加入，使自己窮於因應，個人須找出事情的優先順序，配合時間、能力去解決，或求助專家給予協助；(3)憂鬱的情緒來臨：如何自我調適、改善生活環境、另設定目標、找出好的治療方法，如調節飲食、運動、音樂治療、藥物治療及心理輔導方法等。

四、增進適應能力、追尋生命的意義及自我肯定

　　人可以適應與改善環境，適應環境是一個必要的過程；無論在學校或社會，均有不同的要求，先要求自己適應「環境的要求」，再達成「別人希望的目標」，及利用自己可應用的「自由時間」去自我充實，改善工作內容、工作品質，使組織目標與個人目標均獲得最高的成就感。人生的目標就是一種核心價值的追尋，有些人追求財富、地位、專業、品格、健康、快樂等，找自己容易達成、有意義的目標去做，也給自己一些挑戰，如此就可塑造生命的新意義。

肆 心理衛生工作人員的任務

台灣地區各大學參與心理衛生工作的人員，包含心理輔導教授、社會工作教授、諮商輔導老師、心理師、心理與社工的行政人員，這些人員應具備下列基本條件，並了解其基本職責與任務。鄭照順（2008a）、賴倩瑜等人（2000）提出，心理衛生人員的任務應包含：

1. **建立心理健康的環境**：一個學校、社會均需要有健康、互助、和諧、祥和的心理環境，心理環境包含物質的空間、心理的氣氛、關懷的行為等，譬如：校園有良好的師生互動場所，學校關心老師、學生的心理需求等。

2. **提倡心理衛生行政服務品質**：辦理各項心理衛生進修講習，以提升全民的心理健康知識和心理健康素質。心理健康素質包含心理衛生知識、生活意義、品格、道德、人生哲學、心理保健的態度與行為等，並對積極推動衛生教育或研究有績效的人員給予獎勵。

3. **幫助個體提升心理保健能力、復原能力**：每一個人生活中、工作中人際互動、談戀愛等不會全都一帆風順，往往是挫折、傷害大於自己的期望。如果能將挫折意義化、昇華，化解怒氣，從悲中產生快樂與希望，快速消除心中的氣憤，以減少身心的傷害。當個案無法自我協助時，輔導單位的專家應提供諮詢與協助，使個體能夠度過心理困境的關卡。

4. **積極協助開發心智潛能發展**：從預防的觀念、「生理健康」的促進與提升，就可減少疾病的發生。身心潛能的促進，包含提升「腦力、體力、耐力」等三力最為重要。心理健康的促進，如提升記憶力、人際關係能力、情緒控制能力、思考能力、品格力、道德能力，都可以提升個體面對心理挫折的因應能力，也因此提升個人的心理素質與競爭力。因此積極的心理衛生工作，在發

展個體的心智與各種潛能的發展,使更有效的預防心理障礙的發生,並可建立快樂、健康與幸福的人生。人體有九大智能,包含領導、人際、數理、語文、藝術、肢體、音樂、自然及生命智能,每一種智能探索與發展,都會提升個人的自信,因此用「教育方法」去培育人才;用「心理方法」去調適人際互動;用「科學方法」去探索科學原理;用「哲學方法」去思考人生價值與意義,未來的心理衛生發展將朝向「科際整合」與「預防醫學」、「潛能發展」之發展的新途徑。

第三節 大學生心理健康標準

從精神醫學、精神護理學、心理學、輔導學探討大學生心理健康標準,其包含了多元性,但有一致的方向,值得大學推廣「大學生心理健康教育」,及作爲評鑑大學生身心健康的指標。

壹 精神醫學上的探討

Varcarolis(2008a),從精神醫學的角度,提出「心理健康」的大學生應具備七種基本能力(如圖1-1)。

1. 能夠「理性思考」:對事理能做正確的判斷,能明辨是與非、善與惡、知法與守法。
2. 能夠「與人溝通」:能夠有效的表達自己的意見,意見不同時,與人協調溝通、減少人際衝突。
3. 能夠「主動學習」:大學生是一個樂知者、好知者,能夠主動的學習新知,具有較佳的學習能力。
4. 「情緒上的成長」與「情緒成熟」:能夠有效管理自己的情緒,能對壓力、焦慮、害怕、過失等有效的控制,並有正確的表達。

圖1-1　大學生心理健康的基本能力

資料來源：Varcarolis（2008a）. *Foundations of psychiatric mental health nursing.* p. 51.

5. 具有身心受創傷的「恢復力」：生理上、心理上的傷害，自己有能力透過各種調適方法，提升復原能力。

6. 有正確的「自我評估能力」：能夠自我覺知自己的能力、興趣、性向，做出合乎自己能力的工作與期望，以減少不當的期望、不當的自責，減少心理疾病的發生。

7. 沒有「心理不健康」的症狀：主要是個體沒有下列心理與行為問題。

　(1) 心理的苦惱：心理的煩惱，包含情緒困擾、焦慮、恐懼、恐慌。

　(2) 心理的疾病：如精神分裂症（schizophrenia）、創傷後壓力症候群（post traumatic stress disorder）、人格障礙（personality disorder）、憂鬱症（depression）、躁鬱症（bipolar disorder）、性攻擊（sexual assault）、酒精與藥物濫用（alcohol and cocaine abuse）等。

貳　精神護理學觀點

近年來，台灣心理疾病個案逐年增加，由於失業率不斷提高，2002年憂鬱症的盛行率有7.3%，2009年提升到9.6%，全台有200萬人有憂鬱傾向（TVBS 2009年2月20日的調查）。2009年台灣的大學生心理疾病人數，根據行政院衛生署的統計，已提升到9%。

美國在1950年代以前，心理疾病也常被忽略。Barry（2008）指出在二次世界大戰1940年期間，美國的國民有188萬人患有情緒上的心理症狀，其中有85萬人患有較嚴重的心理疾病（占40%）。多數心理疾病的患者常有焦慮、恐懼、恐慌、壓力等心理症狀；在醫療的處理方式，多數採用鎮定劑（tranquilizers）。1950年代，對這些心理疾病的病患只能做精神疾病的片段處理，未能做全面性的心理與醫療照顧，精神病患多數是處於惡劣的生活環境，其社會資源、專業資源大都不足。

Barry（2008）指出要有效的幫助心理病患，要能夠採取一些有利的措施：

1. 心理病患做詳細的分類：心理困擾或精神疾病要做不同的分類。
2. 改善家庭生活環境：較佳的家庭接納氣氛。
3. 改善醫療環境：走向人性化、彈性化、個人化。
4. 增加專業資源：專業的醫師、輔導人員、心理師、社工師。
5. 增加醫療行政資源：要有足夠的經費，才能擁有良好的專業人員及改善治療和安全的環境。

Barry（2008）提出改善大學生心理疾病的措施，應包含對心理不健康的大學生或不利於心理健康的病患，進行一些必要的心理健康服務。

1. 提倡心理健康認知與實踐：不是了解健康的狀態就能健康，而是

定時鍛鍊、定時保養、定時紓解壓力、定時休息檢查，才能維護健康。

2. **對身心健康做正確的「評估與診斷」**：當生理出現如胃痛、頭痛、失眠等症狀，可能是生理疾病，也可能是心理壓力、焦慮、工作勞累、疲勞過度、起居失常、生活太忙碌等心理因素所引起。要做正確的評估，找出病源、病因，才能有效的給予醫治或心理協助。

3. **了解個案面對的環境、社會文化因素**：多數心理症狀是由社會的人際關係、文化期望、家庭學校環境所造成，因而社會環境治療（milieu therapy）也是新興的心理治療方法。

4. **「個案管理」與「個案自我照顧」**：對個案進行心理治療或醫藥治療，均要定期追蹤個案的健康情況，有藉由藥物調整，及鼓勵個案提升自我照顧能力的活動。

5. **生物心理的介入策略**：心理疾病也可能因為基因的缺陷，而造成心理障礙；如精神分裂症、憂鬱症、躁鬱症的生病原因，因此心理衛生人員應依其自己的專業做出合適的貢獻與會診。

6. **安排定期的諮商**：對個案的身心恢復狀況做一些進步或退步的評估，個案如果都沒有進步，要適時「轉介」給其他專業人員。

7. **做家庭拜訪或與家長會談**：每一個心理病患除了有外在的壓力所誘發外，最重要的需要家長的支持及改善住家的環境或作息的方式，這都需要家人加以配合，才能達到治療的效果。

參 心理學者對「大學生心理健康」的探討

一、大學生的心理健康特徵

林崇德（2005）指出心理健康的大學生，其主要特徵包含：沒有心理疾病與心理障礙，如憂鬱症、精神分裂症、人格障礙等。具有積

極向上發展的心理狀態，包含敬業、樂群與自我修養，有下列三種特徵：

1. **學習的心理健康表現**：在學習中主動、積極、喜悅，並獲得成就感，也養成良好學習習慣。
2. **人際關係的樂群表現**：了解彼此的權利和義務，客觀了解他人、關心與讚美別人，善於溝通建立良好情誼。
3. **自我修養的健康**：正確的評估自己，發展合理的期望，不斷提升自己的品格、道德水平與責任感等。

王極盛（2008）認為心理健康的大學生應包含：(1)智力正常：有學習能力；(2)情緒健康：情緒穩定及保持愉快心情；(3)意志力的健康：做事情有始有終；(4)人格的統整：思想、行為是一致協調的；(5)人際關係和諧：善於人際溝通與協調。

二、大學生的健康心理標準

李斌山（2008）提出大學生心理健康的標準包含六項：

1. **積極的自我態度**：能認識自我的生理、心理、社會能力特性，了解自己的長處與短處，有適當的自尊及自我悅納，並產生積極的自我。
2. **能與社會現實共處**：能準確覺知他人及社會現實，能與社會正常與不正常的事物、環境共存，堅持道德原則，能準確判斷自身的能力。
3. **自我調節情緒及應付壓力的能力**：能夠調節自己的壓力及情緒行為，如激怒、緊張，能承受適當的壓力、排除心理壓力，使身心正常運作。
4. **與人建立親密的人際關係之能力**：根據自我的抉擇，發展滿意的人際關係，具備愛與關懷的能力，與人建立親密的關係。

5. **人格結構穩定，協調一致**：認知態度、情感、行為具一致性，
   言而有信、受人敬重、人格穩定、值得信賴。

6. **熱愛學習與工作**：行為能有效解決生活中的問題，並且熱愛學
   習與工作；能分享生活樂趣，生活有期待與幸福感。

肆 「大學生心理健康標準」的綜合看法

根據段鑫星（2008a）、李斌山（2008）、Barry（2008）、
Varcarolis（2008a）、鄭照順（2010a）等學者從心理學、發展心理
學、輔導學、精神醫學、護理學、教育學的角度，來探討大學生的心
理健康標準，包含了下列十項。大學生的心理健康標準會隨時代變
遷、文化背景變化而改變，具有相對性。大學生的年齡在18至25歲，
以發展心理學來看，正處於「成人初顯期」，具有五個基本特徵：(1)
自我同性探索期；(2)不確定的時期；(3)自我關注的時期；(4)處於夾層
感時期；(5)充滿各種可能的時期。學者對大學生的心理健康標準，可
以從下面十個方面給予評量：

1. **智力正常**：智力是人的注意力、記憶力、想像力、理解力、思
   維力、創造力及實踐能力的總和。個體能夠對知識、經驗做學習
   理解，以獲得「知識能力」，迅速成功對新的情境做出「反應能
   力」，能運用邏輯推理，有效的解決問題的能力。譬如，為要了
   解社會的發展趨勢與競爭優勢，人們會整合心智能力、專業能
   力、生活方式去因應社會變遷與發展的需要。因此，衡量大學生
   的心智是否正常，關鍵在於他是否有求知慾、樂於學習、積極參
   與學習、提升自我能力及充分發揮自我效能。

2. **情緒健康**：情緒穩定、愉快的情緒，包含樂觀開朗、富有朝氣，
   對生活充滿希望，能從挫折失敗中找到意義。情緒較穩定，管理
   自己的情緒，也能合理的宣洩自己不佳的情緒；在不同的時間、

場合，有恰如其分的情緒表達。情緒上能夠有成熟的表現，即善於EQ管理、情緒智能能夠不斷成長，具有較高的挫折容忍力、包容能力、愛與關懷的情緒能力。

3. **人格完善**：人格是指個體穩定的認知、態度、言行的慣性表現的總和。「人格完善」是指個人的價值核心信念穩定；言行、態度、行為一致，受人信任與肯定。人格不完善者會說一套、做一套，顛倒是非，甚至形成雙重人格或病態人格。人格由個人的特質、習慣、習性、語言、思考、行為的慣性所形成，人格完美，即建立正確的自我意識，並以「自我信念」、「道德意識」等，作為人格的核心，使思想、態度與行為統合起來。

4. **人際關係和諧**：與人能建立良好及深厚的人際關係，是事業成功與幸福的前提。心田寬廣、樂與人為善、樂與人交往，能與人建立多元的關係，又有深交的知己；在人際交往上，有獨立的人格，有自知之明，不卑不亢，善取人之長補己之短，寬以待人、樂於助人。積極的態度多於消極的態度，人際交往要依自己的時間、金錢、能力來自我約束。

5. **學校、社會適應正常**：熱愛學習、熱愛工作，生活中有希望，學習、工作中有樂趣，能遵守社會的規範。面對生活、學習、工作中的難題，能找出有效的方法去「改善環境」或「改變自己」適應環境。時時提升自己的學習能力以適應社會的挑戰，社會適應良好的人，工作中會找到成就感，並把挫折轉為進步的動力。

6. **心理行為符合大學生的年齡特徵**：大學生是屬於特殊的年齡階層，有黃金的歲月、美好的學習時光、最健美的體魄、最佳的腦力、最充沛的精神，如能兼顧學業、生涯發展、愛情、身心鍛鍊、休閒最為理想。有些人處處依賴家人照顧、無法獨立判斷，或全力投入打工罔顧課業，或進入聲色場所遊樂、沉迷上網等，就是心理不健康的現象。

7. **意志力健全**：意志力是一個人在進行一種有目的的行動過程，進行選擇、決定與執行的心理過程。意志健全者在行動的自覺性、果斷性、頑強性、自制力、決心等方面都表現出較高的水平。意志力健全的大學生對於各種活動中都有「自覺性的信念」、「自覺性的行動」，能主動克服各種困難、排除干擾，抵禦有害的誘惑，對生涯目標的追尋堅定執著。

8. **良好的品格與道德**：心理健康的人，也可說是一個有品格、有道德修養的人。品格是由好習慣、好習性、樂善好施、寬廣胸懷等組成的優質人格特質。道德是一個人內在的精神價值修養，會影響心理與行為，較高的道德修養的人能「知善與行善」，其自律、奉獻、社會適應必然比較良好。「上善若水」能包容別人、關懷別人、幫助別人、能知足的人，其心理比較不會有內在衝突，自然心理會比較健康。

9. **較高的身心受創復原力**：大學生無論學習、人際相處、感情發展、社會發展、生涯發展、生活適應等都可能遭遇到挫折與打擊。心理的挫折、壓力的增加、多重的打擊、情緒的困擾、人際的衝突，會使學生心情跌入谷底；心理健康的大學生善於「紓解壓力」、「化挫折為助力」、「化解人際衝突，學會包容、忘懷、感恩」、「克服情緒低潮，能自我激勵、自得其樂、珍惜生命」。具有較高身心受創復原力的心理能力，也是心理健康較佳的大學生。

10. **健壯的身體與正確的自我評價**：身體的健康需要有恆心的鍛鍊，大學生在進行自我認定、自我判斷、自我評價的過程是一種「自我覺知」的能力，知道自己長處、缺失，自我評定自己的能力、努力程度、對方的期望，使能「自知」、「適所」，才能充分發揮、肯定自己、悅納自己，常自我激勵，培養積極的自我態度，「適才適所終不悔，適性發展終無憂」。

第四節　大學生心理健康的維護方法

壹 大學生心理困擾的問題

　　要先了解大學生常見的生活壓力、心理困擾與心理障礙問題等，才能提供如何增進大學生心理健康的有效策略。鄭照順（2010a）進行南台灣五所大學的心理個案類型調查，研究結果如表1-1。

表1-1　大學生心理困擾個案類型

排序	類型	人數	百分比
1	學業與生涯	329	27.12
2	人際關係	186	15.33
3	情緒困擾	175	14.43
4	感情問題	78	6.43
5	人生價值	75	6.18
6	心理障礙	68	5.61
7	經濟壓力	64	5.28
8	父母期望	60	4.95
9	生活適應	58	4.78
10	自我期望	55	4.53
11	其他	65	5.36
合計		1,213	100

　　在2008年期間，個案類型以課業壓力、生涯規劃、情緒困擾、人際關係、心理障礙為主；到了2009年以課業壓力、人際關係、情緒困擾、感情問題、人生價值、心理障礙、經濟壓力、父母期望、自我期望等為主。

　　鄭照順（2008c）調查南台灣科技大學學生258人，了解科技大學學生生活壓力的主要來源及順序如表1-2「南台灣科技大學生生活壓力事件量表」。

表1-2　南台灣科技大學生生活壓力事件量表（N=258，採多選）

壓力源	頻數	排序
課業繁重	70	1
生涯規劃不清楚	58	2
有些科目不喜歡	56	3
有些科目聽不懂	54	4
缺乏睡眠	52	5
家庭經濟困難	39	6
準備考證照	36	7
考試成績不理想	35	8
父母對我期望高	30	9
未來工作	27	10
親人重病	25	11
時間管理不當	24	12
情緒管理不佳	22	13
有科目不及格	21	14
人際衝突、爭吵	20	15
與同學相處困難	20	15
容貌不佳	18	17
健康問題	17	18
上課缺席	16	19
環境不適應	16	19
男女感情問題	15	21
金錢花費過多	10	22
打工負擔重	8	23
違反校規	5	24
擔任幹部	5	24

　　從表1-2可以發現科技大學學生在「課業壓力」、「生涯規劃」壓力最高；依次是「缺乏睡眠」、「經濟壓力」、「父母期望壓力」；再來是「親人重病」、「時間管理」、「情緒管理」及「人際關係」常造成壓力；其他則是「男女感情」等的壓力問題。

心理學者段鑫星（2008a）針對北京地區大學生2,202人進行生活事件調查，北京地區大學生的生活壓力如表1-3。

表1-3　北京地區大學生生活事件調查

壓力源	頻數	排序
課業繁重	81	1
學習困難度提升	80	2
生活不能適應	58	3
經濟困難	58	3
對大學失望	58	3
教師太嚴格	57	6
思鄉情緒	56	7
遠離父母	56	8
學校管理嚴	52	9
受老師批評	47	10
同學來信	44	11
飲食、氣候不習慣	43	12
考試失敗	42	13
老師表揚	41	14
人際衝突、孤獨	41	14
參賽落空	33	16
沒有朋友	32	17
上課聽不進去	30	18
與好友衝突	29	19
失眠	29	19
焦慮	28	21
寂寞	23	22
交異性朋友	23	22
沒有家信	22	24
性幻想	21	25

　　綜合上述，可知北京地區大學生的生活壓力其順序是「課業壓力」、「生活適應」、「經濟壓力」、「思鄉壓力」、「生活適應」。此點與台灣學生很不同，因為大陸幅員廣闊，到大學念書，常要離家數百里、千里，一年只能回家一、兩次，會有很深的「思鄉壓力」。1990年代出生的獨生子，「生活適應」、「人際衝突」顯現較多的問題；其他尚有「飲食、氣候不習慣」，大陸各地氣候有很大的差異，這幾點與台灣的大學生不同。

　　在「課業壓力」、「經濟壓力」、「人際關係」此三點與台灣的大學生類似，所不同的是大陸大學生心理較成熟，「情緒困擾」較少出現，可能表現較好的情緒管理，或人格上較獨立。

貳 大學生心理健康的培養

一、大學生的心理特質

　　陳紅英（2008）指出大陸高等技術大學院校有1,047所，占大陸高校46.8%；大陸高校學生有1,320萬人，技術大學學生有595萬人，占45%，他的調查發現技術大學生多數具有下列心理特質：

1. **有自卑感**：與本科生相較，有無形的自卑感。
2. **缺乏學習動機**：有厭學症狀，常因學習的挫敗，產生對學習缺乏興趣及缺乏學習信心。
3. **就業壓力大**：科技職校就業壓力大，形成心理焦慮。
4. **害怕與人交往**：由於害羞、自卑、交際能力不夠，因此害怕與人溝通，常表現人際關係不佳。
5. **理想與現實相悖的衝突**：理想的自我目標，在現實中無法自我實現。
6. **常因作息失常形成心理困擾**：作息失常，日久形成心理壓力，產生心理困擾及心理疾病。

二、影響大學生心理健康的因素

鄭照順（2008a）指出，大學生的心理健康受到許多因素的影響，包含：

1. 生活壓力因素：生活中的重大事項、生活中的瑣碎雜事，累積之後均會造成心理健康的影響。

2. 環境因素：學習的環境、學校的環境、家庭的環境、社會環境的變遷等，都會影響大學生的心理健康。尤其大學生多數是「離鄉背井」遠到他鄉求學，環境中的人、事、物變化都會影響其心理。

3. 人際關係因素：同學間會有看不慣的個性與習慣，同宿會有不同的生活習慣，每個人有不同的興趣、性格、目標，因此大學中要找到知音確實不易，又彼此習慣不同，也容易產生衝突，造成心理的孤寂。

4. 心理困擾因素：求學過程中有學業問題、課業壓力、情緒困擾、理想與現實的衝突、人生目標價值的方向迷失，生涯規劃、未來就業等迷惘與困擾。

5. 社會文化及政治因素：台灣自1987年開放黨禁、報禁以來，民主化活動、多元價值風起雲湧，許多政治言論、政治利益操作下的「社會對立」也讓大學生迷失與心理困擾。台灣的核心價值，被假借民主的人士「分化」與「操弄」，造成大學生與社會民眾心理的傷害。

6. 生活作息、飲食不正常因素：大學生常因過度使用網路，生活作息日夜顛倒，也形成新的心理困擾因素。

段鑫星（2008a）認為影響心理健康的因素包含：

1. 生理因素：生理基因缺陷或生理疾病。

2. 心理因素：心理過高的期望因素。

3. 社會文化因素：社會文化的快速變遷因素。

4. 環境因素：生活環境的不適應。

5. 學業因素：大學生繁重的課業壓力。

6. 心理衝突：面對各種生活、學習、人際、金錢等產生的心理衝突等。

三、大學生心理健康的自我維護

由陳紅英（2008）、段鑫星（2008a）、鄭照順（2010a）等對大學生心理健康的自我維護方法，提出下列幾點：

（一）堅持健康的生活方式

生活方式是指個人生活中遵循的生活規範，亦指習慣性的生活方式。「生活習慣」對心理健康的影響，愈來愈受重視與肯定，即生活習慣與健康的品質密不可分。對大學生而言，健康的生活方式包括：

1. 規律的作息：起居有常、早睡早起、不能超過晚上12點入睡，才能維持健康。

2. 平衡的膳食：堅持吃早餐、平衡身體的營養；澱粉、蛋白質、蔬菜、水果要均衡，以利腦力、體力成長需要的能量與養分。

3. 定時運動與休閒：運動在於維護心臟與肌肉功能，提升耐力與意志力；休閒在於獲得放鬆，保持心情的愉悅。

4. 節制的用腦：用腦不宜過久，發現已疲勞時就要充分休息，選擇好的充電方法，如增加「活性氧」與「葡萄糖」以增加腦的活力。常接近大自然，補充自然能量。

5. 減少與戒除不健康的生活方式：如網路沉溺、暴飲暴食、晚睡晚起，飲食不定量、不運動、抽菸、酗酒等。

（二）學會減輕過高的壓力

外在的學習、工作競爭、自我期許過高、生活雜事過多等，都會

帶來一些壓力。適當的壓力可提高學習效果；完全沒壓力生活會變得鬆弛散漫；高度壓力時會帶來緊張、焦慮，並影響健康。那麼，該如何減少過高的壓力？

1. 經由「心理壓力評量表」，了解自己承受壓力的現況：壓力過高時須減壓、紓解，例如：出現胃痛、頭痛、肩頸痠痛、頭昏、體力不繼、心跳加速、疲憊等現象時，均應適當的休息、放鬆、減壓。

2. **學會調節壓力**：運動、散步兜風、聽音樂、指壓、泡熱水澡、旅行、登山等，均可以幫助調節學習與工作壓力。

3. **學會分析壓力源**：找出壓力源，分析矛盾、化解壓力，例如：參加高考壓力很重，需要長久準備，一科一科累積實力，做好筆記才不會心慌意亂。大學畢業後可能要面對就業、愛情、深造三件大事，那就必須全力以赴。

4. **增加容忍力、包容力、意志力、抗壓的能力**：壓力不一定能排除，但培養意志力、包容力、耐力、挫折容忍力等，可以逐步增加抗壓的能力。

5. **學會自我放鬆**：聽著輕鬆的音樂，冥想身處於寬闊的湖畔、廣大的草地，讓心田完全寧靜下來，聽著潺潺的流水，想像「幽靜的情境」來中止紛亂的思緒、壞心情、抱怨與煩惱。

（三）了解情緒、管理情緒

個體受到外在的刺激、環境的改變等，都會產生正面與負面的情緒，因此要：

1. 先**了解情緒的來源與意義**：造成不良情緒的人物、環境要面對、迴避或因應，均要正確評估。

2. **情緒產生了，要如何有效管理**：生氣、憤怒、緊張、焦慮、討厭是否能有效的排除，要善用情境轉移法，去改變「心境」，消除不良情緒。

3. **如何增加正面情緒**：原諒別人就是善待自己，知足、感恩、包容、容忍等品格，都可以化解負面情緒，增加正面情緒。

（四）採取正面思考培養好心情

挫折、失敗、金錢損失、情人移情別戀、被陷害等等，都可以讓人從「反省」的經驗成長，找到正面的價值與意義。如此，時間、金錢都不會白白的損失。正如王永慶所言：「失敗了，但實力依然在」，依然可以更有實力面對下一波的挑戰。

任何事件的發生均有正面與負面的意義，常能「正面思考」、「樂觀思考」的人，永遠能懷抱熱情、努力向前，邁向成功。良好的心境包含：

1. **心胸寬闊**：心中無掛礙，沒有嫉妒與仇恨。
2. **良好的心情、樂觀的心情**：一切會順利突破難關，生命懷抱熱忱、永遠綻放。
3. **增加內心的美感**：有包容，從內心發出感恩、愛與關懷，時時都是人生的春天。
4. **正面思考**：具有正面思考的良好心境，會使心理更健康。

（五）增加包容力、容忍力、感恩等心理能力

「包容力」即在培養自己的胸懷、遠見、接納異己，使能成為一個團隊，促進合作，達成偉大的任務。每一個人都會遭遇挫折、壓力、阻礙，因此生活中有壓力不能紓解，就要學習「容忍」，發揮容忍力，使自己在高壓力下，仍然能夠持續進步。

用感恩的心，面對人生的好境遇、惡劣環境、苦難。幫助我們感恩，表示不忘飲水思源，增加別人的慰藉；對「苦難」、「惡人」、「惡劣環境」學會感恩，表示這些都是我們人生面對的難題，讓我有機會去磨練心志，提升智慧、學會包容，才能學到如何趨吉避凶。

（六）主動服務別人、擴大人際交往，建立社會支持系統

大學生可以透過社團參與，主動服務別人、關懷他人，擴大人際

交流、溝通與了解的機會；再經由彼此的善意、熱忱、互助中建立深厚的友誼。由一句關心、一份善意，實際投入行動，必會建立起眞摯的友情。友情是一種生命中的存款，必要時可以求助好友、知己給予精神、資訊、行動上的支援，此稱爲「社會支持系統」。因此大學生如果能主動多關心別人、服務別人、讚美別人、參與活動等，都可以逐步與人建立良好的人際關係，建立「社會支持系統」，進一步維護自己的心理健康。

參　大學學府如何協助大學生增進心理健康

我國教育部於2006年12月，提出「校園心理衛生三級預防工作計畫」，柯慧貞（2005）對台灣地區的大學生心理症狀調查，發現有5.5%的大學生有憂鬱症狀發生，教育部指示全國大學，應於2007至2009年期間建立完善的「三級預防計畫及實施和評鑑」制度。

上官風（2008）對中國大陸於2008年所提出「高等教育德行與心理健康大綱」，整理出大學生應具備良好的心理品質、自尊、自愛、自律、自強等優良品格，並具有較強的心理調適能力。鄭照順（2010a）提出大學校園本身有教學單位、行政單位，有完善的校園學習環境，因此，可從五個途徑提升大學生的心理健康：

一、提出心理衛生課程，列入必修課程

世界衛生組織（2008）的報告：「爲了使人類達到最充分的健康狀況，就必須向所有人普及醫學的心理及其他有關的知識」，世界衛生組織（2008）大會會議宣言並提出初級衛生保健的四項措施：(1)普及心理衛生知識；(2)提出良好的公衛政策；(3)提出完善的身心衛生資源及保險；(4)衛生需求的參與決策。因此普及心理衛生知識，是提高大學生心理健康意識的最佳途徑，可以幫助大學生：

1. 增進健康的知識，提高健康意識。
2. 有利及時發現身心問題，尋求解決的途徑、方法。
3. 預防心理疾病的發生。

二、設置諮商輔導中心，提供諮詢與輔導的服務

　　大學須設置完善的諮商與輔導中心：(1)配置心理輔導專業人員、心理師、精神科醫師、輔導行政助理、個案管理員等專業人員，提供心理問題、精神問題服務；(2)重視預防措施，解決身心困擾的諮詢與輔導；(3)提供心理測驗、輔導新知的服務，以增進輔導的效果；(4)成立心理成長團體，協助開發心理潛能，心理社團培養服務的小尖兵，如天使志工等。

三、心理健康環境的建立

　　心理健康環境的內涵，包含心理健康知識的有：
1. **新知傳播**：包含心理輔導海報、電視、廣播、網路、校刊等，能多元管理宣傳心理健康知識。進行心理健康的評量與普查，以了解全校學生心理健康、壓力來源、心緒困擾的狀況，促進及早做心理預防。
2. **專題講座**：辦理義輔老師、全校師生的「心理衛生講座」，以增進心理衛生新知，及對心理危機發生的預防知能。
3. **布置健康環境**：校園的心理健康環境之建立，還包含校園內的人格教育、潛能發展、心靈小語、核心價值、人生意義、人生目標的倡導等。使學生的心理維持積極、樂觀、向上、包容、容忍、愛與關懷等健康的心理狀態。

四、完善的建構心理健康三級保健網

（一）三級保健網

　　大學生的心理健康工作維護，必須要有一定的組織並達到共識，才能有效達成三級保健的目標。教育部2006年12月推出「校園心理衛生三級預防工作計畫」，其主要目標包括：

1. **一級目標，健康心理的保健**：提供健康的心理環境及全校性的心理衛生知識。
2. **二級目標，篩選高關懷群，早期發現、早期介入輔導**：減少身心危機，主動提供高關懷群的必要輔導與協助，疑似有精神疾病、自傷及傷人的情況須進行處理及輔介就醫。
3. **三級目標，預防個案自殺及自殺企圖之處理**：對自殺身亡者建立處置作業流程及通報。

（二）心理保健策略

　　鄭照順（2009a）提出2009至2011年心理保健策略如下：

1. **教育性策略**：重視校園核心價值、品格教育、意志力、包容、感恩、容忍力等，增加心理防衛功能，以達成一級預防。
2. **輔導性策略**：面對學生的人際衝突、情緒困擾、異性交友、網路沉溺、人生價值、前程規劃提出有效的心理輔導策略，以達成二級預防。
3. **資源整合策略**：透過學校的行政組織、財政支持、輔導老師、義輔老師、精神科醫師、衛生所或各精神科醫院等資源整合，建立心理輔導網，以達成一、二、三級心理防護網。
4. **調查研究策略**：透過調查研究了解各年級的心理壓力源、心理困擾問題，依群體提供小團體輔導，以增加因應的知識與方法。對新興輔導的理論進行專題研究以增進輔導新知，達成一級防護的新知。

5. **多元融入策略**：經由輔導海報、心理電子報、網路諮商、輔導股長聯絡網、定期心理行政會議、個案研討會等，以建立全面性心理預防網；並參考北歐國家如丹麥、芬蘭、挪威、瑞典等國的心理輔導策略，以品格陶冶、道德實踐，增進心理健康的基礎。

▲筆者訪問丹麥Rygards School，校長Lavds（中）及外交部陳忠正主任（右）介紹丹麥教育以品格實踐，培養心靈的健康。

▲教育部推動大學生憂鬱三級預防。

五、長期發展與提升「大學生的心理素質」

　　培養良好的情緒控制力、堅強的意志力品質、積極進取的人生態度、健康的人格特質。王登峰（2002）、樊富珉（2009）等所提出的九種「心理素質」，值得各大學在這方面繼續做心理的基礎建設，幫助大學生提升心理保健能力。王登峰（2002）提出良好的心理素質的主要特徵如下：

（一）正確認識自我與完善自我

　　大學階段是一個由青春期走向成年期的重要時期，也是「個人自我意識」發展，走向「完善自我」的重要時期，「正確的自我認識」是培養良好心理素質的重要前提。人爲何有高傲、自卑、主動、被動、悲觀、自怨自艾，主要是自我意識的偏差，透過心理學的學習可以了解「自我意識」的狀態、內涵、結構、特徵，使能達成：

　　1.**客觀的認識自我**：認識自己是內向、外向。

　　2.**正確的評價自我**：認識自我的能力與努力程度。

　　3.**積極的悅納自己**：接納自己的不足，不自卑、不氣餒。

　　4.**有效的控制自我**：自我表現不能恰如其分時，能自我反省。

　　5.**健康的自我形象**：引導自我走向健康、積極、樂觀的形象。

（二）有效的情緒調節與管理

　　每一個人時時刻刻都處在一定的情緒之中，因爲每一個人的個性、自我認知、人際關係無不反映到人的情緒狀態上。爲什麼有的大學生情緒波動較大，有的較穩定？有的較積極、樂觀、向上，而有的大學生負面情緒持續較久？這反映大學生情緒調節與管理能力的差異。透過「情緒心理學」，可以幫助大學生對自己的情緒狀態有所了解、反思，可以有效運用：

　　1.**理性情緒方法**：增加正面思考、正面情緒。

　　2.**現實意義治療法**：把握此刻的生存價值，增加生命的深刻意義。

3. 善用時間、空間加大治療法：將時間、空間擴大，以減輕時空的
   壓力。

4. 運用環境的改變：降低環境壓力的繼續傷害。

5. 運用音樂治療：轉移、中止混亂的思緒，引導腦部的放鬆。

（三）挫折因應能力與意志力培養

挫折是人生必經的歷程，生活壓力也是天天在發生，面對生涯中的挫折，可以採取多方式去因應：

1. 提早準備：以減少考試、找工作的挫折。

2. 面對競爭挫折後的反省：競爭失敗並不可恥，可恥的是不知道失敗的原因，不知反省、不知改進。

3. 避免挫折打擊後一蹶不振：去除失敗、挫折是我沒能力、無法站起來、前程無望、想自殺解決問題、自我能力完全崩潰等想法。

4. 遇到可能的挫折要做心理準備：逃避的心理可能使自己永遠沒有挫折感，但應面對挫折、面對問題，把挫折轉爲積極成長的能量，去學習新經驗、自我成長。人生是長久、長途的競賽，任何工作機會、愛情相遇都是要用長久努力、意志力去經營才能逐漸完善。

（四）增加溝通能力與人際關係

人際溝通的方法、人際關係的處理常是大學生的心理困擾之一。人際溝通的媒介有語言、文字、態度、物質、資源、資訊等。積極、誠意、行動式的溝通常帶來正面的效果。

人際關係是經由互動所產生的正面與負面關係，溝通的基本方法包含：(1)言之成理；(2)態度有禮；(3)行爲有節；(4)時機適當；(5)心態適合；(6)地點合適。

有上述基本環境、氣氛，且理由正當、內容豐富，可以進行比較有效的溝通。回應者如果價值觀相同、心情合適、信念相同，則可以建立良好的溝通，有了良好的溝通認知、態度、行爲，自然可以建立

良好的人際關係。

（五）戀愛心理與愛的能力培養

　　大學生正值青春期後期，也是步入成人期的過渡期，開始對愛情、婚姻生活有些憧憬，該如何做好「談情說愛」的準備呢？於大學階段應了解愛情的真諦及發展歷程：

1. 生理的需求：由於生理的成熟，自然會產生性慾的需求，也因此想認識異性。
2. 心理的需求：如果能得到異性的欣賞、鼓勵，自然心理的愉快、滿足、幸福感會不斷的提升。
3. 社會性互助合作需求：由於社會競爭劇烈，男女透過合作能讓事業、家庭、愛情發展得更完美，因此男女也有互助合作之需要。
4. 多方面的評估階段：青年男女要以身相許，除了上述生理、心理、社會需求，更要得到長輩的認同，未來的發展性得到資源與祝福，才算是圓滿的愛情。
5. 共同計畫培育下一代：由愛情、婚姻、懷孕到培育下一代都是一個持續的歷程，要做好事先的健康、經濟的準備，才容易度過許許多多的考驗。

（六）大學生的學習、生活與健康知識

　　大一新生由全國各地聚一堂，必然會遭遇到生活、學習、人際、飲食、氣候等問題。

1. 生活適應：要能照顧好自己的飲食、營養、睡眠，以維持健康的體力與腦力。
2. 學習適應：大學要修許多門課程，各個課程的要求不同，有些重考試，有些重小組討論、專題報告，有些要獨立去理解，同學朋友間若能相互扶持，會有助於學習。
3. 充實身心、健康知識：營養、運動的知識也相當重要。
4. 養成規律的作息、均衡營養的飲食習慣。

（七）確立生涯發展計畫

大學中有設定生涯目標、發展策略者，生涯發展會比較省時、集中精神，也比較容易有傑出的成就。因此如何做好大學四年的生涯發展計畫，使心裡不再徬徨？

1. 大一之刻：多方試探自己的性向、能力、興趣。
2. 大二之刻：確定自己的專業目標，多接觸與專業目標相關的圖書、選課、知己、好友。
3. 大三之刻：專精學術科目、重視理論與實務的結合，以奠定自己的學術基礎。
4. 大四之刻：做好就業的心理準備，或是朝學術研究前進。

有遠慮才不會有近憂，有實力才不會惶恐，生涯發展重視「適才適所終不悔，適性發展終無憂」。隨波逐流、人云亦云者，終究虛度光陰，黃金歲月過後，仍然是一個空白。因此大學時找到「興趣」好好發展極為重要。

（八）心理健康與心理疾病的預防

透過介紹大學生的心理健康標準、心理障礙、心理疾病的基本知識，幫助大學生樹立科學的心理健康觀，使其體認「心理健康」是提升自身素質及發揮自己潛能的必要條件，從而提高大學生對維護心理健康重要性的認識。幫助大學生了解疾病、心理障礙、人格障礙的類型，以及這些心理疾病、心理障礙、人格障礙的主要病源，以提升心理保健與心理疾病的防治意識。分析影響大學生心理疾病的相關因素，例如：生活壓力、生活型態、心理期望、認知因素、情緒因素、思考方式、行為方式、基因、環境因素等，以了解心理疾病的影響因素，並幫助大學生了解如遇到心理問題，可以自我調適及找尋心理輔導老師、精神科醫生等，得到一些專業的諮詢與協助。

（九）探索生命的發展規律與因應人際、名利的煩憂

1. 探索生命的法則：生、老、病、死，每一個人都不能倖免，但

「生命」可提升意義，「老化」可以減緩，「生病」可以減少，死亡可以喜悅的面對。心理健康的人可從容的面對生育、生命、生長、老化、病痛、死亡，做最好的心理準備。

2. 了解外在的心理障礙：(1)「貪求過度」如同物慾不能滿足，自尋苦惱；(2)「愛人不被接受」是一種極大的打擊。為什麼別人不接受我呢？應了解愛是雙方都有選擇的權利，才不會怪罪別人；(3)憎恨、心結無法消除，為何那人那麼無情無義呢？是選擇原諒他還是永遠留下陰影呢？選擇感恩、寬容，心理會成長。

第五節　心理衛生研究範圍與研究方法

心理衛生研究的範圍很廣泛，包含：

1. 心理相關政策性的規劃與實施，如心理衛生的「三級預防」，是心理衛生研究、推廣與實施的重要策略。
2. 健康的生活與環境適應的教育。
3. 健康人格的培養與輔導，以減少人格異常。
4. 增進人際溝通，學會優質化人際關係，以降低人際關係對健康的損害。
5. 健康情緒的教育，與情緒管理的方法，以減少消極心理情緒。
6. 心理諮商與輔導的教育：心理輔導人員能夠幫助認識自己、悅納自己、克服成長障礙及發展個人潛能。心理衛生教育在教導學生們對身心健康有進一步的了解，並學會自助與求助。

壹　心理衛生研究的範圍

余琳（2008）、鄭照順（2010a）等，進一步說明「大學心理衛生的研究範圍」：

（一）研究對象

以18至25歲大學生為對象，研究心理健康、生活壓力、心理保健、潛能發展、心理障礙等現象。近年來研究生大量的增加，研究生以23歲至30歲的年齡居多數，大學生的心理衛生研究對象，已擴充到成人期階段。近年來發生人際衝突、感情糾紛、壓力過大而造成自殺的事件頻頻發生，值得衛生研究人員進一步研究預防措施。

（二）研究的主題

心理衛生研究的主題，依據余琳（2008）、段鑫星（2008a）、柯慧貞（2009）等所做的研究，包含下列熱門主題：

1. 大學心理衛生教育與心理衛生行政相結合的三級預防：柯慧貞（2009）指出，教育部對全國大學、中學、小學進行心理衛生的三級預防、進行學術探討與人才培訓，以建立「心理衛生」認知、態度與預防的行動。並對全國各大學進行三級預防實施成效做評鑑。「第一級預防」是對大學的師生進行心理衛生知識宣導，建構心理健康的學習環境；「第二級預防」篩選出高危險群，及早介入心理諮詢與輔導，提供危機個案必要的協助；「第三級預防」對於長期心理疾患及想自殺的個案，或已自殺者的家屬做醫療、心理精神上的救助與輔導。

2. 大學生的生活壓力源與因應：鄭照順（2009a）發現大學生的生活壓力源主要包含：課業壓力、生涯發展壓力、人際交往壓力、情緒壓力、感情壓力、經濟壓力、同學競爭壓力、父母期望、失眠壓力、思春壓力等，大學生雖年紀比較成熟，但對人際衝突、情緒困擾，多數人常無法有效的「調節」及「管理」，造成更大的衝突與災禍。

3. 大學生的人格發展不足的問題：段鑫星（2008a）研究發現，大學生常見人格發展不足的現象包含：被動性、不良的意志品質、懶散、退縮、心胸褊狹、過分重視虛榮、自我中心、人際的失落

感、低估自我價值等。如何培養健康的人格呢？應能意識到自己
的優點與缺點，並能容忍與認可；不沉溺過去，而是注重未來的
目標。具有健康人格的人，過著有效率、高品質的生活。健康的
人格也出現完整性、統一性、穩定性等。

4. **大學生健康情緒教育問題**：上官風（2008）發現大學生是一個特
殊群體，社會過高的期望、競爭的激烈，又常發生學習、生活、
人際、戀愛等挫折事件，因此常見大學生產生下列不良情緒：
自卑、焦慮、抑鬱、冷漠、嫉妒、驕傲、憂鬱等現象。段鑫星
（2008）提出消除不良情緒的方法有：(1)認知調節：事情沒有
絕對完美，不必太自責；(2)認知性自勵：發怒傷肝，忍一時海
闊天空，沒人安慰也要自我安慰；(3)悅納自己；(4)寬容別人；
(5)學會忘記過去的失敗、挫折；(6)學會消化負面的情緒；(7)學
會大事化小，小事化無；(8)轉移生活情境；(9)聽音樂；(10)運用
幽默擺脫窘困。

5. **大學生人際關係困擾問題與抉擇**：人際關係是大學生走向「社會
化」的歷程，此項社會化的發展將影響一個人的社會活動範圍
與層面。人際關係佳者可以得到資訊、資源、人脈、商機與多
元發展；人際關係差者可能自嗟自嘆、自我封閉、事業前程都
受影響，並可能產生心理障礙或人際衝突。段鑫星（2008a）指
出人際關係的重要意義包含：(1)人際交往與個性發展有關；(2)
人際交往與促進心理健康有關；(3)人際交往可以幫助成才，友
交好、交好友、惺惺相惜、互相激勵者，就可以彼此得到成長與
發展。余琳（2008）提到許多大學生陷入人際的困擾之中，譬
如：(1)如何選交往的對象；(2)如何決定交往的目的是什麼？利
己、互利、互相關懷；(3)人際交往的豐富性，有學習、娛樂、
分享經驗、比較發展上的參照；(4)人際交往的差異性在性格、
志趣、性別方面有差異，交友自然會有不同的選擇；(5)個人時

間資源的多少也決定是否有時間、有資源作交流。

6. **大學生的愛情觀與健康的戀愛心理**：大學生戀愛似在做「人生秘密花園」的探索，出於好奇、出於性需求、出於需要安慰、出於需要互助合作、出於繁衍子孫、出於父母期望等，每一個大學生都有自己未來的戀愛、婚姻與家庭期待，他們是否能夠找到如意的期盼對象，完全決定在自己的積極性、個人的條件，因為愛情既浪漫又現實，既多情也無情，既甜美也苦澀。鄭照順（2008a）、段鑫星（2008a）提出愛情的發展論乃有一些規則可循，即(1)生理的成熟；(2)心理需要安慰；(3)社會發展需要合作等發展歷程。陳紅英（2008）提出一些健康的愛情觀：(1)志同道合：彼此價值、理想相同；(2)獨立人格的尊重：不一定要求完全占有對方，要相互理解及尊重；(3)善於控制愛情，懂得將情感昇華；(4)準確的表達愛意，有勇氣去拒絕；(5)發展愛的能力，並付出責任；(6)提升戀愛挫折容忍力，應有承受單相思、失戀的心理準備。

7. **網路與心理健康的問題**：段鑫星（2008a）研究發現，網際網路（internet）對大學生的學習、人際、健康、道德、價值觀等都帶來一些影響。以學習而言：(1)網際網路幫助大學生拓展獲取知識的新途徑；(2)網路也豐富大學生獲取知識的內容；(3)網際網路成為大學生重要的學習工具；(4)網路也拓展大學生的學習能力。但另一方面，網路也造成大學生行為、心理、生理健康的異常現象，譬如：(1)常見到網路犯罪行為；(2)網路沉溺，影響身體健康；(3)網路的虛幻人際問題；(4)網路文化充滿著次文化，衝擊社會、主流價值。

8. **自我實現與潛能開發的問題**：大學生潛能的發展受到心理學家的重視，「預防勝於治療；潛能開發勝於預防」，自我實現的人格，即認知力、感性力與品格力的統合。美好人生（good life）

是一個發展過程，不是一個固定狀態。因此全人健康，包含生理、心理、靈性的健康。自我實現的潛能發展，包含「自我超越的需要」及「大我實現的需要」。

綜合言之，大學生心理健康研究的主題由生活壓力、人格發展、情緒教育、人際關係、戀愛心理、網路的心理健康問題、自我實現與潛能發展等為探討之重點。新興起的研究議題包含：心理健康的「三級預防」、「自我實現」的潛能發展、「心理障礙精神疾病」的輔導與治療方法等。

貳　心理衛生的研究方法

心理衛生的研究方法是借重心理輔導理論、心理治療方法、精神醫學方法、個案的輔導、中西醫治療策略等過程，所發現的現象與輔導方法、科學性的心理現象調查，發展心理、生理、環境統合的健康理論、預防策略、潛能開發及跨領域的「科技整合」研究等方法，對人類心理健康做出鑑定、預防、輔導與治療。因此心理衛生的研究方法，可以包含下列研究途徑。

一、「心理輔導理論」的研究方法

Varcarolis（2008a）提出心理輔導理論的存在，是因為他對探討個案的心理問題，對增進個案的心理健康有幫助，從精神分析、人本學派、理性認知情緒、行為主義、存在主義治療、自我實現論等學理出發，可以提升個案的心理能力、行為改變、自我了解與潛能發展。茲整理各學派對大學生心理健康促進的方法，如表1-4。

表1-4 心理輔導理論對促進心理健康方法的比較

理論與代表人物	理論重點	促進心理健康的方法
精神分析論： Freud	1.人格結構：本我、自我、超我。 2.心理防衛機制：壓抑、投射、理由化、反向、昇華轉移、內化補償。	1.輔導者：幫助個案面對現實的自我、邁向道德的昇華。 2.輔導者：幫助當事人減少負面因應，增加正向機轉。
行為治療論： Skinner	1.人類行為受環境、外控因素所決定。 2.改變環境因素比改變遺傳容易。 3.新行為需要增強與懲罰才容易形成。	1.經由目標設計，增強好行為，可以產生新行為。 2.選擇適當的增強方法，可以增進心理的健康。 3.幫助個體自我肯定。
人本學派： Rogers Maslow	1.人有主動性、積極性、關係性、個人中心法。 2.輔導方法：積極關懷、無條件接納、真誠一致、良好的心理環境。 3.自我實現的能力：認知能力、意志力、感情能力。	1.提供個人自由的空間、自由的陳述。 2.無條件的支持、關懷協助、接納。 3.激發認知力、意志力、感性力，提升自我潛能。
理性情緒學派： Ellis	1.不良認知：會影響情緒與行為。 2.改善認知：「接受自己的不完美」，情緒行為即可消除。	1.了解自己能力、外表、認知的不完美。 2.勇於接受自己、肯定自己的努力、表現，情緒馬上轉好。

表1-4（續）

理論與代表人物	理論重點	促進心理健康的方法
意義學派： Frankl	1.找出「生命的意義」：自己去創造與發現新意義。 2.體驗「受災難的意義」：痛苦在保衛生命，創造出更有意義的人生。 3.「工作的意義」：是一種專業，一種樂趣，一種助人的工作。 4.面對焦慮：是一種挑戰，可以增益其所不能。逃避焦慮、煩惱，可能會失去磨練的機會，帶來未知的煩惱。	1.幫助個案提出「現在」及「未來」的意義、價值與希望，使他解除煩惱的痛苦。 2.了解生命的任務，就能增能，採取行動，面對困難。 3.重新調整自己的價值、態度及行動。 4.強調生命是最高的價值，生命的自由與責任、生命的唯一與獨特價值。

　　除上述心理輔導的研究方法外，對於心理障礙者的輔導，新興的轉導方法尚有音樂治療、藝術治療、幽默治療、自然療法、能量療法、舞蹈治療等。

二、身心兼治的研究取向：重視精神醫學、心理學、中醫學的整合研究法

　　學校的心理輔導人員、醫生、護理人員常面對各種類型的身心障礙個案，這些個案來自不同的家庭、背景、教育因素、個人人格特質，因此要從預防、輔導、治療的角度給予個案最大的幫助。鄭照順（2010a）、Varcarolis（2008a）等，提出身心健康照護與輔導的研究途徑與方法：

（一）精神醫學的研究方法

　　精神醫學的研究基礎，常從基因、生理、心理、文化、環境等因

素，了解焦慮症、恐慌症、強迫妄想症、創傷後壓力症候群、人格異常、精神壓力來源，對有精神疾病者進行藥物治療、復健與追蹤。

（二）心理輔導的研究方法

了解個案的生活、學習、工作、作息、人際等心理適應情形與生活壓力來源，輔導個案了解自己緊張壓力的來源，如何調節壓力、調節情緒、減輕困擾以得到自我成長的功能。

（三）中醫情志病學的研究方法

中醫學「情志病」的研究基礎，常從病因、病基、病理、環境、飲食、情緒、生理學基礎、病人的生活環境與作息等因素，去了解情志疾病產生的原因。對有精神疾病者進行針灸、中藥治療、疏通氣血，以調其神志，使獲得身心健康。

（四）環境因子的研究方法

身心困擾、身心障礙的發生常受到家庭、社會、教育、宗教、文化、社會變遷、生活環境的影響。社會學的研究途徑常從：(1)家庭動能分析：例如單親家庭、破碎家庭、隔代教養、親子關係、手足關係等問題，常造成身心的困擾、心理失衡；(2)家庭經濟因素：家庭收入不穩定、家庭貧困或過度富裕也會造成心理的不健全；(3)社會因素：失業率高、價值混淆、高度的競爭等，會造成認知、心理的困惑。

三、個案研究法

個案研究法（case study）源自拉丁文casus，意指對一個人所發生的事，單一事件做完整的資料蒐集、整理、分類，進行分析、結論與建議。「個案研究」於1904年由佛洛伊德（Freud）開始用於精神分析，對個案的精神狀態做個人生活史、生活環境、家庭組織成員、個人想法等的精神分析，並給予有效的輔導。1954年皮亞傑（Piaget）提出「認知發展論」，記錄其兒子的成長與認知能力的階段性發展，即「個案研究」應用於智力發展階段的研究。個案研究有七個目的：

（一）了解問題

透過個人生活史、個人生活環境、個人交往的朋友類型、個人的人格特質，及個人的動機、理想、慾望，即可幫助了解個案的「互動因子」及「事件發生的導因」，有助於了解個案的相關問題。

（二）提供解決問題的假設

青少年沉溺於電玩、毒品，因大量缺錢，可能造成缺課、偷竊、精神不振等現象。可以從：(1)親職教育責任；(2)學校教育責任；(3)心理輔導的方法等去思考解決的假設。大學生常面對就業與考研究所的壓力，如何有效的協助其做心理調適，可透過壓力紓解法、社會支持法等，去化解心理的壓力。

（三）提供輔導策略及支援方案

個案研究，可以了解事件發生的遠因、近因、互動因子，加以明確的記載及呈現，由專業人員提出關懷支持策略，改變環境策略及減少不良互動因子等，減少問題的發生。輔導者可以從個案研究的歷程，了解個案的人格特質、行為形成原因，幫助個案了解，並提供適當的輔導策略、支援事項及自我改善的方法。

（四）解決問題及績效評估

任何個案如果沒有做績效的追蹤比較，是一個不完整的輔導方案。當提供一個輔導策略，經過一個月的輔導後，就要分析個案的「進步」與「退步」情形。記錄的方法為採用「觀察法」、「晤談法」及「自陳量表」。個案治療結束，應評述個案輔導的成效有幾分？遭遇哪些阻礙而無法進展？應自我評估診斷，以提供未來繼續接案者參考。因此需要做「輔導日誌」，對照個案實踐程度來判斷其成效，及提供更好的協助，或轉介合適的專業人員給予協助。

（五）提供具體的實例

設計輔導計畫以了解個案類型；由個案的認知、態度、情緒、行為之記錄，可以逐步歸納分析出個案的症狀類型及其思考、情緒、行

為類型，以了解此類型行為如何採用可行的輔導方法、輔導策略及提出周全的輔導計畫。

（六）為未發生的事件提供預防策略

河流污染、空氣污染、噪音污染是工業社會經常發生的公共安全事件，各國政府應努力做「防微杜漸」的預防工作，提出有效的預防策略。心理輔導工作也是如此，任何一個心理事件的發生，均在做心理預防措施的提醒、心理建設、因應方法的措施。心理輔導人員及心理衛生行政單位應多做些「心理衛生」的認知宣導，及提供輔導資源，將有助於預防「心理事件」的發生。

（七）個案科學化的記錄

為促使個案研究科學化、系統化及個別化之目的，個案研究的記錄格式，可分為九個步驟：

1. **基本資料**：姓名、性別、年齡、學校、年級、居住地區、家庭人員、家中的排行。

2. **個案的來源**：自己尋求協助、導師轉介、父母求助或其他。

3. **主要問題敘述**：問題特徵、問題類型，包括課業、人際、情緒、經濟、感情、心理障礙、精神障礙等。

4. **影響因素**：家庭氣氛、父母職業、家庭經濟、父母管教過度、親子關係、兄弟手足關係、學習環境、學習態度、父母期望、自我期望、學習成就、人際關係、朋友類型、生活作息型態、飲食型態、休閒型態、身心健康狀態等。

5. **診斷及分析**：找出產生問題的主要因素，推論出遠因、近因、主因、次因，他人因素、環境因素或個人因素（生理、心理、外在因素）等。

6. **輔導策略**：提出輔導策略、支援系統、同儕系統、作息與飲食、學習與休閒、思考與中止、思考與改變、壓力與釋放、壓力與傾吐的有效策略。

7. **輔導過程**：詳細記錄每次交談重點，以及個案的想法、態度、情緒、期望、行為狀況。

8. **輔導績效評估**：比較輔導前及輔導後是否有改善、改變，或者發現新的狀況。

9. **追蹤及檢討**：追蹤個案輔導結束後，是否有維持穩定的發展，是否有效的協助個案「自我成長」、「自我肯定」；檢討個案輔導的「瓶頸」與「阻礙」。在「逆向轉移」時應移轉個案，轉介給較適合輔導他的專業人員。個案研究的紀錄與分析，是把理論與實務應用相結合，也是建立「臨床個案輔導學」的重要基礎。多數的心理疾病有心理支持、醫藥治療，個案有病識感，能自律者自然較能獲得痊癒。

四、身心和諧與增加潛能法

身心和諧與潛能發展論可分為三個類型：

（一）身心和諧法

余琳（2008）經過三十多年的心理衛生研究，企圖建立一套東方獨特的研究方法論。

1. 人體經由生理的訊息才轉為意識與認知，軀體的症狀不是「身心症」就是「心身症」。身心症由於生理的病理被察覺；心身症是個體產生焦慮、抑鬱等訊息。「人際社會不和諧」也產生人際衝突、家庭衝突，會產生「心身症狀」不愉快、不舒服，如何調和人際關係是「人與社會和諧」的研究取向。

2. 「認知與自我評價作用」：社會現象是否會影響個人的健康，取決於個人認知與評價。工作上的失誤、失業、名落孫山、戀愛失敗等事件，常引起悲傷、沮喪、絕望的情緒，也可能產生重大精神創傷。有些人會重整旗鼓、自我反省、吸取教訓、奮發圖強。許多「社會因素」都必須透過「心理的中介作用」，才引起心

理、生理的不同程度作用與反應，因此「心理作用」才能造成致病的因素，也可以幫忙治病。

3. 「主動適應與調節觀點」：個體在成長過程會形成獨特的人格與個性，這些個性與外在人、事、物交互保持動態平衡，「心理主動適應與調節」可以使個體與外界維持相對的和諧一致，是個體維持健康和抵禦疾病的重要力量。

（二）提升身心能量與增能法

余開亮、李滿意（2006）遴選出十位九十高齡的學者為對象，透過個案的訪談，去分析身心健康的主要方法。季羨林（97歲）、錢穆（96歲）、張中行（98歲）三位學者提出身心健康的主要能量法。

1. 自然能量法：多接觸大自然、吸收大自然的能量。

2. 友誼能量法：多結交益友、知友，精神、智慧上可以不斷的交流，提升精神層次。

3. 心理能量法：長壽須向快樂的因子求，快樂多、自然免疫力增強，也可以排除抑鬱的心情。

4. 運動能量法：培養好的嗜好取代不好的嗜好，例如：以氣功、腹部按摩、登山、健行等，替代打牌、抽菸、喝酒。養成好習慣替代壞習慣，以早睡早起取代賴床；養成奉獻服務、勤勞的習慣，取代懶惰、貪求的心態。

5. 寬容的能量：處理思想、感情的方法，是指追求「心理的平衡」，愛計較的人難長壽，要有寬容的心，「原諒傷害自己的人」、「包容世界不平之事，心理才能平衡」。心理平衡才有助於身心潛能的發展。

6. 飲食能量法：飲食有節，年紀六十之後身體的消化功能已開始老化，最多只能六分飽，以免胃腸增加負擔。食物則以鮮蔬果、蛋白質、澱粉、豆類、綠茶、小米粥、優格、紅酒、蘑菇湯、骨頭湯、牛奶、海藻（梁漱溟95歲，食物養生法）。

　　總之要維持生命的長生，由以上幾位長壽者之智慧可以得到啓示，包含自然能量、運動能量、心理能量、飲食能量、心態平衡，均有助於健康。

（三）「新的自我實現論」潛能發展法

　　Maslow（1950）提出自我實現論，其目的在「自我潛能」不斷提升，促進人生理想目標的實現。每一個人的理想目標均不同，有物質性、心理性、社會性，功名、金錢都會化爲泡影。許金聲（2008a）、鄭照順（2008a）提出「新的自我實現論」，即在培養自我實現的人格。自我實現的人格包含「自我超越」及「大我實現」的精神目標，要達成大我實現應包含：

1. **知性能力的提升**：認知性代表是一種學習能力、記憶能力、思考能力與工作智慧。

2. **感情能力的提升**：感情能力代表一種想像力、感情力、熱忱、創造力，以豐富人類感情的能量與內涵。

3. **品格能力的提升**：愛與關懷等可以使人際、社會更和諧；責任感與使命感可以使工作、家庭更精進；意志力、耐力可以使我們不會半途而廢；感恩與包容可以使我們內心更寬闊與和諧。

【討論題】

1. 分享你在暑假（寒假）中過得最有意義或最快樂的事，它對身心健康與潛能發展的幫助有哪些？有些人可能遭遇最悲傷或最不快樂的事，它對身心有哪些傷害？

2. 分享提升個人生理、心理、腦力潛能、讀書方法等的有效方法與經驗。

3. 大學生如何有效的維護自己的心理健康？請以生活方式、生活壓力、思考方式、社會支持系統等方向討論之。

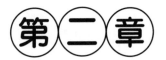

大學生的心理發展、
保健與潛能發展

心理發展的金科玉律

大學的搖籃，是專業、事業、愛情成長發展的基石。

（戴晨志）

大學教育，在認識自我，找到興趣和天賦所在。

（李開復）

大學生有健康的身心及良好的品格，可使人生充滿機遇。

（鄭照順）

　　1990年代台灣的教育改革，前教育部長楊朝祥稱為「狂飆式的教育改革」，教改後所衍生的教育問題叢生，例如：廣設高中及大學、教育資源M型化、忽視技術專業地位、城鄉差距、九年一貫課程、校長及教師地位低落等。教育改革與影響大學教育最相關的項目是：技職教育政策不明，專業尊嚴盡失；大學過度擴充，高教品質日益低落；漠視全人教育與品格教育，國民素養沉淪（楊朝祥，2004，2010）。

　　台灣的大學升學過程，帶給多數學生極大的「心理壓力」與「挫折感」。在「心理壓力」方面，要進入明星大學極為不容易，高中生的課業壓力不減當年；在「挫折感」方面，大學生進入大學殿堂，最迷惘、最困惑的事，是生涯規劃與未來就業的問題。大學生求學階段，需要面對課業、就業、愛情、身心健康等的發展與抉擇，此四項人生「重大的發展任務」對每位大學生均是一大考驗。因此對大學生而言，應提高心理健康的意識，並應學習心理保健的知能，以保持與維護自己的身心健康。

　　本章在說明大學生心理發展的特點，討論大學生心理健康的標準，並進一步討論大學生心理健康的保持與維護方法，以提升學生的心理健康，進一步發展自我的潛能。

第一節　大學生的心理發展特點

　　大學生正處於青年中期（18至23歲）及青年後期（23至28歲）的兩個階段，大多數的大學生在年齡階段上屬於青年中期。此時，大學生生理發展已接近成熟，其個體心理發展也已逐漸走向成熟，由於心智較成熟與穩定，表現出獨創性、自主性、自信心及較高的冒險性，此階段的心理、智慧、情緒、友情、愛情、自我意識、意志力、性心理及社會化能力等，均有別於青少年、兒童與成人。

壹 大學生的智能發展

余琳（2008）指出大學階段18至24歲之間，其智力發展是人生的黃金時期，美國心理學家Cohen（2006）、Harris（2002）等的研究發現，20至35歲是智力發展的高峰，36歲以後緩慢下降，65歲以後急驟下降。Goleman（2006）研究發現，大學生畢業後的成就不決定在他的智力，而決定在其「情緒智能」（EQ），因此工作的經驗挫折，可以提升其EQ能力，年齡的增長，EQ能力可以繼續不斷的提升。大學生的智能發展在學習力、理解力、思維力、記憶力、想像力、綜合能力與批判能力等表現特別明顯。

一、學習力

學生善用觀察、體驗、考察、實驗、旅行、研討、分享去吸收知識與經驗。大學生有較敏銳的觀察力、主動探索能力，並對其理想的堅持、開始著手多元的蒐集資料，以了解問題全貌，也能對某一現象做深入的背景分析，因此大學生對事物現象了解的精確性、自覺性、目的性不斷提高。

二、理解力

大學生對新聞事件的發生可以綜合出自己的心得，了解社會發展的新趨勢。也可以對事件正向、反向的結果做出分析、理解與決定；開始由自我中心逐漸走到社會中心，並拓展國際視野。

三、思維力

大學生進入抽象思考、多元思考的新階段，因為大學生接觸各種學程，比較能夠從科學、人文、社會、教育、心理等多元角度來看待一個事件，因此其對抽象的理論、規劃及推測未來的能力特別明顯。

四、記憶力

　　大學生智力發展到人生的最高峰階段，其學習的能力特別強，對知識的歸納、分析、意義、聯想、組織能力特別強，因此也提升其對知識的記憶能力。短期記憶靠組織意義的記憶，長期記憶依靠不斷練習及圖像、邏輯、獨特意義的記憶。

五、想像力

　　大學生由於活動的空間加大，接觸的學術領域日增，實務經驗也增加，這些知識、經驗及空間的增加，都增加與提升其對決策未來的想像空間。大學生比一般中小學有較大的抽象想像能力，一方面來自心智的發展，一方面來自吸收較多的資訊，與經驗較多的時空活動。

六、綜合能力與批判能力

　　大學生吸收知識快，因此思考敏銳，邏輯能力提升，較具綜合能力及整合資源能力，因此思考上較周延，有長遠的思考和預測能力。由於認知能力已由現在跨越到未來的遠景，因此，常有「理想性」的批判力。批判能力，也是一種洞察能力、有「先天下之憂而憂」的預測能力，因此，智者常多愁善感之憂。

貳　大學生的情緒特性與情緒障礙

　　肖水源（2005）指出，大學生的情緒常受到得失、榮辱、順逆境的影響，常可見到的情緒與感情表現形式，包含喜、怒、哀、樂、憂、憤、憎、恨等。那麼究竟什麼是「情緒與情感」呢？情緒和情感是個人對客觀事物的體驗態度及相應的行為反應，是以個人願望和需要為中心的一種心理活動。當客觀事物或情境合乎主體的需要與願望

時，就會引起積極與肯定的情緒和情感。譬如：生活中遇到「知己好友」會感到欣慰，愛情路上找到「志同道合」的情侶會感到幸福；事業上，找到個人「喜歡的工作」，均會喜悅與珍惜。當客觀事物或情境不合乎主體需要與願望時，就會產生消極、負面的情緒和情感。譬如：考試失敗會苦惱；被批判攻擊時會憤怒，心情難以平靜；所追求的情人移情別戀，會懊惱、自責；失去親人會悲痛、哀傷等。

肖水源（2005）進一步指出，情緒有較大的「情境性」、「激動性」和「暫時性」，往往隨著情景的改變、需要的滿足、時間的延長而減弱或消失。重要的情緒狀態包含心境、激情、失落感等。「情感」常用來表達那些具有深刻的社會意義，又具有長久與穩定情誼的事物，這些意義、事物、景象值得令人終身回味。例如：對社會的熱忱、對好友的懷念，這一情感有穩定性、深刻性與持久性。人類對社會的情感（包含責任感、使命感、道德感）都是一種感情。

一、大學生的情緒特性

情緒與情感是有區別又互相依存的，穩定的情感是在情緒的基礎上形成的，而且透過情緒來表達情感，在情緒中含有情感的成分。大學生的情緒和情感的特徵如下：

1. **穩定性對波動性**：大學生隨著年齡增長到達青年期的後期，生理、心理發展逐漸成熟，心理成熟的原因來自知識水準提升、經驗的成長、獨立判斷能力增加，對情緒有一定的控制力，因此情緒趨於穩定。但是與成人相比，大學生的起伏較大，時而積極時而消極，時而激動時而平靜。學習的成敗、同學關係的好壞、戀愛的成敗、人際的互動等，都可能引起情緒的不安與波動。

2. **外顯性與內隱性**：大學生對外界刺激的情緒反應迅速且敏感，喜、怒、哀、樂常形於外。大學生的情緒外在表現和內心體驗多數是一致的；但面對一些敏感、怕被傷害的事件時，常表現隱

藏、內斂、文飾的情緒現象，此「心理機轉」的功能，稱爲「文飾作用」或「反向作用」（reaction formation），逐漸採取「內隱情緒」以得到心理與行動上的自我保護。譬如：對喜歡的女孩想熱情接近，但內心又不敢正面表示，一方面怕被拒絕，一方面想自我保護。

3. **衝動性與理智性**：大學生有較敏銳的情緒知覺，當自尊心感受威脅，破壞其安全防線時，情緒很容易發作，因此在大一、大二的學生很容易有衝動性情緒與行爲發生。到大三、大四因年齡較長，思考較冷靜，理智判斷力也提升，因此情緒發作時，比較容易自我控制，也比較有調節情緒的方法與技巧。

4. **相似性與差異性**：大一、大二階段在探索各種課程及同學間的感情，找出個性相似、志向相投、興趣類似的同學當朋友，日久產生相似的情緒共鳴；喜愛讀書的有知識成長的喜悅情緒；喜歡冒險與創業者也有冒險與創業的挑戰情緒共鳴，這一些小團體有相似的情緒。每一個個體因來自不同的文化背景、地區，對金錢、愛情、事業、成敗的反應乃有其價值觀與情緒反應的差異。譬如：有錢的家庭對金錢並不那麼敏感、貧困的學生對金錢收入與損失就呈現強烈的情緒反應。每一個人對事件的情緒反應仍有其差異性。

二、大學生常見的情緒障礙

馮觀富（2005）、鄭照順（2008a）等進一步指出，大學生常發生的情緒障礙現象包含如下：

1. **感情、情緒勝於理智**：大學生的愛、恨、情、仇表現得特別強烈，不能愛他就轉爲恨他；不是情人、好友就可以將他轉爲仇敵，表現「寧爲玉碎，不爲瓦全」的情緒性行爲特質。一個被認同的偶像就把他美化得超乎一切，感情性的決定往往超越理智。

2. **多愁善感的煩惱**：大學生理性與感性發展，對事件的反應敏感，對「國事、家事」的關心、操心、煩惱不斷的自我增加，這種現象常發生在一些絕頂聰明的大學生身上，因為他充滿未來感、預測力、推理能力。

3. **人際孤獨的苦惱**：愈自我中心、自視愈高的人，會走向愈孤獨的路徑，這是個性使然。不懂得關心別人、不樂意服務別人、不主動與人互動，就逐漸走入象牙塔，愈來愈孤獨，孤獨是一種自我封閉的情緒。

4. **期望過高，能力不足的苦惱**：大學生常表現理想主義、完美主義，事實上沒有完美的人、事、物，期望過高、自己能力並無法達成，因此常產生挫折的情緒。

由於一些事件的不如意所產生負面的情緒，如煩惱、焦慮、憂鬱、猜疑、恐懼、不快樂、失望，甚至產生身體官能症，或嚴重性憂鬱症，都是理想、期望與個人能力、執行力、現實間的落差，而產生自我折磨的情緒現象。

參 大學生的意志力發展特點

意志力代表一個人的內在動機、品格、需求、目標等的內在動力。有些大學生有較高的「求知慾望」，在求學過程會比較主動積極，到處參加專題演講與研討會，後來可能考上研究所、公職或擔任學者；有些人有「賺錢致富動機」，因此到處找尋賺錢的途徑、賺錢的方法，終於成為富商巨賈；有些人則是求「平平安安」順其自然發展，在各個階段均表現怡然與悠閒。余琳（2008）指出，大學生的意志力發展已呈現較高水準，但仍受到情緒、品格、動機、恆心、自制力、情緒等因素的影響。意志力常受情緒的影響，其主要特點如下：

（一）自覺性提升，惰性依賴仍存在

大學生的自覺需要大量提升，獨立的處理生活費，獨立的完成專業能力，但常覺得有人依靠就依靠，專業能力的學習需要勤奮。出外沒人督促時，常有惰性出現，因此常看到大學生晚睡，起不來就會蹺課的現象。

（二）果斷性增加，但常缺乏恆心

大學生由於認知發展較成熟、逐漸累積一些社會經驗，因此果斷能力較強，他們喜歡互助合作、做決定及採取行動，以表現自信。常看到大學生身體不佳，決心運動，或外語能力不佳，決心每天閱讀，但持之以恆的定力常常不足。如果能排出運動時間、閱讀時間，養成良好的習慣，將有助於提升意志力、果斷力。

（三）自制力顯薄弱，常無法控制自己的時間和行動

某位同學今天決定要寫報告，但朋友邀約參加舞會、生日派對，而使學習與生活計畫常常打亂。大學時代最珍貴的是時間，太多的朋友、電話、活動可能會影響個人的學習與生涯發展。影響自制力的因素有外在的環境因素，也有內在的情緒作用，如情緒低潮時對任何事都缺乏興趣，常常就會猛花錢或放縱自己。

綜合言之，大學生意志力提升途徑包括：(1)可以從提升「學習動機」開始，有足夠強的學習動機，就可以排除外在的誘惑，自己尋找時間閱讀，自己尋找資源充實自我；(2)在自我修養方面，如果能夠不斷提升「品格修養」，如勤奮、樸實、樂觀、責任感、使命感、愛人與教人、愛與關懷、服務奉獻等美德，常可以提升自己的意志力、決心與行動力，並可跨越「惰性」、「自制力不足」、「缺乏恆心」等障礙。

肆 大學生的性心理發展特點

從出生的5歲開始至8歲，男女性別無特質上的差異稱「無猜期」；從8至12歲開始，女生不與男生玩，進入「排斥期」。大學生正值青春後期，生理上已經發育成熟，開始跨入「兩性親近期」。

（一）「兩性親近期」

開始感受到異性的吸引力，對異性有好感，甚至欣賞、願意與異性接近。此時期男生多數傾向在女生面前賣弄知識、體力、運動、經驗等，而沒有值得炫耀者，便常感信心不足與緊張。女性則會在意自己的外表，十分注意打扮，常誇張地表現自己的姿態與行為，以獲得男生的好感與青睞，或顯出柔弱一些，以獲得男生的保護與關心。

（二）進入互相關懷的「戀愛期」

大學階段時間比較自由，想接近異性就開始規劃各種活動，或參加各社團，以增加與異性互動的機會。發現彼此興趣、個性、志趣相投的對象就會激起追求的心願，把許多時間騰出來共同相處，包含念書、逛街、旅行、賞花、賞月、唱歌，以增進彼此的心靈共鳴與心情的愉悅。戀愛期的男女常把自己的感情、理想投射到對方，希望與對方長相廝守，共同創造美好的未來。他們彼此的心情是興奮的，女生充滿浪漫、幻想，嚮往被愛，男生有強烈愛人的慾望，並因而得到自信獨立感。「戀愛期」的摩擦有可能因為彼此知覺個性、價值觀的不同，有更好的對象在追尋，以及父母的意見影響而造成分手。分手是一種藝術，是短痛、是長痛，要看自我調適的能力與技巧。

（三）性幻想與性衝動

大學生由於生理的成就，心理也較成熟、思維上更豐富，性意志也較堅強。為滿足「生理慾望」之需求，常於夢中想像俊男、美女或鍾情異性相伴，並有做愛的心理慾望，稱為「性幻想」。性幻想在大學階段很普遍，所有的想像、快樂、滿足均能在夢中實現，「性幻

想」有時會產生「性衝動」，把想像化爲眞實到聲色場所去追求性慾的滿足；如果把持不住，對異性做突襲，以達到性的滿足稱爲「性騷擾」或「性侵害」。

（四）性慾望的壓抑或昇華

許多大學生因渴望得到異性的愛，但仍然沒有找到理想對象，就會從學術追求、文學創作、創業表現上努力，此可稱爲「性的昇華」，以社會的學術、金錢、地位成就去取代、彌補「戀愛的失落」。許多高學歷的女性選擇不結婚，因爲已對戀愛失望，轉移目標，以對愛慾、性慾望作壓抑。基於傳統道德觀念，個人個性的特質上不敢大方，常顯示君子、淑女之狀。「性愛」應不是生理性，應包含社會責任、眞情之愛的總合。

（五）性別意識混淆與接納同性的戀情

當大學生念純理工科學校或純文科學校，許多男生不知道如何與女性打交道，乾脆找同性好友來取代異性，久而久之形成男同性戀（gay）及女同性戀（lesbian）；當然同性戀還有相關的基因因素等。當代的醫學探討同性戀發生的原因，有社會文化因素，尚可以教育及改變；另一個來自隱形基因的作用，則比較難以改變。

性意識轉化到能正視男女「交友的機會」、「互動的媒介」、「互助的方法」、「設立戀愛的目標、方向」以充實自我的條件，如果想多了解異性，應該花些時間與異性互動，總是可以拓展自己的生活圈，追尋終身伴侶是生命的「重要任務」，主動參與社會活動，認眞的去思考結交異性的機會與方法。

伍　大學生人際交往與社會化的特徵

人的成長與發展的過程就是「社會化」的過程，所謂社會化是指個體從「自然人」轉變爲「社會人」所經歷的學習與被教化的過程。

社會化的過程是自然人與他人、社會文化制度的接觸、互動，逐漸形成適合該社會的個性、認同該社會的制度與道德規範，使他成為合格的社會成員。

人際的交流，是走向「社會化」的重要途徑。人際交流可以幫助人們更能適應社會、喜歡社會。亞里斯多德說：「人是社會的動物」，人需要交流，訊息交流、資源互助才容易成長、成就，有成就再幫助需要幫助的人，使個人、社會成為正向的循環。

一、大學生的人際交往功能

大學生的人際交往包含下列功能（吉紅，2006）：

1. 有助於增加學習、經驗、資源的訊息：人際交往最重要的是訊息的交流，有助於學習、生活、問題解決，增加經驗、自我成長。

2. 有助於溝通協調彼此看法與增進共識：為達成群體的最大益處，須討論出目標、計畫及行動，透過溝通達成共識，才能促成團隊的合作與精進。

3. 有助於得到尊重、信任與增進感情：人際交往中樂意協助、關懷、鼓勵別人，都會得到別人的敬重與信任，有了彼此信任的基礎，雙方情感才能增進。

4. 發展自己的溝通特質與增進溝通魅力：人際互動中有用文字、態度、幽默、微笑來實現自己的認知與情感。人際溝通的表達練習之後，會培養自己的「幽默風格」、「嚴謹風格」、「親切風格」等。

5. 經由人際交往、彼此互惠，走向公益與培養社會群性：人際交往過程因為有了資訊、熱情、資源互惠，使人際交往空間、思考變得豐富有趣。如果人際交往沒有互惠只有單向付出，將不會發展長久。為了社會團體的成長進步，我們樂意為社會、國家做事，創新發展。一群人的合作為了社會的永續進步，「有一個理想」

可以促進人際的合作與交流，並探索自己的社會群性。

二、大學生的社會化特質

適應社會的生活、文化、習俗、道德、法律、人際交流、關懷、經濟活動、職業等的規範是一種社會化。大學生的社會化特質可分為四個主要特徵。

1. **自我中心遲滯型**：富裕的家庭、寵愛的家庭使孩子不必花費任何努力就可獲得一切物質的享受，認知的考慮均以「我」為優先，我的利益第一，此種類型無法在社會上立足，因為遲於求助，人際溝通技巧等都很薄弱。

2. **假成熟型**：拚命念書，道理懂很多，但做事的經驗很少，對於人際溝通的技巧、觀察力都不足，因此不知如何適切的表達，好意都被別人感覺是惡意，因此處處碰壁。

3. **成熟型**：對於人情世故、人際關懷有極高的敏感度，善於表達，態度親切真誠，令人感動。樂於遊走於人際間的溝通協調，重視人圓、理圓、事也圓的社會化境界。

4. **成熟社會化型**：許多成功的企業家、各界優秀的領導人才，在他們身上均可看到這些特質。譬如：曾任Google全球副總裁的李開復樂於把成功的經驗、智慧提供給年輕人，所提之智慧包含注重「團隊合作」、「人際交流」、「熱忱的興趣」、「人品第一」、「納百川的胸懷」、「先理解他人，才能得到理解」等。孔子是一位具成熟社會化型特質的人物，孔子說「己所不欲，勿施於人」、「見賢思齊，見不賢而內自省」，能為別人著想的人，就是一種「成熟社會化型」的人物。

第二節　大學生自我意識發展的內涵

壹 大學生自我意識發展的類型

劉曉明（2009）、譚謙章（2009）、鄭照順（2010a）等，指出大學生由於心智、心理抽象思考漸成熟，因此逐漸形成極明顯的自我意識。大學生自我意識發展的特點包含：「自我意識」的內涵、「自我觀念」的內涵、「自我意識」的類型等。

（一）身心社會「自我意識」的內涵

1. 生理自我：是指自己的身體外貌、性別與健康狀態。
2. 心理自我：是指自己的智能、興趣、愛好、性格、理想等。
3. 社會自我：是指個人所處的團體、社會、國家及人際關係與社會地位的認識。

（二）理想現實「自我觀念」的內涵

1. 理想自我：是指對自我形象的塑造與追求。
2. 現實自我：也是事實的自我，是個人當前達到的狀態，在知識、專業能力、品德修養表現所達到的狀態。
3. 投射自我：從個人期盼的偶像中，去塑造出自己未來的形象，他是一種想像的自我，也是追求的方向。投射的自我是一種個性、嗜好、特徵的契合。

（三）肯定與否定「自我意識」的類型

1. 自我肯定型：是屬於積極統一的自我，不斷達成現實自我、理想自我，符合社會及發展的理想。
2. 自我否定型：對自我評價太低，使理想我、現實我的實踐均無法接近目標，心理呈現一種消極的防禦機制。
3. 自我矛盾型：自我難達成統一的自我，自我矛盾擴大、新的自我不能確立，積極自我難以產生。

4. **誇大自我型**：其特點是對「現實自我」的過高評價，或虛妄的判斷。

5. **自我萎縮型**：屬於消極的自我。其特點是理想自我極度缺乏或喪失，而對現實自我又深感不滿，故極端自卑。常表現自暴自棄、自責等狀況。

貳　大學生自我認識與自我體驗的特點

青年期是個體自我意識發展和確立的關鍵期，大學階段由於生活獨立，學習視野較廣，自我意識得到了迅速發展。劉曉明（2009）、譚謙章（2009）、鄭照順（2010a）等指出，當今大學生「自我認識」與「自我體驗」的特點：

1. **大學生注重自我內在素養的認識**：從全人的發展來看專業能力水平、品德修養、個性特質，如熱情、善良、樂觀、自信、自尊或自卑、退縮等去認識自己。

2. **大學生重現自己的社會地位及作用**：大學生逐漸關心自己在團體、社團中的地位、社會角色、社會責任、社會義務等，由於參加各種團體，使自己的人際、才能逐漸受重視與肯定。

3. **大學生的自我評價由自我反省到達平衡**：大學生在社會中有著榮譽、受寵愛的地位，又吸收許多先進的知識、智慧，在各種領域有傑出的表現，常會高估自己認為自己高人一等，但面對社會的各種專業人才比較經驗閱歷，又輸人一大截，因此出了社會知難而後自省，由高傲走向平衡的接納心態。

4. **大學生的自我認識有「肯定性評價」及「盲目自大」的特徵**：現代的大學生看到更多的是自己的優勢、優點；顯示了當代大學生的自信、積極向上的心理狀態。但同時，過分看重自己的優勢，而看不到自己的缺陷，可能產生盲目自大、目中無人的心理狀

態。

5. 大學生自我體驗「理想」和「現實」在大四時漸趨穩定：在大學期間，學生的「理想」和「現實」往往發生矛盾衝突，這種矛盾一直持續到四年級要畢業前夕才比較踏實，畢竟要面對社會現實的考驗，要找工作要靠實力，要成家立業要有工作。

6. 大學生的「自我情緒體驗」較爲強烈：大學生在自我評價提高的基礎上，認識到自我的價值、地位和作用，責任感和義務感增強，自尊心有突出的表現，在學習和各項活動中爭強好勝；由於高自尊，一旦受挫和失敗就會產生內疚和壓抑的情緒。成功與失敗都會引起大學生強烈的情緒反應。

7. 大學生「情感的自我」常有波動：大學生對涉及自我的一切事物非常敏感，特別是在與異性的接觸中更常常引起情緒的波動。在行爲與自我形象的塑造上往往觸景生情，透過想像抒發自己的靈感和生活的體驗，因而在「情感的自我」常流露出一些感觸和遐想等。

第三節　大學生心理健康標準

人的心理怎樣才是健康，以什麼作爲心理健康的標準？這個問題相當複雜，心理的健康並沒有一個絕對的界限，不像軀體的生理活動如脈搏、體溫、血壓、膽固醇、紅血球、白血球、視力等有明確的量數，透過儀器的檢查，立刻可以得到一個明確的健康與不健康的綜合報告。一個人的心理健康並沒有一致與量化的標準，但心理學家仍可用觀察、晤談、人際互動、生活適應、心理測驗、機能反應外顯的行爲，去了解個人的心理健康情況。

一、確定心理健康標準的範圍

1. 心理情緒的反應，呈現正向與負向：正常的人其身心功能常表現積極、樂觀、自信與協調。心理不健康者，常會顯示緊張、焦慮、低頭不理會人、打招呼沒反應、情緒上的失控、打人、自傷、撞牆，或常對別人有敵意與自我防衛等。

2. 生活適應的表現，呈現快速適應與不適應：心理健康者能夠立即適應學習的環境、居住的環境。從個人的調適，到環境的改善過程，表現自我調適，能夠根據反應意見做改善。心理不健康者，對環境不斷的批評，難以自我調適，終而影響其身心健康，在生活中找不到意義與樂趣。

3. 生涯發展過程，具有個人的獨特性與發展性
   (1) 獨特性：尊重每一個人的獨特個性，例如某人多愁善感，可能是文學天才。
   (2) 重點性：每一個人生涯發展的重點不同，不能以同樣的標準來看。
   (3) 發展性：心理、生理、腦力均有發展的潛能，須從多元角度去做評估。
   (4) 整體性：應從整體的發展，評估個人的優點與缺點。

心理測量生活壓力的分數，壓力的分數有群體的「平均數」，如果超過平均值的一個標準差，可稱為進入「高壓力群」，進入心理統計上的高分群，稱為「嚴重型壓力群」。

二、心理衛生學者對心理健康的主張

余琳（2008）提出心理健康的標準，包含：(1)智力正常：智商在75以上；(2)情緒穩定：心境良好；(3)意志堅定：能夠對好的決定堅

持；(4)人際關係協調和諧：社會與心理適應能力較強；(5)自我了解並能悅納自己；(6)人格結構完整和諧；(7)行為符合心理年齡。

心理學者Coan（1974）認為心理健康的人應包含四種特質：(1)能面對現實與接受現實；(2)恰當的認同他人；(3)積極的自我觀念，常能自我肯定、自我激勵、自我發展；(4)主觀豐富的經驗，可提供別人使用。

鄭照順（2010a）綜合心理健康的定義：心理健康是指自身在環境許可範圍內達到最佳的心理狀態。其具體表現：(1)認知學習正常：正常的知能；(2)情緒穩定：樂觀、對挫折看得開；(3)意志力：能夠堅持好的行為，有恆心達成；(4)人格健全：性格、價值觀正常；(5)健康的身體與良好習慣；(6)精神充沛：能適應學習與社會生活；(7)品格及行為表現非常調和；(8)人際關係順暢；(9)能充分發揮自己的能力，過有效率的生活；(10)生活中能夠找出意義，能夠反省，追求快樂與幸福。

三、生理機能的表現

生理機能的表現可以直接觀察到的是走路、跑步、吃飯、表情，有些人無法表達內心的喜悅或內心的憤怒，就會產生生理與心理的障礙，太內向的人甚至不想參加任何戶外的人際活動。從其行動力、互動力、語言能力、表情表達，行為主義學者重視的是外在生活功能的記錄，例如：考試時他讀多久的書、上廁所的次數、吃多少零食，再去分析行為的平均值與正常性。

四、社會規範的表現

個人的心理行為是否合乎社會道德、法律、風俗、社會制度的規範，一個人不願意遵守公共的紀律，如排隊、職業的倫理、人際的禮節、社會的習俗、法律的規範，表示個人的認知、行為、態度、個性、責任感有了偏差。心理醫師把邊緣性人格、變態性人格均視為一

種精神障礙，邊緣性人格特別會擴大偏見、遠離社會的核心價值與規範。

五、統計學上的陳述

Maslow（1970）認為心理健康的人：(1)能夠有效的認知及有效的學習；(2)在感情方面能悅納自己、他人，在情感上能獨立、享受私有的情緒生活；(3)在社會功能上能選擇人際關係、遵守社會道德，並有廣闊的生活領域；(4)在面對問題上能有效的因應問題，承受失敗的經驗及成功的成就。Varcarolis（2008a）針對心理健康與不健康，提出比較（如表2-1）：

表2-1　心理健康與心理不健康的比較

心理健康的徵兆	心理不健康的徵兆
1.快樂：發現生活的意義、喜悅與幸福感。	1.憂鬱：對所有的活動失去興趣、樂趣；悲傷、無望感。
2.能控制行為：能夠認知及正確行動，能夠有規律的反應。	2.攻擊挑釁：缺乏社會化，反覆的嘮叨，影響他人基本權利。
3.能真實的評估：對好壞能做正確判斷，並了解其後果。	3.精神分裂障礙：心裡充滿幻覺及被害妄想。
4.有效的工作：能把能力發揮到最佳效率，遭遇困難不輕易放棄。	4.在學習與工作有障礙：學習與工作表現差強人意。
5.健康的自我概念：了解自己的需求、理想，在能力範圍內實現。	5.人格障礙：對別人採消極反應、懷疑、缺乏自信。
6.建立穩定的人際關係：能夠建立有效的社會支持。	6.邊緣性人格：思考行為走極端，長期感到空虛孤獨。
7.有效的問題解決：善用減壓策略，提升健康品質。	7.毒品上癮：守著菸酒、毒品不放，不願工作，脫離社會。

資料來源：Varcarolis（2008a）

六、大學生心理健康的標準

　　余琳（2008）、鄭照順（2010a）等提出大學生的心理健康特徵，可以從：(1)心理的自我悅納；(2)智力與學習力正常發展；(3)良好的人際交往能力；(4)能控制及調節情緒；(5)人格完整、統一及和諧；(6)心理行為合乎年齡特徵；(7)良好的環境適應與改造能力，及外在的危機因應能力；(8)健壯的身體與良好的生活習慣；(9)品格與道德判斷能力；(10)意志力與恆心等十個層面加以分析。主要包含智力、社會、情緒、人格、環境、適應、危機因應、自我悅納等層面，了解其穩定性、調和性與悅納性來做評估。

（一）心理的自我悅納，能欣賞別人優點

　　生活有目標、理想，能夠正向看自己與別人；能夠了解自己、悅納自己，了解自己的能力、興趣、優點與缺點、個性、存在的價值，做出恰當、客觀的評價，自信樂觀，生活有目標、理想，切合自己的能力，並能揚長補短，同時能夠欣賞別人的優點，了解別人。

（二）智力與學習力正常發展

　　學習力包含注意力、記憶力與創造力，智力正常發展，有較強的求知慾。大學教育是分級教育及分科教育，選同一科系的同學多數是志趣相似、能力接近，因為多數是心目中的志趣科系，因此求知動機強烈。有時在班級中學習能力、學習表現無法被肯定，而表現氣餒或信心的失落，造成學習的挫折感且累積出學習的壓力。

（三）良好的人際交往能力

　　有人際社交能力，並能與人建立友善、親密的關係；樂於與人交往，能關懷、包容、喜愛他人，自然也會得到別人的喜愛與關懷；能與人分享生活經驗、生活樂趣而建立人際的正向友誼，又能處理個體與群體的關係，便能擁有人際關係中的信任感、安全感。

（四）能控制及調節情緒

能體會所有的情緒，並能控制調節自己的情緒；情緒來時能體會情緒的來源，適當的化解，心理健康的大學生通常表現出愉快、樂觀、開朗等正面情緒，面對心情煩悶、遭遇挫折、不如意時，均能用適當的方法去自我調節。心理健康的大學生能夠適當的表達自己的情緒，能用適當的方法如打球、爬山、唱歌、旅行、傾吐等消除不良的情緒；心理不健康的大學生常焦慮、緊張、壓抑、缺乏自制力。

（五）人格完整、統一及和諧

人格統整與和諧，能統整過去、樂活現在、籌劃未來；人格統整較具有時間感，能統整過去的成敗、活在當下及籌備未來。心理健康的大學生在言行、思想、行為、人生觀上表現比較一致、穩定與和諧；反之，人格異常者，常表現雙面人格、多重人格，甚至人格的分裂，或者表現邊緣性人格。健康人格的大學生態度溫和，言而有信，行必由徑。雙面人格的大學生，言行不一、待人不眞誠；邊緣性人格的大學生，比較孤僻，言行偏向極端，容易挑起對立。由於人格具有穩定性、特徵性、持久性，雙重人格、邊緣性人格、分裂性人格都不容易輔導與治療，需要得到「信任」、「支持」才容易統整破碎的人格。

（六）心理行為符合大學生年齡特徵

多數同年齡的大學生都熱衷於求知、喜歡參與活動、精力充沛、思考敏捷、喜歡探索、樂於交友等。Erickson指出，大學生心理社會發展階段的任務是「追求愛情、友情的認同支持」，即在大學階段都希望找到知己好友，互相的認同、互相肯定，使生活、生命更加豐富，增加生命的色彩。這個階段不能找到眞正的友情，通常會造成心理的缺口，並尋求另一個窗口去彌補友情的損失，例如：轉向工作表現、學術成就。

（七）良好的適應環境能力，能因應生活壓力與危機

　　良好的生活適應，即善於了解環境、了解資源，應用社會資源，去化解生活中的危機，有效的因應困難及改造環境的能力。大學生逐漸拋開青春期的浪漫主義，較能夠面對現實、接受現實，並能主動去適應環境，或改變環境。大學生須接受大學畢業後的「現實」，沒有實力就會被就業市場淘汰，沒有實力也無法贏得異性朋友的芳心。實力不夠，就要沉潛地充實自己，再去改造不利的環境；能夠找出壓力來源，有效的紓解壓力；善於整合資源，化解危機。

（八）健壯的體魄與良好的生活習慣

　　健壯的體魄之維護需要經常運動、養生保健的知識、快樂的情緒及良好的生活習慣等。良好的生活習慣，包含飲食均衡、作息有規律、懂得清潔與衛生習慣、慾望有節制、儉樸的生活等；飲食均衡包含澱粉、蛋白質、蔬菜、水果的均衡營養要重視；作息有規律，能夠不熬夜，每天睡足七小時、定時的運動、工作不過勞等；懂得清潔與衛生習慣，包括吃飯時不講話、飯後要刷牙、衣著整齊清潔等。養生保健的知能有情緒、運動、經絡及飲食的養生知能，知能不足會影響身心健康。

（九）品格與道德判斷能力

　　大學教育的中心，轉移到專業知能的充實，較忽視「品格教育」與「道德判斷力」的培養；「良好的品格」諸如：積極勤奮、責任感、使命感、愛與關懷、幽默、正向思考等，都是健康身心的基石與潛能發展的動力。「道德判斷能力」包含道德認知、道德態度及道德實踐能力，一個國家的進步與否，要看國民的道德水平，大學生是社會的標竿，更要具備好的道德素養。道德低落與品行不良容易造成社會危機，也影響他人的身心健康。

（十）意志力與恆心

　　許金聲（2008a）指出知性、感性、意志力等三項因素，是「自我

實現人格」的最重要因素。有了堅定的意志力，學習會有恆心，有恆心，理想與夢想才會實現。沒有意志力的人，一日三變，做事常半途而廢，是一種不健康的心態，認知與實踐中間，一定會產生許多的落差；凡事都只會停留在口頭答應，不會認真去執行。「意志力薄弱」也會讓人感受是一種消極的心態。沒有意志力與恆心，對自己身心健康的維持，將是一種負面因素。

七、大學生心理健康的「自評方法」

鄭照順（2010a）根據余琳（2008）、許金聲（2008a）等研究，提出學生心理健康的「自評方法」如下。

以下每一項均是10分，大學生心理健康標準計分法（1～10分）：優等（8～10分），普通（5～7分），需要改善（0～4分）。

1. **智慧能力**：注意力、記憶力、創造力。
2. **情緒穩定**：愉快、起伏、哀傷、憂鬱。
3. **人際關係**：人際和諧、三至五位好友、一至二位好友、孤獨。
4. **學習、社會適應**：優良、中等、不良。
5. **人格完善**：知性、感性、意志力、樂善好施、有愛心。
6. **意志力**：有始有終、偶爾、經常。
7. **良好品德**：社會倫理、法律良知、反省。
8. **合乎大學生心理年齡的行為**：負責、獨立、自主。
9. **身心受創**：心理受創傷，其身心恢復的時間之長短評估（可能2～3天、一週、三個月）。
10. **健壯的體魄**：有足夠的體力去學習、工作與生活照顧。

綜合評語：90～100分者稱為特優；70～80分者稱為優；50～60分者稱為待努力；0～49分稱為極需努力、極需補救。此項自評量表，可供自我檢視身心健康的參考。

第四節　大學生心理健康的維護

　　大學生的健康與否不僅影響個人學習、生活與未來發展，更影響高等教育與國家的未來，因此大學生心理健康的保持與維護顯得格外重要。余琳（2008）、肖水源（2005）、鄭照順（2008a）等對大學生心理健康的保持與維護提出一些綜合性的觀點：(1)培養樂觀、悅己的個性；(2)加強心理衛生的知識與因應；(3)增進生理健康維護的知識與應用；(4)培養社交能力，能與人建立友善親密的關係；(5)了解壓力源，掌握自我心理調節的方法；(6)積極探索身心發展潛能；(7)遭遇身心困惑，尋求心理諮商與輔導。

一、培養樂觀、愛人、悅己、包容的個性

　　不好的個性容易產生人際間衝突；良好的個性如包容、幽默、愛人、悅己、關懷他人，對提升個人的人格有幫助，並且對心理失調有免疫性。個性不好的人終日抱怨、埋怨，從來就不反省自己。個性包含了個人的認知、情感、意志、興趣、品格的綜合特質，培養良好的個性包含：

1. **積極樂觀**：積極樂觀時，每一事件的發生均有正面教育與心理意義，如果能樂觀、積極，就不會埋怨別人，更會加倍努力去改進，必可得到正面的效果。

2. **愛人**：愛人者人恆愛之，平時能多關心別人，幫助社會的進步成長，自然心胸會比較寬闊，其心理的障礙、計較都會比較少。

3. **悅己**：人生最大的悲哀是失去了生命。一些想尋死的自殺者，不能去悅納自己的優點與缺點，不能夠評估自己的能力有多少、可以做多少事，而超越自己能力的水平，因此產生挫折與自責。能悅納自己的人，能夠接納自己的不完美，而達到身心的健康與發展。

4. **能包容**：包容對方的弱點不足，能包容別人的人，比較能化解人際衝突；反之處處計較，必帶給自己不快樂。

5. **能欣賞別人的優點**：能欣賞別人的優點才能見賢思齊，見不賢而自惕。

二、加強心理健康的知識與因應能力

　　我們注重心理的健康維護與因應，要了解心理的挫折、壓力、情緒的失控等如何有效的因應。心理健康的知識極為廣泛，包含：心理挫折、心理壓力、生理因素、遺傳因素、環境因素、學習困擾、人際衝突等對個體可能產生的影響。在焦慮、緊張、壓力、身心失衡下，如何有效的幫助獲得心理的平衡，以促進心理的健康？

1. **壓力的調節**：壓力過大對生理、心理會產生傷害，應學習如何有效的調節壓力。

2. **憂鬱症的因應**：了解憂鬱症的原因，以及採行的因應策略。

3. **感情方面**：對方提分手後，仍應自立自強，建立生活的新目標，找出生活的意義與價值。

4. **人際衝突之原因分析**：超越對方權限、價值觀的衝突，如何包容、謙讓，又如何表達自己的看法。

5. **生涯發展的困擾**：生涯目標與性向、社會發展所需求的人才標準是否結合。對於生涯規劃有困擾者，協助做時間、環境學習方法的輔導。

6. **中醫的保健方法**：均衡飲食、定時運動、調節情緒、戒除不良嗜好。

三、增進生理健康維護的知識及應用

　　身心是一體的，心理健康的基礎，在於有好的健康生理狀況：

1. **身體的保養與鍛鍊**：身體的肌肉、心臟、腎臟、肺臟、胰臟、肝

臟都要適時的保養與鍛鍊。保養的方法為不熬夜、不急切的完成一切工作。

2. **定時運動**：每天清晨30分鐘的運動，中午30分鐘的午休。傍晚時散步30分鐘、做深呼吸，以補充身體的能量。

3. **充足的睡眠**：避免熬夜，以養肝補血，讓腦部得到放鬆。

4. **大腦常鍛鍊與想快樂的事**：大腦也要常運動，多閱讀新知，語文也可活化大腦。更重要的是要讓大腦常想快樂的事，可以產生腦嗎啡，使大腦年輕化。

5. **均衡的營養**：飲食要均衡，每天不可以缺少澱粉、蛋白質、蔬菜、水果，及紅、黃、白、黑色食品：(1)「紅色」即番茄、紅蘿蔔（含維生素A）；(2)「黃色」即香蕉、橘子（含維他命C）、鳳梨；(3)「白色」即薏仁、燕麥（清油脂）；(4)「黑色」即芝麻、木耳（軟化血管）；(5)「B群」即核果、花生、芝麻、葡萄糖及維他命B等，可使大腦不易產生憂鬱情緒。

四、培養社會適應及社交能力，與人建立友善親密的關係

人是社會的動物，人因為有了人際的交往更能幫助自己的生存、發展，也可以避免寂寞，更易獲得支持、肯定及幫助生涯的互助成長。大學生人際交往的技巧包括：

1. **主動參與活動**：主動的問候，主動關懷、參與，付諸行動。

2. **主動請益、分享**：請求協助，請教問題，分享看法。

3. **因交往而獲益**：增加資訊、資源、經驗，可增進生活知能。

4. **找尋興趣、趣味相投的夥伴**：登山、運動、閱讀、寫作，均有志趣相似性，而提高了活動的樂趣。

5. **因服務、互助而結緣**：交友在為別人服務，不求回報而結緣；有目的且追求回報的交友，通常是短暫的，「因基於利，而不於趣味」無法長存友誼。

6. **自我揭露**：是關係成長的指標，進入親密好友的關鍵爲獲得眞誠感、信任感，及自我的揭露。

7. **建立友善的人際關係**：能與人建立友善、友誼及親密關係的人，其社會適應通常比孤立的人適應得好。

五、掌握自我心理的調節方法

余琳（2008）指出自我心理的調節方法，是指個人透過自己的心理知識、語言、思維、價值觀、心態等活動，來調節改善自己的心態，以達到保持和維護身心健康的過程。「自我心理調節機制」是心理保健的核心，大學生能有意識的運用「自我心理調節」的方法，對心理挫折、情緒困擾、心理壓力、心理障礙及預防心理疾病的發生不僅是必要的，而且是可行的。大學生可採用的「自我心理調節法」包含：

1. **自我昇華法**：當感情受挫時，可以轉移以學業、事業爲中心，把失敗的痛苦，轉爲成長的力量。許多大學生因身材、外表不如人，爲出人頭地，把自卑轉化爲向上提升自我專業學術成就的動力。

2. **目標替代法**：某一目標不能達成，尙有次要的目標可做選擇，可以減少自我的失敗與挫折感。達成目標的方法不是只有一途，譬如要完成博士學位，不是只有公費留考，尙有自己申請、半工半讀、在職進修，一時的失敗不代表永久失敗。

3. **合理宣洩法**：每一個人均會遭遇到不如意、不順心的事，無緣無故被同學誤解，可以找人傾吐，可以大哭，可以去旅行、泡溫泉、唱歌，以減輕內心的焦慮與痛苦。

4. **自我暗示、自我激勵法**：從過去的努力、準備，相信自己未來會有所成就；在努力過後，要不斷的自我激勵、自我放鬆、自我放假，以提升向上進步的能量。

5. **幽默化解法**：當一個人生活中遇到挫折或尷尬時，用機智、有趣的語言、行為、態度來化解困境，以清除緊張、放鬆心情，達到心理的平衡。聯考要考的大學沒考上，要自我幽默一番，「不是我考不上，大概沒緣分」；人際間的分分合合，有些人就自怨自艾，如果把握「一切隨緣」、「一切順其自然」、「凡事不能勉強」之態度，比較不會造成自我的傷害。

6. **音樂治療法**：音樂可放鬆心情、紓解壓力；情緒音樂可調節心情、幫助睡眠；用音樂及暗示的想像，可以幫助個人與痛苦的「解離」，而達到療傷止痛的效果。

六、積極探索身心發展潛能，有助於增進心理健康

「預防勝於治療，開發潛能勝於預防」，近年來根據Gardner、Goleman等的理論，開始著手多元智能的探索，發現了五項發展腦力及身心發展的秘訣：

1. 以優勢智能取代弱勢智能，可以使自己活得更有自信，更能建立健康的身心。

2. 以好的嗜好取代不好的嗜好，可以使自己快樂、喜悅，並可以幫助潛能的發展。因此「友交好，交好友」、「近朱者赤，近墨者黑」，說明好的環境、好的朋友之互動，可激發潛能的發展。

3. 培養好的品格，養成好的習慣，也有助於潛能的發展。

4. 探索EQ潛能，Goleman提出「情緒智能」之影響力大於智力因素。從下列三種方法可助於提升EQ：

   (1) 接觸自然環境：所謂「讀萬卷書，不如行萬里路」，常走向戶外吸收芬多精、負離子、高密度氧，腦力自然更敏銳與有效率。

   (2) 多一點自我激勵：人難免會遭遇挫折、壓力，常能自我調節與獎勵自己，使身心保持愉快，其潛能就會不斷的發展。

(3) 善於與人建立友善的助人關係：由於助人者、關懷別人者常得到別人關懷，因此產生正向的互動力量，正向的互動常使彼此工作愉快及得到潛能的發展。

5. 發展自己的領導才能，有助於提升自信心，卡內基領導潛能的培養方法：

(1) 建立明確的目標：目標可增加人力、物力、時間與資源的整合，有助於潛能的開發。

(2) 發展自己的三項優點：增加自己的自信與自我肯定，也找出成功的方法。

(3) 檢討自己的三項缺點：知道反省也有助於自我向上提升的力量。

(4) 溝通技巧的「肯定句」、「緩衝句」：當不贊同別人的意見時，先表示「對方的想法很重要」，但還可以繼續拓展各種方法。

(5) 運用「多元的思考」：即採用「多角度思考」，也可以激發每一個人的「思考廣度」與「預期效果」。

身心潛能的發展除了多元智能、EQ、領導才能的培育之外，尚可透過互動、分享、研討、研究去發現人的各種潛能。

七、遭遇身心困惑，尋求心理諮商與輔導

大學生在個性修養、心理、情緒、行為調節以及生理調養均做過努力之後，如果心理的障礙仍無法自拔與擺脫時，應主動求助心理諮商與輔導，以協助自己減輕心理的焦慮痛苦。比較嚴重的心理障礙應會同精神科醫師加以診斷及治療。

心理諮商與輔導具有教育、保健、治療及潛能發展等四種功能，除了可以排除心理障礙外，還可以協助發展身心潛能，提供心理維護

的知識。大學心理諮商與輔導的主要內容有學業、交友、戀愛、生涯、情緒、壓力、焦慮、個性、人際衝突、網路成癮、精神疾病預防、潛能發展、成長團體等，它是學校教育組織的一部分，有助於學生的心理健康與促進。

　　大學的諮商輔導中心，其服務性質比較屬於教育心理模式，而心理服務方式，包含主動求助的諮商、網路信函、諮商、電話諮商、成長團體、專題工作坊、電子報輔導、班級輔導、輔導專題成果展等。

　　此外，大學亦可以聘請精神科醫師到校協助心理諮詢，以利於情況嚴重的學生能早日得到較好的照顧。心理障礙比較嚴重者，輔導中心亦可協助轉介到地方的精神科醫院進行心理治療。在台灣各大型醫院精神科快速成長，從1995年到2011年間，精神科醫生與護理人員又成長了十倍人力，可見工業、資訊社會的快速變化與競爭壓力不斷提升，已帶給當今大學生及一般民眾更多的精神壓力。精神科醫生可以進一步了解生理、內分泌、性格、遺傳等因素對個案的影響，如能徹底找出病理、病因，將有助於心理疾病的療癒。大學生對心理健康的維護，要坦白傾訴、建立信心、自我悅納、面對現實，經由專業人員的協助，去一一突破或移除心理障礙，自然可以得到身心的保健。

第五節　大學生心理健康與潛能發展

壹　大學生心理健康的積極意義

　　大學生心理健康的積極意義，以提升大學生的「心理健康」、「保健能力」為基礎。進一步再提高大學生「心理素質」如：知識、道德、腦力、開朗、體力等，及改善大學生「心理健康環境」。最主要的目標在於提升身心潛能發展。

　　大學校園有著「大學生三類型」這樣的順口溜：

第一流的學生，會玩又會讀書：描述大學生能夠把時間做妥善的分配，該念書會認真念；該休閒的時刻，會認真去放鬆、交朋友、貢獻所學、拓展學習視野等，可使理論與實務同步成長，使身心得到調節，身心潛能因為與廣闊的社會資源、人際資源、自然資源互動，而得到最好的成就和最佳的健康狀態。

第二流的大學生，會讀書不會玩：描述大學生生活重心只在課本與上課的知識，課業上表現領先，但社會的人際關係、社會的資源、社會的新資訊均缺乏，不會與人交流、分享經驗等，未來在社會上，必然發展受到限制。

第三流的大學生，不會讀書又不會玩：描述大學生生活的樂趣、個人的興趣都沒有培養，使生活乏味，而讀書也沒有方法與效率；印證了「獨學而無友，則孤陋而寡聞」。

貳 大學生身心潛能發展的範圍

黑幼龍（2008）、張其成（2010）、張錦貴（2003）、鄭照順（2010a）、Goleman（1997）、Gardner（2007）等，對「身心潛能發展理論」提出一些研究的「潛能發展的範圍」，詳如表2-2。

人類是一個有機體，有出生、成長與死亡的「自然定律」；如果從生物學來看，「出生是偶然」、「成長非自然」、「死亡是必然」的變數。

1. 出生「是偶然」：因為精子有十幾億個，在偶然的機遇中遇到卵子，而結成胚胎，孕育成嬰兒。

2. 成長「非自然」：成長的過程，有教育機會、養育方法、環境陶冶、自我修練、自我進修、心智鍛鍊、體能提升等，只要用對方法，對我們的生理、心理、認知、生命力等，會有一定的提升。因此，就身心潛能而言，可以不斷開發與成長。

表2-2　潛能開發階層與內容

潛能開發階層	內容	研究者
基礎層	1.生理能力：體力、耐力、健康管理。 2.心理能力：幽默、樂觀、正向。 3.學習能力：專注力、記憶力、創造力。 4.腦神經能量：因運動、空氣、刺激改變。	王世才 卓火土 鄭照順 洪　蘭
高級階層	1.壓力轉換力。 2.情緒智能。 3.品格能力：意志力、好習慣（HD）。 4.創造與預測力：新思路、新發明、創造發明。 5.多元智能：探索優勢智能。 6.自我超越力：智慧力、感性力、意志力。	容曉歌、張錦貴 Goleman 游伯龍 陳龍安 Gardner 許金聲、鄭照順

3.死亡是「必然」：秦始皇為追求長生不老，派徐福到東海去尋找不老的仙丹，徐福帶了數千名男女東渡日本。因為無法完成任務，而隱姓埋名，不敢回朝廷。延長壽命是可能，死亡是必然。

　　近年來對生理、心理、智能、情緒智能、品格力等，探索的學者不少，甚至西元前兩千年前漢朝所留下來的經典《皇帝內經》，均在探索身心的最高潛能。因此，大學的身心潛能發展課程，可以從下列範圍去探討與培育：

　　1.生理能力：包含體力、耐力等的培育，如運動、爬山、勞動，以及健康管理、規律的作息、心情愉快等，是最有效的方法。

　　2.心理能力：心理能力主要包含情緒、心理特質；正向的心理特質包含樂觀、積極、正向動機、幽默、愉快的情緒等。心理能力的培育，可以經由「正向思考」、「壓力紓解」、「幽默風趣」、

「正向動機」等習慣的培育。

3. 學習能力：學習能力主要包含專注力、記憶力、創造力等。有強烈的學習動機與目標，才能產生「專注力」及學習的準備力；「記憶力」的培養，包含意義化、關聯性、趣味性、練習性、複習法等。「創造力」的培育方法，包含擴散思考、聚斂思考、精緻法、批判法、內省法、整合法等。

4. 腦神經能量：洪蘭（2009）指出大腦會隨著「心理情緒」、「運動與學習」等刺激而做改變。運動時大腦會產生神經滋長因子（BDNF），它可以讓神經細胞長出新的分枝，製造血清素和麩胺酸，刺激更多的BDNF，增加神經連結，固化長期記憶。因此要開發大腦腦力潛能，就要運動、學習新事物。

5. 情緒智能：耶魯大學Goleman（1996）所提情緒智能，包含(1)情緒自覺：情緒狀態、憤怒、不高興；(2)情緒管理：調節緊張、不滿、苦悶；(3)同理心：感同身受，體會別人心理、價值；(4)人際技巧：關懷、交集、分享；(5)挫折容忍力：包容、忍耐、善解、正面思考等。

大島清（2009）提出開發右腦EQ潛能的方法：(1)計畫EQ：找出目標、達成目標、探索；(2)行動EQ：實踐、預知未來；(3)問題解決EQ：找出平衡點、經驗、收穫、改善、迴避誘惑；(4)人際EQ：主動關懷、服務；(5)情緒EQ：情緒管理與控制。

6. 品格能力：2000年全世界先進國家如瑞典、丹麥、芬蘭、挪威、英國、美國、加拿大等國的教育部，均重申「品格教育」、「公民責任」、「社會倫理」、「公共道德」的重要性，並撥專款協助推動與實施。陳照雄（2007）談到北歐芬蘭、丹麥、瑞典、挪威諸國，其國家重視品格教育與社會倫理，因此國家競爭力、公民所得、公民榮譽感，躍升為世界前五名。Lickona（1992）從經典名著三百本中，找出人類文化的「核心價值」，包含：誠

信、勤奮、關懷、尊重、合作、正直、感恩、責任感、公正等。「品格教育」、「社會倫理」是國家進步發展的基礎，也是一國國力的象徵，有品格與倫理的社會，將使我們的精神更富足；品格也是個人進步的潛在能力。

7. **自我超越的能力**：自我超越能力，即自我實現的能力，包含認知力、感性力、品格力的統合。自我實現論的新趨勢，包含「自我超越的需要」及「大我實現的需要」。

8. **壓力轉換力**：「壓力是一種阻力，也是一種助力」，善於把壓力轉為助力的例子如下：(1)證嚴法師指出生命有熱情就充滿力量、充滿熱忱，夢想便能成真。台灣921大地震，她用熱情認養66所中小學，撫慰了無數受災難的災民；(2)劉顯達（2010）指出台灣的私立大學要生存，如果能夠「把被淘汰的危機，轉為再生的能力」，這時候的壓力，就成為一種助力；(3)英國首相邱吉爾（Churchill）指出要接受失敗，「失敗就是成功的階梯」；(4)周文欽、孫敏華、張德聰（2010）列出壓力清單、個人的資源，及壓力與資源的落差如何彌補？包括打造抗壓人脈庫、使壓力轉為有意義等；壓力有了意義，就會成了正面的能量。

參 大學生身心潛能開發的方法

Roane（1993）、鄭照順（2010a）等，提出潛能開發與培育的方法如表2-3。

表2-3　潛能開發與培育的方法

潛能開發階層	潛能開發的方法	獲益與成長的結果
基礎層 生理性 心理性	1.登山與森林浴法：使用「高密度氧」、「負離子」、「芬多精」增加毅力、耐力、心肺功能。 2.休閒成長法：把學習、工作、研究當休閒。 3.增加正向能量：增加喜悅、優點、正向思考。 4.吸取自然能量：朝陽、夕日、地氣、宇宙能量。	增加身心能量與健康因子。
高級階層 認知性 品格性	1.修品格法：修品格、意志力，增加內在能量。 2.人際互動的能量：善於分享、合作與互補。 3.探索新知法：冒險、研究、實驗、探測法。 4.成功策略洞察法：了解機會，增加特色。 5.多元智能探索法：探索優勢智能。	增加智慧、合作、成就、成功因子。

　　鄭照順（2010a）提出心理潛能探索的有效途徑及實驗成果，分述如下。

一、登山法、森林浴法，增進心理能量

　　筆者於2006至2010年間進行「登山對身心健康之影響實驗」，實驗對象以高中生、大學生等，針對660人進行實驗。

　　登山接近森林，吸收「負離子的空氣」，如瀑布、流水、湖泊、森林等。尤其台灣烏來內洞瀑布、花蓮玉里的雲天瀑布等含有21,000粒子／立方时，約為平地的三百倍。對人體潛能開發的作用，經由調查分析結果有：

1. 穩定情緒：芬多精、負離子清除煩惱，效果達90%。
2. 活化細胞：使人變年輕、恢復青春活力，效果達90%。
3. 增進免疫力：調節內分泌、抗體，效果達80%。
4. 血液淨化：爬坡增進心臟活力，效果達80%。
5. 增進思考力、記憶體：空氣中的維他命（負離子），增進思考力與記憶力，效果達80%。

二、2002至2006年針對36位熱愛登山的老師進行實驗

此「登山與潛能開發」的實驗發現，證實登山確實可以培養多元智能。登山是一種挑戰、創新、多元智能，與精密思考的能力培養過程，每個參與實驗的人員均表示，登山可以有效的培養多元智能。

1. 登山的挑戰，可以培養多元智能：是個人肢體智能、人際智能、內省智能、藝術智能、EQ、生命智能、潛能發展等成長與發展的好機會。
2. 登山的創新體驗，個人潛能的探索：是思考力、心情調節、想像力、食物研究、肺活量、體能等不斷調適與創新的體驗過程，也是個人潛能探索的歷程。
3. 登山的安全規劃能力，可以珍惜生命：登山是一個合作行為、考驗規劃能力、冷靜的腦力、肢體耐力、美感欣賞、生命安全、善用裝備的知識，了解食物與能量、自然智能、自然磁場的體驗等。登山可以培養具有「周密的計畫」之能力，即多元智能的運用能力。

三、修練品格法，可以提升內在身心動能

筆者於2002至2010年間進行「品格與潛能發展的實驗」，實驗對象以高中生、大學生等共850人做實驗，研究發現：經由品格課程的教學實驗，例如「積極勤奮、愛與關懷、責任感、使命感、誠信、尊

重、合作、正直、感恩、公正、意志力」等良好品格能力進行五年的
主要課程，每個參與實驗人員均表示，品格教育與實踐，可以有效的
培養各種潛能。

1. **積極勤奮**：使人不匱乏、成就高、成功機會高，效果達90%。

2. **愛與關懷**：使人際溫暖、人際關係提升，效果達90%。

3. **責任感**：使人信任、使工作品質提升，效果達85%。

4. **使命感**：使事業、家庭成功，不畏艱難、勇往直前，效果達
95%。

5. **誠信**：使人際關係穩固，使人際情感提升，促進彼此合作無間，
效果達80%。

心理學家David R. Hawkins所著作《能量與力量》（*Power vs.
Force*）的科學分析，發現人類各種不同的意識、品格、情緒層次，都
有其相對應的能量指數，茲摘錄其主要項目如下：

1. 開悟正覺：700

2. 安詳極樂：600

3. 寧靜喜悅：540

4. 愛與崇敬：500

5. 理性諒解：400

6. 寬容原諒：350

7. 希望樂觀：310

8. 真誠信賴：250

9. 勇氣肯定：200

10. 驕傲輕蔑：175

11. 憤怒仇恨：150

12. 渴愛慾望：125

13. 恐懼焦慮：100

14. 憂傷懊悔：75

15. 冷漠絕望：50

16. 罪惡行為：30

四、領導才能培育法，可以提升領導潛能

　　筆者於1999至2008年間進行「領導與潛能發展」的實驗，實驗對象以國中生、小學生、大學生等共450人，進行九項課程實驗，包含：領導的理論基礎、團康領導人、人際溝通技巧、領導者情緒管理、創意領導、領導的企劃、領導者的愛與關懷、衝突與問題解決、職務調整技巧。研究發現，參與實驗者的潛能發展亦有如下：

1. 領導的知識，可以增加領導知能及組織能力等，效果達90%。

2. 領導的行為，可以增加計畫、溝通、倡導等能力，效果達80%。

3. 領導的難度，主要是衝突、問題解決、職務爭奪、黑函處理、挫折的調適等，效果達75%。

4. 資優生擅長於「計畫與組織」；普通生擅長於「人際關係與溝通」。領導須整合各類人才完成不同的任務，須透過人力整合與互補，才能完成領導任務，效果達80%。

　　綜合言之，有助於大學生身心潛能探索的方法可以透過「自然能量」的修持，「登山意志力」的鍛鍊，「品格教育」的精神內涵之提升，及「領導才能」的培育等途徑，提升個人的潛能發展。其他尚可透過研究、實驗、探險與周密的生涯規劃藍圖來提升潛能。

【討論題】

1. 如何自我評量？哪些是我的弱點，如何有效的改善弱點？

2. 大學生自我意識發展的特徵有哪些？如何自省「個人自我意識」的偏差？

3. 如何提出身心潛能的發展計畫？（包含「規劃目標」、「實施方法」、「投入資源」、「預期效果」）

4. 討論大學生的智能、情緒、性心理發展特性。

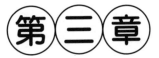

大學生的壓力源與因應

壓力的金科玉律

多一分付出，就多一分成就（The more we give, the more we accomplish）。

（諺語）

快樂如良藥，有益健康，助人為樂、知足常樂、自得其樂。

（中國諺語）

經由感恩、服務，可以把挫折、苦難等壓力，化為抗壓的能力。

（證嚴法師）

壓力是一種阻力，也是一種助力。

（鄭照順）

第一節　壓力理論概說

西方較早研究心理壓力問題的學者，是加拿大心理學家Hans Selye，Selye（1983）把壓力心理定義為「身體對壓力來臨時所做出的不明反應」。但這樣的定義太過籠統，無法看出壓力有什麼影響，身體對於興奮與愉快情況的反應，和對於不愉快情況反應是類似。但只當有不愉快的反應情況產生時，才會想要減輕壓力，即使在不愉快的狀況下，某種程度的壓力仍是有益的。

東方的教育家、思想家孔子、老子、莊子等，在兩千五百年前，已指出人生有種種的生活壓力及生活困境。壓力從古至今恆在，人類追求生存、資源、權力的爭戰，均存在有生存的壓力。孔子因應生活壓力之方法是「知天命」，知道自己的任務，默默承受壓力；老子因應生活壓力之方法為「人能常清靜，萬物皆歸兮」，保持心境的清靜，可以化解心情壓力。莊子因應生活壓力之方法則抱持「回歸自然本質，超越名利、死亡」，死亡時一切又歸零，不看眼前的得失，因此壓力化為烏有。

當代大學生的許多煩惱多數與生活壓力有關，壓力、焦慮、煩惱均是一種心理的狀態。例如：(1)青春期的壓力：歌德撰寫《少年維特的煩惱》，描述青少年步入青春期有感情的煩惱、性的渴望等；(2)課業與考試壓力：大學生的生活重心在課業，因此常有上課與考試壓力；(3)情緒困擾經常發生：情緒的不穩定因素很多，有孤獨、思鄉、交友、人際衝突、期望無法實現、失眠等；(4)生活壓力的困擾：工作分量超過自己的負荷、時間不夠用、自己能力不足、外在不能控制的環境因素；(5)在情緒與行為常失控時，不知如何因應等。而壓力、焦慮、煩惱等的累積，就會產生心理困擾，也可能對身心產生傷害。

壹 壓力論起源

壓力的起源，包含大氣壓力、物理壓力、心理學、認知經驗論等的描述。

一、大氣壓力

地球表面的氣體密度形成的壓力，稱為大氣壓力。地表海平面稱為氣壓，隨著高度上升，大氣壓力愈低，溫度也愈低，約上升100公尺溫度就下降0.6度，壓力降低1%。因此爬上3,000公尺以上的高山，均會面對低氣壓的威脅，壓力會下降30%，同時溫度會下降18度。不能承受低氣壓、低溫、空氣稀薄者，常會產生高山症。爬山之益處，可獲得芬多精、高密度氧、負離子，減輕腦壓、增加記憶體等。

當人潛入海中，要面對海水的密度與深度的壓力，沒有適當的練習與防護，亦會產生潛水夫病。當潛水夫開始潛水時，每潛水下降10公尺，便增加相當於1大氣壓力的水壓。我們吸入體內的空氣也有少部分逐漸溶於身體內的水中。在20公尺深的水底時，氮氣會像二氧化碳溶於汽水中一樣的溶於身體內的溶液中。當潛水夫逐漸浮出水面時，溶入身體內溶液中的空氣，好像汽水裡的空氣也會逐漸轉回氣態，也就會在體內形成氣泡。若上浮的速度太快，肺部無法將形成的空氣泡排出體外，而被困在肌肉、骨骼或關節中，將造成極大的疼痛。若是在腦部內形成氣泡無法排出，則容易使人癱瘓甚至死亡。上浮時必須緩慢，才能釋出小氣泡。約每上升10公尺，休息10分鐘，若在60公尺深的海底工作一小時，上浮須再耗費一個小時。

二、物理學所研究的身心壓力

愛因斯坦指出壓力是一種爆炸力，也是一種推力，「光」有重量與能量。壓力在生活上的應用，可以作為上進的動力，或轉為殺傷

的利器。物理學上的壓力，是指發生在兩個物體的接觸表面的作用力，也可以應用氣體對於固體和液體做推力。例如，火車即用氣體的推力。在物理學上的壓力，係指對物體給予「重力」，使物體因承受壓力而改變其形狀；壓力的另一個作用也是「推力」，對氣體而言，有了爆炸性的推力，就使炮彈、飛機、太空梭向前推動。加壓力於另一物體，可使靜態轉為動態。物理學上的壓力，也常被用於教學上，給予學生適當的學習「期望壓力」常可使學生向前邁進，譬如應用報告、考試，使學習產生效率與效益（參見郭兆林譯，2005）。

愛因斯坦於1905年提出相對論的原理：質能互換公式$E=mc^2$，E能量，M質量，C光速常數，任何一粒小沙子內都有可觀的能量。這個公式起先被認為只是一種形式，沒有實用的可能。但科學家就在想像中發明了原子彈、核能發電等；愛因斯坦量子論的發展也扮演了關鍵性的角色，特別是光子理論，他更預言「雷射」的未來作用（參見郭兆林譯，2005）。

在建築工程學上，建築物、橋樑的興建，需要了解這一個橋樑之興建可以承受多少重量運輸車輛通行，這個「承受重量」即是「壓力負荷力」。如果超過負荷力，則會被瓦解與破壞，在建築物的興建，也需要計算每一層地板的承受力、抗震力。工程學的「承受力」，於1940年為生理學家Canon應用於人體生理承受力的計算，有些人骨架粗、肌肉結實，可以承擔100公斤的重量，有些人體弱、肌肉無力，只能承受50公斤的重量。Canon進一步提出，肌肉、生理、心理超越承受壓力的極限，就會損害生理健康。人類的超高壓力感，來自身心已無法負荷。

三、心理學所探討的身心壓力

Lazarus（1994）、Selye（1983）等，所指的壓力是：(1)超過自己能力的負荷；(2)自己的資源不足，不足以應付面對的困境；(3)時間不

足時，準備來不及因應問題的發生；(4)身心的能量、體能不足時，不足以面對惡劣的環境等。因此，面對壓力時要有足夠的能力、資源、時間、體能、食物、能量等。

Lazarus（1994）對身心壓力的定義：「生活環境中的人事物，與個人的互動中，個體對人事物的處理評估，已超過自己心理、身體、能力、資源、時間上的負擔以及有危害其身心健康的綜合福祉，稱為壓力。」

Ellis（1979）發現個體的壓力源，與個人的「認知系統」與「價值系統」有關，認為要追求完美，但外界不合乎自己認知系統、價值系統的事物，將造成自己內在的壓力。

Selye（1983）認為壓力的來源，是個體因應外在環境需求、環境威脅所產生的身心反應。外在危機、外在需求如果自身無能力、資源及有效因應時，則外在事件就會產生一種壓力源。個體因應壓力可能會歷經三種反應階段：

1. **警覺期**：當個體處於壓力的刺激下時，會很快感受這種壓力，並準備應付或逃避。且身體會產生一些變化，如「正腎上腺素」、「腎上腺素」分泌為增加：(1)「正腎上腺素」使心跳加快、呼吸急促、血壓上升；(2)「腎上腺素」使血流量增加，減緩消化系統的運作，並使肝臟釋放儲放的肝醣，以供給身體更多的能源，使身體能應付壓力。若經年累月一直處於備戰狀態，會加重心臟血管負擔，形成高血壓、腦中風、腦瘤；胃的消化系統受到破壞造成胃潰瘍、身體易疲倦，長期的壓力造成身體健康惡化。

2. **抗拒期**：個體暴露於壓力下，身心不斷的增加能量去調適與因應，身體對外在的壓力開始做適應，因為抗拒外在壓力已付出較多的身心能量，因此身體已無足夠的能量再應付其他的挫折、衝突、需求、期望。例如：生病的人、疲憊的人，已無足夠的體力再去面對外界的打擊，興趣、性慾都會大大的降低，高壓力生活

的青年男女，減少了性慾、生育子女的慾望，因而不想生育、不想養育；個體長期面對高壓力的衝突下，對疾病的抵抗力也會減弱。長期的面對壓力，會產生「適應性疾病」，包含潰瘍、高血壓、氣喘及免疫系統受損，導致疾病發生，如癌症等。

3. 衰竭期：當長期忍受壓力的侵害，在體力、心理能量、資源、面對惡劣環境無法有效因應，個體因身心能量已耗盡，可能導致疾病發生或死亡。壓力持續增加，加上身心能量、醫藥、資源也無法面對壓力的侵害，產生一種「無奈的心理狀態」，已進入耗竭期，可能面臨重病或死亡。

四、認知經驗論所感覺的壓力

Lazarus（1960）為認知作用對外在的壓力刺激解釋，注入新的內涵。外界的壓力對於每一個人不同的認知與經驗，會產生不同的反應。從小吃苦耐勞的大學生，對於粗食、粗衣、長途跋涉不會覺得有壓力；對於嬌生慣養的大學生，沒冷氣、沒熱水可洗澡就苦不堪言。不知惜福、感恩的人，遇到不如意就會抱怨連連；知惜福、感恩者，感激上蒼給予磨練心志的好機會，兩者對壓力的知覺會不相同。

釋證嚴（2008）倡導積極去面對「壓力與苦難」，是修練與學習的好機會。樂於服務是提升抗壓能力、消除生活壓力的方法：(1)樂於奉獻：甘願做、歡喜受，從服務中提升能力；(2)勤修人品：勤修知足、感恩、包容、善解人之人品，使人知福、惜福、再造福，提升內省修持的境界；(3)提升抗壓能力：視災難是自我鍛鍊的好機會，學習面對困難、解決問題，就可以提升抗壓能力。

貳 社會與環境壓力源

社會的衝突不斷、戰爭的發生、生存環境的惡化，使人們居無定

所、心無定位、前途茫然，也造成個體不安的狀態與焦慮，譬如三餐不繼、乏人關心照顧、失去了情人、失去了工作、失了國家、失了未來發展的希望等，這些因素都含有個人與國家、個人與社會、人際互動、個人與生活的關聯因素。

鄭照順（2010h）的研究發現，壓力產生應可探討到環境與社會層面因素，例如：

1. **政治局勢不穩定**：政治環境不穩定，會造成經濟投資的疑慮，經濟發展就如止水毫無活力，也會形成另一種「政治性的憂鬱症」，人們對政府的無能束手無策時，會產生心理焦慮症。

2. **社會道德倫理的淪喪**：道德倫理、社會的核心價值，是社會和諧穩定的力量。當道德倫理被破壞時，人們心中憂慮社會會動盪不安，也會形成「社會的失落感」，亦是一種心理焦慮症。

3. **自然環境的惡化**：當大自然任意被砍伐，環境受污染時，如噪音、空氣、水的污染等，都是生活環境惡化的壓力源。

綜合言之，從上述壓力理論可以發現：(1)大氣壓力的改變，是一種壓力的挑戰；(2)身心的能量、資源不足時是一種壓力；(3)以物理學來看，壓力是一種阻力，也是一種助力；(4)社會環境惡化是一種壓力，也是一種挑戰。因此要面對壓力、因應壓力，要有足夠的能力、資源、時間、食物以及心志的磨練，才容易成功。

第二節　生活壓力的負面與正面影響

生活壓力與負面情緒對人類身心是否會造成傷害，是心理學家、精神學家、臨床醫學家所共同關心的問題。Cotton（1990）提出生活壓力對個體身心、情緒行為、認知將會造成下列影響：(1)生理上的影響，如荷爾蒙改變、降低身體抵抗力、增加疾病發生；(2)情緒的改

變，如緊張、焦慮、沮喪及生氣等負面情緒增加；(3)行為的改變，如抽菸、酗酒、攻擊的語言及行為發生頻率提高；(4)認知學習能力衰退，如不能專心、學習動機不足、記憶力衰退或曲解等現象常會發生。

壹 生活壓力的負面影響

一、生理方面

會產生頭痛、胃痛、失眠、高血壓、癌症等現象。春山茂雄（1996）發現：生活緊張或發怒時，腦內就會分泌出「去甲腎上腺素」（noradrenaline）；感到恐懼時，會分泌出「腎上腺素」（adrenalin）。若經常感受強大壓力或經常生氣時，會因為大量分泌「去甲腎上腺素」的毒性荷爾蒙而生病；這些毒性荷爾蒙會造成毒化，終而造成生理器官的退化或早死。反之，如果隨時能化解壓力，保持積極思考、心情愉快，腦內能分泌出「腦嗎啡」（endorphin）快樂荷爾蒙，可以擊退癌細胞，可獲得長壽。企業家為何英年早逝？積極做事會產生「多巴胺」（dopamine）引發慾望的荷爾蒙，分泌過量則會消耗體力，提升精力輸出，必然導致消耗精力過多而病倒或早死，引發掉髮、白髮、脂漏性皮膚炎。生活壓力常造成「交感神經」的緊張，使毛髮的血管收縮，氧氣無法運到頭部，髮根無法吸收到氧分，而造成白髮、掉髮。春山茂雄（1996）亦指出精神壓力加大時，「癌症」的發病率會增加五倍，即由10%提升到50%的發病率。

過高的責任心、期望、期待、榮譽心，而產生挫折失望時，常會分泌劇毒的「去甲腎上腺素」，使全身血液產生毒素、血液逆流、心肌梗塞、身心癱瘓，及「負電性神經荷爾蒙」過高使免疫系統癱瘓，造成糖尿病、肺炎、重感冒，甚至引發癌症。

身體的免疫系統，包含血液、胸腺、骨髓、脾臟及淋巴腺，人體

白血球有一兆個，當壓力來臨時，所分泌「負電性神經荷爾蒙」會降低白血球的運作功能，也因此降低身體的保護功能。長期熬夜、睡眠不足，旅行時趕行程、睡不好都會形成一種壓力，且造成免疫力的降低，而容易生病或出現皮膚病、感冒等症狀。

　　從「神經系統與內分泌學」的研究，生活壓力對生理的影響，人一看到威脅的壓力源，如遇到熊、敵人、競爭的對手立刻產生警覺，是「應戰、逃跑或備戰狀態」神經系統會加速或調整內分泌，以增加身體的因應能量，或保持警戒狀態。

　　綜合言之，生活壓力帶給身體上的反應極為複雜（如圖3-1），常出現的現象有：(1)內分泌的變化；(2)血液系統的變化；(3)免疫系統的變化；(4)消化系統的變化；(5)神經肌肉系統的變化；(6)記憶思考的轉變；(7)對健康的影響常見的有失眠、胃痛、頭暈、小便增多、神經質、皮膚病、血壓增高、心臟病、呼吸困難、四肢無力、常感冒、糖尿病、失眠及性無能等。

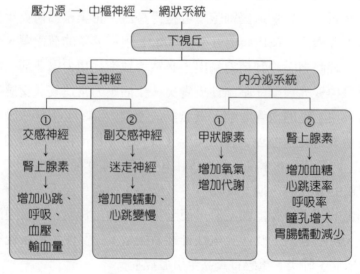

圖3-1　壓力的生理反應

資料來源：Varcarolis, 2008a, p. 199

二、心理方面

會產生沮喪、焦慮、憤怒、退縮、憂鬱等現象。

1. **心情沮喪**：大學生常有時不我予，或對理想無法實現之沮喪情緒發生，其壓力源：(1)個人因素：理想無法實現，追求目標屢遭挫折；(2)學校因素：學校教育課程，使自己成為永遠的失敗者，某一因素給自己過重的打擊，如長期的功課壓力。

2. **焦慮情緒**：大學生心理常有不穩定的煎熬感受，其壓力源：(1)學校因素：功課多又難，考不好又受到老師的責備，對未來目標迷失或不明確；(2)家庭因素：父母過高的期望或恐嚇，失去父母的支持；(3)同儕因素：兄弟姊妹冷漠、不關心、不支持。

3. **憤怒情緒**：其壓力源為：(1)家庭因素：受到不尊重的懲罰、受到父母誤解與冤枉、父母不給面子、剝奪個人財物權力未被告知；(2)同儕因素：被同學惡意批評、被同學欺騙、被同學無理的欺負、被手足不告知的侵犯；(3)社會因素：對社會現象的混亂、缺乏公理正義、單一價值觀與多元社會的衝突等。

4. **鬱悶情緒**：大學生心中常有苦悶無處抒發，其壓力源為：(1)學校因素：考試壓力太大，挫折不敢讓人知道，心中有許多不敢發洩的情緒，或老師的誤解；(2)個人因素：有心事不敢讓人知道，吃虧委屈無法申訴；(3)家庭因素：父母的誤解、父母無法有效的溝通與家庭溝通氣氛不佳；(4)同儕因素：受到同學的排擠或誤解。

三、行為方面

會產生嘮叨、責罵、打架、摔東西、自殺等行為。心理學家觀察人類生活遭受到壓力時，其行為表現有負面類型及積極類型，壓力下的負面行為類型如下：

當一有壓力時，會立刻給予反擊，其現象有頂嘴、吵架、打架、破壞公物、摔東西。

1. **轉移性的紓壓**：當生活壓力打擊到自尊時，產生的心理挫折、心理壓抑，可能會轉移到「生理的滿足」來求得心理的平衡。譬如：「心裡有苦悶的人」，可能會拚命吃東西以平衡心裡的苦悶；「壓抑的女性」常拚命的採購以獲得心理的滿足感；「精神空虛的人」就拚命找來一些酒肉朋友大吃大喝或迷失在聲色場所，以補償內心的空虛。青少年在失敗、缺乏成就感的學校生活中，常見的現象是奇裝異服、染頭髮、抽菸、吸毒來平衡「心靈的空虛感」。在成人社會也常有人以肉體的滿足，爲求「生理平衡需求」，而造成性犯罪。

2. **逃避性的紓壓**：常見青少年受到挫折壓力的時刻，青少年對學校課業不感興趣又討厭團體生活的束縛時，常受同儕之慫恿而逃學。更嚴重的情況是學校生活已經挫折感很大，又遇到不能諒解的父母整天嘮叨、責備，而產生逃學、逃家的行爲。

3. **轉移性的攻擊、發洩**：另一類型的青少年採用「暗中攻擊」的行爲類型，譬如：煽動他人情緒的不滿，自己則躲起來不暴露身分；或背後散播他人謠言、傷害別人、中傷別人，以達到紓解情緒的效果；「寫黑函陷害別人」、「縱火犯」、「破壞老師機車」、「放別人輪胎車子的氣」等行爲，均是在情緒壓抑下的「潛在發洩類型」。

在美國社會中常發現青少年因課業失敗，就引發逃學而吸菸、吸毒、酗酒，想借酒澆愁卻耽誤了青春，也可能造成一生誤入歧途。「黑色幫派」就在青少年失意之時，僞裝成正義的化身。

四、認知方面

會產生記憶力衰退、精神無法集中、缺乏思考力、曲解、健忘等

現象。

  1. **環境噪音壓力**：是影響學習的不利因素，譬如在菜市場有多個叫賣者，聲音此起彼落，心理將產生煩悶，會影響記憶力及專心學習；馬路上汽車噪音，也影響學習記憶力。

  2. **目標過多的壓力**：會造成一個時間內有多種目標要達成，這一科目未能精熟，又須改換另一科目，無法有效學習。

  3. **雜事過多的壓力**：造成片段編碼，更不易形成長久記憶。大學生生活雜事過多，須多方面應付，最不利於專業的學習。

  4. **情緒不穩定的壓力**：情緒作用發生時，如個體有緊張、焦慮、沮喪、灰心、苦悶等現象，容易造成精神無法集中、缺乏思考力、曲解等現象。

貳　壓力的正面影響

  以物理學來看壓力，當火箭發射之刻，燃料燃燒產生一種爆發性的壓力，這種「高壓力」可將火箭推向外太空。因此，壓力也是推力。

一、壓力轉為助力

  反省、改善自己，將負面壓力轉為上進力量。生活壓力對個人而言，猶如生活中的「推動力」，這推動力積極的效用，是促進自我進步、創造發明及改革的力量。

  大學生的生活壓力來自內在心理世界的「自我期望」，及外在生活世界的「社會競爭壓力」，這兩股力量將激發個人「內在潛能」的發展，及增進「環境適應的能力」。

二、高成就動機、挑戰壓力，將獲得高成就

常自我激勵，可以從平凡到卓越。生涯發展過程，經由家庭教育、學校教育、社會文化等因素的交互影響，產生了內在發展動力。譬如：自我期望動力、高成就動機、生涯規劃發展。由於人類受制於生活環境壓力，要能適應生活壓力的挑戰，才能生存下來。因此，須面對家庭壓力、學校壓力、社會壓力、生涯發展壓力、重大事件之壓力。如果個體能夠有效的掌握壓力源，並採用本身的智慧能力、情緒智能正確因應，以及獲得適當的社會支持，將可化解生活壓力的困境，達到自我實現、高成就的階段。

三、面對困難、挫折與瓶頸

善於做生涯規劃，激發「自發的力量」，找出突破瓶頸的方法。生涯中會面臨許多壓力、挫折與瓶頸，如果能夠適當的規劃，將較容易達成自我發展的目標，由於自我發展目標是「內發的」，所以也將形成自我向前推進的力量。此種生活壓力屬於「自發的力量」。古人云：「人無遠慮，必有近憂」，人的勝敗不在眼前，而是在未來；失敗就是在「累積成功的條件」。找出生涯「突破瓶頸的方法」：(1)探索自己的能力、性向與興趣；(2)從能力、性向、興趣再設定自己努力的目標；(3)從目標再尋訪到達的路徑。

金樹人（1997）對生涯規劃的看法：「一個人看不到未來，就掌握不住現在。」一個人如果能及早對生涯發展的歷程加以掌握，就可及早準備因應，而獲得自己較滿意的人生。

四、幫助找出調節方法

為了改善生存環境的壓力而「遷移環境」，每當入秋之際，北方的大雁、伯勞鳥、黑面琵鷺、鷺鷥鳥等，不遠千里從北方飛行數千

里，遠渡重洋到達南方溼地、沼澤地尋找食物，以獲得溫飽。動物均如此的聰明去對抗大自然的惡劣環境，「不死守故里飢寒而死，移居他鄉再創新機」。

　　人類爲追求溫飽，南奔北討到他鄉工作、到國外工作。心理學上的名言：「要改變一個人很難，但要改變環境較容易。」人可能爲了「生存壓力」或「工作謀生」而遷移環境，如果遷移環境不容易，我們是否可以改造、創新環境呢？譬如校園的硬體不易改變，但「校園文化」是可以設計加以改變的。

　　過重的生活與工作壓力，透過休閒、運動、爬山、傾訴、兜風、聽音樂、散步等，可以將高壓轉爲中壓，或將壓力化爲無形，找對「壓力調解法」生活就沒煩惱。

參　壓力與學習表現

　　Anderson（1987）提出「壓力適當論」，「適當的壓力」對學習可產生最佳的效果；鄭照順（2010h）指出，在高壓力及低壓力下對學習均有不利的影響。壓力與學習表現會呈現一個曲線，如圖3-2。

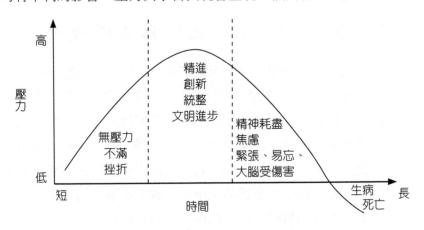

圖3-2　壓力與學習表現曲線圖

一、高壓力時

人類無法負荷壓力時,會產生緊張、焦慮,易放棄學習,又很快遺忘,是故學習經驗在記憶區會很快被排除;長期的壓力容易產生「憂鬱」與「精神耗竭」;高壓力對學習有不利的影響。

二、壓力過低時

由於教師沒有要求,學生也不想學,或者教材內容太容易、太簡單,均無法引發學生學習的興趣;沒有任何壓力,也容易失去學習的動力。

三、適當的壓力

也稱為最佳刺激區,個體覺得有挑戰性,可以發揮創意,可充分發揮思考,因此可能會有下列傑出表現:「推動文明進步」、「創新」、「整合」、「精進」,創造人類的新文明,個體也獲得學習的最高成就與滿足感。

第三節　當前大學生的社會環境壓力

台灣的教育改革期間(1995至2007年)大學由原來的50所,增為175所,大學的平均錄取率高達95%以上,大學教育已不是菁英教育,已下降為全民教育;因此大學畢業面臨就業的迷惘,許多大學生有課業壓力、生涯發展壓力、經濟壓力、情緒困擾、父母期望的壓力及自我期望的壓力,多數大學生以助學貸款就讀大學,也面對畢業後更大的經濟壓力、就業壓力。生活的競爭、社會的競爭壓力都是無形的、無情的,若能有效的抗壓、適當的因應,將有助於身心健康與潛能發展。

台灣大學生所面對的社會環境壓力

吳武典（2004b）、周祝瑛（2003）、鄭照順（2008c）等學者有感於台灣教育、社會環境惡化，大學生所面對的壓力愈來愈大，提出大學生的心理壓力分析：

1. **政治環境的惡化與污染**：人民如果處於政治不清明、道德倫理墮落、教育人員地位低落、社會倫理核心價值被破壞的時代，將會使身心壓力提升。

2. **就業環境、經濟環境的惡化**：如果台海兩岸局勢緊張，外資不敢到台灣投資，因此經濟成長率節節落後於亞洲各國，將會使經濟、就業的壓力提升。

3. **心靈建設的失落**：教育改革所產生的負面影響，不注重倫理道德教育，把中小學的「生活倫理與道德」、中學的「公民道德」取消，使教育重智育、輕德育，缺乏心靈教育，產生價值混淆、道德失落的新危機。

4. **生活中的危機**：由於政治操作，影響經濟發展；經濟發展又影響民生生計；教育又影響心理的建設，大學生缺乏如何因應周遭環境惡化的壓力、因應環境惡化的知能與技巧，因此常有生活的危機發生。

5. **大學生活中的壓力**：大學生多數是到外地求學，最直接的壓力是課業壓力、未來就業、人際關係、經濟問題、情緒困擾等，給大學生帶來最大的壓力。

綜合言之，許多對社會發展較關心的大學生，也體會出政治、經濟環境的惡化，使大學生有志難伸，因此當代的大學生，應學習如何有效的面對社會環境壓力、生涯就業壓力、心靈建設的失落、生活中的危機、生活壓力等問題。

第四節　大學生主要的壓力來源

　　大學生階段處於青春期後期，將面對就業的準備、愛情的學習、成立家庭的準備，有些則準備做更深一層的專業深造。段鑫星（2008a）、王琳雅（2006）、鄭照順（2008c）等的調查研究發現，大學生有不同的壓力源，最常見的壓力來源包含下列。

一、課業上的壓力

　　大學生需要面對各科老師的「評分標準」，每一科的「學習內容」有難有易，個人學習能力、課業準備時間、生理健康因素、時間管理、讀書方法、作業練習、文字表達等，都會影響課業的成績表現。段鑫星（2008a）、鄭照順（2008c）的調查，大學學生均以「學業壓力」為最大的壓力來源。

二、人際關係壓力

　　多數大學生初次離鄉背井到外地求學，必須面對來自不同高中、高職、不同地區、不同性別、不同價值觀、不同人生目標的同學。大學學習的方式，常採用分組討論、分組做研究報告，住宿又須面對不同生活習慣、不同學習習慣的同學，因此要尋找知音、知己並不容易，偶有在班級中、在宿舍中被孤立、與人摩擦或被排斥，而造成人際關係上的壓力。鄭照順（2008c）調查科技大學學生，研究發現「人際關係的冷漠、排斥、孤立、摩擦」常是科技大學生的生活壓力來源。

三、經濟壓力

　　就讀私立大學必須負擔高額註冊費、住宿費與生活費，形成家庭龐大的負擔，一年家庭負擔均超過30萬元，大學四年一個家庭必須承

擔一百多萬的支出，對窮困的農工家庭，常帶給大學生及其家庭心理的壓力。有些學生為減輕家庭經濟負擔，每天忙於打工，甚至荒廢了學業。段鑫星（2008a）等的研究發現大陸的大學生有25%是來自貧困家庭，這些學生常有心理障礙，如心理封閉，需要給予關懷與幫助，貧困生沒父母可以依賴，也沒有金錢做後盾，而面對就業壓力，心理容易產生焦慮、緊張及神經質等問題。

四、就業壓力與生涯發展壓力

台灣地區自1995年教育改革產生重大變化，大學普遍化，大學教育也變成普通教育、全民教育，入學的門檻降低，人人可讀大學，造成就業上的高度競爭。以教育大學的畢業生而言，2005年以來的就業率均在10%以下，因此在學期間，就有生涯發展的焦慮與就業的高度壓力。主要原因是師範學院計畫性師資培育的功能被取消，專業的師資培育被各大學的短期「教育學程」取代，造成教育大學學生出路的危機。其他各大學、科技大學普遍增加錄取人數，升學員額大量開放，卻無輔導就業的機制，是自由市場的現象，但卻帶來大學生畢業後就業與生涯發展莫大的惶恐。

五、男女感情的壓力

大學生正值青春期後期，男女交友的重點由同性轉為異性吸引是很自然的事，其重要的吸引是好奇、生理需求、價值觀探索、興趣分享、才華互補、父母期望、追求未來理想、共建未來幸福等，各種因素交織其中。「愛情的學分」不像學科考試，準備幾分、努力幾分，就會有幾分的成績；可能很努力地追，對方跑得愈快；也可能在意的焦點不同，而全功盡棄。愛情的起點往往是甜美、浪漫般的美好，當對方提出「分手」時，可能說不出理由。男女分手若沒有好好處理，會讓對方受傷害。愛情發展上的壓力是男女雙方都難以預料與難以控

制的。

六、自我期望壓力

　　大學生已進入抽象思考的高峰，常思考未來的工作、事業發展、人生願景、社會期待、社會理想、家庭期望等因素，而形成自我期望的壓力。自我期望愈高，壓力就會跟著提高，大學生常有自我期望、自我理想過高、過多，而能力、時間無法達成的苦惱。例如：期待參加就業考試、證照考試一定要考上，但國家考試有一定的錄取名額，只能盡人事、聽天命，順其自然。

七、家庭期望壓力

　　大學生經濟的來源多數是依靠父母的支持，大學生想要獲得家長的經濟支援，又期待父母不要干涉自己的想法、決定與行為。父母是生涯發展中的過來人，常期望子女能夠成材、找到好工作、找到好對象、把身體保健好，若是關懷得過多、期望過高，也會造成大學生的心理壓力。Torres（2010）調查179位大學生，發現家庭支持過多或太少、父母關懷期望過高，子女能力未能順利達成，都會造成心理的壓力。父母如能對子女提供一些思考方向、交由子女去做決定、自我負起決定的責任，父母與子女的焦慮可以降到最低。

八、生活瑣事與生活改變壓力

　　生活瑣事包含支出、健康、生活環境、日常生活與時間等，個人是完全獨立的生活個體，忙於課業外，食、衣、住、行、育樂樣樣自己安排，如果不善於做生活事務的管理、健康的管理，往往會造成生活的壓力，如交友過於複雜、生活用品雜亂、慾望需求過多、飲食上的不方便、居住環境的吵雜、信用卡債的處理、網路信件過多、應酬

太多，生活太奢侈、時間無法適當分配，均會造成心力與體力的過度
負擔。

九、情緒困擾及健康壓力

　　大學生在情緒表達特別強烈，常因為理想、期望過高，而自己能
力無法達成，必須使自己去遷就現實，因而產生挫折與不滿的情緒。
當情緒方面產生激動、心情低落、憤怒、悲傷、苦惱、憂鬱等現象無
法調節，會形成對自己的心理傷害，甚至影響周遭的同學。由於情緒
壓力提升可能造成免疫力的下降，而產生生理疾病，生理的病痛會使
其失去信心與人生的意義。

十、價值觀衝突的壓力

　　為何我的想法總是與別人不同？為何別人不擔心這一件事情的
後果？為何我的朋友會變得如此冷酷無情？這些根本原因在於抽象思
考、預測能力、價值觀、態度等的不同，致使人際間看法的差異。有
些機構朝向科層體制，就由上級裁示；比較開放的單位，則尋求共識
後才執行。在家庭中父母與子女也有認知差異的問題，只要存著多元思
考角度，做決定者要負其後果與責任，如此人際間才不會起衝突。大學
生抽象思考發達之後，常有許多理想與現實衝突，理想與現實要做統
合，人際間的意見要做統合；長官與部屬間要做認知差異統合，不能
包容異己，一方面傷害對方，另一方面也會給予自己造成心理壓力。

第五節　大學生壓力源

壹 國內大學生的壓力源

　　台灣從1996年教育改革廣設大學以來，大學數量從50校增加為175校，大學的錄取率已達到98%，因此人人有大學可讀，升學的壓力減少許多。以技職教育為主的科技大學錄取率也達到96%。由於大學無限制的開放，教育部長吳清基（2010）宣稱，台灣未來的十年，將會有三分之一的大學要被迫淘汰關門，私立大學的校長、董事會、教授的招生壓力，比學生還大。

貳 台灣、大陸、美國大學生的壓力源比較

　　中國大陸每年參加大學聯考的人數均超過1,000萬人，錄取名額只有500萬人，升學競爭的壓力極大。美國的大學入學方式多數採取申請方式，名校入學門檻高，除了學業成績，也要看各種才能的表現，學費也極高，要進入名校，均要面對許多壓力。台灣、大陸、美國學者對於大學生的生活壓力情況也極為關心，近年來各地的研究發現如表3-1、3-2、3-3。

　　綜合言之，美國大學生壓力最主要來源為：課業競爭、人際衝突、價值衝突、失業、重病、懷孕、生涯選擇、環境誘惑、缺乏家庭支持、生活雜事、經濟等壓力。
　　中國大陸大學生生活壓力的主要來源為：課業與發展、人際衝突、思鄉壓力、飲食壓力、氣候適應、情緒困擾、經濟、生活雜事等壓力。

表3-1　台灣學者對大學生壓力源之發現

研究者或單位	研究主題	生活壓力源
董氏基金會（2008）	大學生壓力源與憂鬱情緒研究。 調查：5,600人。	1.生涯發展。 2.自己的經濟壓力。 3.課業、成績不佳。 4.身材外貌。 5.家庭經濟壓力。
王琳雅（2006）	技術學院學生壓力源研究。 調查：900人。	1.學校課業。 2.人生目標。 3.人生價值意義。 4.人際關係。 5.男女情感。
鄭照順（2010g）	科技大學學生心理困擾來源之研究。 調查：1,000人。	1.課業壓力。 2.就業壓力。 3.人際關係。 4.情緒困擾。 5.父母期望。 6.自我期望。 7.經濟壓力。 8.人生目標意義。 9.生活雜事。
林淑惠（2009）	台灣中部地區大學生獨處能力、生活壓力與身心健康之相關研究。 調查：2,400人。	大學生情感壓力、就業壓力、自我壓力與課業壓力愈嚴重，會造成憂鬱症、社會功能障礙、焦慮和失眠等身心症狀。

　　台灣大學生的主要生活壓力源包括：課業壓力、生涯就業、人際關係、情緒調適、經濟、人生意義、父母期望、自我期望、思春期、生活雜事等。

表3-2 大陸學者對大學生壓力來源之發現

研究者或單位	研究主題	生活壓力源
樊富珉（2009）	大學生壓力來源。 調查：7,500人（北京、上海、廣州地區）。	1.生涯發展。 2.情感發展。 3.人際關係。 4.經濟。 5.學業。 6.情緒困擾。 7.思鄉。 8.飲食習慣。 9.氣候。
新浪新聞網（2006）	大學生活的困境。 調查：1,500人。	1.社會變遷太快，影響身心調適。 2.人際的矛盾與調適困難。 3.投考研究所壓力。 4.招職資格，不斷提升。 5.自我定位不易。
朱麗雅（2009）	大學生生活事件因應方式。 調查：900人。	1.人際衝突事件與因應。 2.學習適應。 3.身心健康的適應。 4.負面批評、懲罰的壓力。 5.生活雜事過多。

表3-3　美國學者對大學生的壓力源之發現

研究者或單位	研究主題	生活壓力源
Archer（2010）	大學生的壓力與挫折調查。	1.課業競爭。 2.人際關係。 3.生涯選擇。 4.環境壓力、噪音。 5.交通擁擠。 6.行為表現。
哥倫比亞大學（Columbia University, 2010）	大學生壓力與因應方法研究。	1.過高的自我期望。 2.室友的干擾。 3.課業競爭。 4.經濟壓力。 5.時間不足。 6.失業。 7.重病。 8.懷孕。 9.生活雜事。
全國大學健康評鑑（National College Health Assessment, 2005）	大學生身心壓力與健康調查。	1.過多的作業。 2.人際競爭與衝突。 3.思鄉情緒。 4.得不到家庭的支持。 5.同儕的誘惑：飲酒、舞會等。 6.生活雜事。
史丹佛大學（Stanford University, 2010）	大學生的壓力源。	1.課業競爭、獎學金申請壓力。 2.時間管理困難，有社團、運動、舞會等活動。 3.人際價值取向。 4.室友衝突：價值、信仰、習慣不同。 5.經濟壓力：食物、買書、休閒費用。

第六節　大學生面對生活壓力的諮詢與因應策略

壹　大學生面對生活壓力的諮詢需求

Nevid（2004）調查美國大學生的身心健康，有47%的大學生認為他們的身心疾病與生活壓力源有關，他們的生活壓力來源包含：日常生活瑣事、生活改變，使人苦惱的課業、工作，使人不舒服的環境、人際衝突、過高的期望，以及災害、噪音和擁擠等。大學生尋求諮詢的理由，如表3-4。

表3-4　美國大學生尋求諮詢的理由

理由	多選題（百分比）	排名
1.生涯規劃	55％	1
2.人際關係	50％	2
3.情緒低落	48％	3
4.自卑、缺乏信心	40％	4
5.家庭壓力	37％	5
6.學業壓力	29％	6
7.生涯發展	25％	7
8.孤獨寂寞	25％	8
9.經濟壓力	24％	9
10.網路成癮	20％	10

鄭照順（2008c）調查台灣科技大學生的壓力來源，主要是：課業與生涯發展、情緒困擾、人際壓力、經濟壓力、感情困擾、父母期望、自我期望、生活雜事、價值衝突等。

鄭照順以2006至2009年的資料分析，大學生到諮商輔導中心尋求協助的理由及百分比，如表3-5。

表3-5　台灣大學生尋求心理諮商的理由（2006～2009）

理由	多選題（百分比）	排名
1.生涯發展的壓力	55％	1
2.情緒低落、憂鬱	50％	2
3.人際衝突、人際溝通	45％	3
4.異性朋友交往困擾	30％	4
5.自信心不足、自卑	28％	5
6.父母期望	25％	6
7.經濟壓力	20％	7
8.課業低落	18％	8
9.室友干擾、噪音壓力	15％	9
10.網路沉迷、熬夜壓力	10％	10

　　李開復（2007）、鄭照順（2010g）指出，大學生要走過人生最關鍵的時刻、大學生要能順利的度過生活壓力、要做最好的學習準備，包含發展生涯專業、就業、愛情及成立家庭、追求經濟獨立、人際關係、社會適應、情緒穩定的基本要求；不能度過生活壓力難關者，需要緊急尋求心理諮詢，獲得專業協助。

　　李開復（2007）認為大學生的學習規劃，要把握的七項學習項目為：(1)學習主動學習；(2)打好基礎知識；(3)重視力行與實踐；(4)培養興趣、拓展視野；(5)積極主動，創造機遇；(6)掌握時間，做好重點工作；(7)培養真友情，提升人格魅力。鄭照順（2010a）認為大學生從：(1)主動學習：豐富學識；(2)主動結交益友：建立人際資源；(3)做好時間管理：增加休閒生活樂趣；(4)探索就業的機遇：多從事相關實習；(5)培養良好品格：養成良好習慣；(6)主動克服困境，開發潛能：常接受新困境的挑戰，如主持社團、參與登山、完成專題等磨練，就可以突破大學生活壓力的困惑。

貳 大學生面對生活壓力的因應策略與模式

筆者從事青少年、大學生生活壓力與因應的研究有十多年，發現下述幾種常見面對生活壓力的策略與模式，有助於大學生找出「最適合自己」的壓力因應方法，也可以判斷自己壓力因應的方法是否正確。

一、情緒解決 vs. 問題解決

（一）情緒解決

生氣、打人、嘮叨；大聲吼叫、大聲哭泣。有一半以上的人會用情緒發洩法；「攻擊性的情緒行為」會帶來不可預期的結果，因此被咆哮的對象要盡量迴避，以免遭到傷害。

（二）問題解決

問清事實、檢討原因、找出解決的途徑與方法；例如課業壓力，要了解讀書方法、記憶法、學習方式，主動求助並向老師、專家諮詢。

二、直接解決法 vs. 間接解決法

（一）直接解決法

面對困難，找出解決方法、資源、去克服壓力、化解問題，但許多問題是沒辦法直接解決，要靠時間、空間去療傷、止痛。例如所愛的人分手了，不能採用報復的方法，立即解決。

（二）間接解決法

觀摩別人成功的方法、分析別人的優點；主動培養腦力、體力、耐力、意志力等，做好準備，等待好時機，再發揮潛能。

三、物質資源法 vs. 社會資源法

（一）物質資源法

　　音樂、按摩、溫泉、香水、種植花草、旅行，欣賞美的事物等；未來的休閒心理治療趨勢，將是採用「自然醫學」的精華，善用美景、溫泉、按摩，做身心壓力的紓解與心理傷害的療傷；及森林浴、加入音樂治療、食物治療、中醫治療等，將物質治療更專業化的應用。

（二）社會資源法

　　以傾訴法、資源整合為出發，例如找好友、同學傾吐；找師長、專家諮詢；找出社會的資源、醫療資源等給予支持。例如天然災害的重大傷害，需要求助外援力量，求助醫療團體、諮商輔導人員。

四、正面法 vs. 負面法

（一）正面法

　　從事有益身心的興趣，誠實面對問題，反省改善缺失，壓力自然會獲得正面的改善。

（二）負面法

　　許多遭遇生活壓力的人，常採用喝酒、吸毒、欺騙等方式來因應生活壓力，因此常入不敷出；大學生面對課業壓力，常採用翹課、逃學，最後則被退學。

五、自我調節法 vs. 情緒管理法

（一）自我調節法

　　對壓力源的重量減輕、分量減少、時間拉長；調節生活方式，如早睡；學習方式如提早準備、減輕時間壓力。鄭照順（2010g）提出自我調節策略。

1. **初級解決方法**：自然放鬆法，利用音樂、風景、冥想等。

2. **中級解決方法**：能力提升法、時間、體力、資源管理法。

3. **高級解決方法**：人際、支持、溝通法，建立人際關係及獲得支持。

4. **壓力根源探索法**：了解壓力源，減輕與化解壓力源。

5. **強度調整**：以「減緩壓力源、壓力強度」來化解壓力源。

（二）情緒管理法

情緒失控、精神不濟時，如何管理情緒呢？可以先離開衝突的情境，去兜風、接近大自然、深呼吸，做情緒的梳理與宣洩。鄭照順（2010g）提出情緒管理方法：

1. **音樂自療**：以各種音樂來調節自己的情緒，去除憂鬱、苦悶情緒。

2. **認知自療**：多元的思考、雙贏的溝通，以樂觀的思考去改善悲觀情緒。

3. **生理與放鬆法**：透過放鬆的活動來化解壓力源。

4. **藝術自療法**：以美的感受來化解壓力源。

5. **支持法**：找到「社會支持」，即情感、知識、理想、資源的分享。

參 大學生面對生活壓力的心理輔導與策略

周文欽、孫敏華、張德聰（2010）、鄭照順（2010g），及唐璽惠、王財印、何金針、徐仲欣（2005）、Schaler（2009）等學者，從心理學去探討壓力的「因應策略」。

一、壓力的調整與壓力管理

（一）壓力的調整因應策略

先了解自己的壓力承受強度，自己的體力限度，自己的經濟能力，自己的時間多少。遭遇重大問題時，要調整好體力、精神、時間、智慧去面對問題；有極重要的課業壓力，先了解自己能力範圍，分段去完成，把高壓力轉為中壓力。

1. 要求自己不斷鍛鍊體力、耐力、品格、意志力，開發潛能，不斷提升。
2. 面對高壓力的來臨把壓力事件做「分段調節」，在自己能力範圍，逐步解決。
3. 調節精神、體力在「最佳狀態」，以面對高壓力的競爭，如考試、運動競賽。
4. 應戰完「高壓力」任務，要懂得如何「恢復體力」、「放鬆心情」，再面對新的挑戰。
5. 調整時間做高效率時間應用，去面對壓力。時間加長，壓力可以減輕。

（二）壓力的管理策略

所謂「壓力管理」，是指善用「生活習慣檢測表」、「壓力檢測日記」、「身心承受壓力的高低指數」、「了解壓力來源」、「分析壓力」，進行有效的管理。

1. 生活習慣檢測表：壓力源來自睡眠不足、運動缺乏、體重過重、飲食不均衡、家庭氣氛不佳、工作負荷過重、人際關係不良。
2. 壓力檢測日記：應用壓力檢測日記，去記錄每日高壓時刻上班，高效能的時刻。下班時刻需放鬆壓力，在高效能的時刻，挑戰高難度的工作。
3. 分析身心承受壓力：分析能忍受的程度，不能忍受時，要放鬆壓

力。

4. **分析壓力來源**：工作、學業、家庭、人際、經濟，提早準備，以減輕壓力；改善態度，贏得人和；計畫性經濟，減輕財務壓力。

5. **避免壓力升高，做有效的管理**：失去體力及精力時趕快補充身體能量，如身體已疲憊不堪，要適時放假、休息補充能量。

6. **壓力化解管理**：大事化小事，小事化無事，面對多種壓力，先解決簡單的事，「大壓力」自然消逝於無形。

二、認知治療與行為治療因應策略

（一）認知治療策略

Beck和Ellis二位學者，認為「負面思考」會引發「負面情緒」、「負面行為」，因此認知治療亦可以幫助減輕生活壓力，例如：

1. 父母不合理的期望，常帶給子女一些壓力與困擾；子女如回應「我實力沒那麼好」，使父母建立「合理期望」，自然壓力消除。（合理期望法）

2. 大學生常認為我一定要達成目標，找到工作，為不讓父母失望，因此常帶來高壓力、焦慮或選擇自殺的途徑去解決；大學生遭遇這樣大的壓力，要想「留得青山在，不怕沒柴燒」，先養活自己，再找機會東山再起。（存在的意義）

3. 我長得又矮又醜，怎麼會有人愛呢？在自卑的情緒中，天天悶悶不樂，如果能夠找出內在美、熱忱、友善、親和力等自己的優點，一定可以贏得別人的肯定。（多元優點法）

（二）行為治療法的策略

Skinner所提出的「行為主義」企圖去解釋人類的行為由環境、獎勵、懲罰等控制因素而形成。用於大學生生活壓力的管理之有效途徑，例如：

1. 資源、個人時間和生命均有限，生活競爭壓力定會發生：讓生命

有多元目標，追求自然與心靈的空間，若失敗能寬容自己與別人，壓力挫折自然減少，「雖然失敗，自己實力仍然在」。（多元目標法）

2. **競爭、人際摩擦、愛情爭奪事件時有所聞**：大學生活充滿矛盾，有許多的課業、愛情、人際的紛爭事件，每一個人應該「自我激勵」、「增進合作」，提升「行為潛能的表現」，促進「彼此合作機會」，而不是互相妒嫉、互相殘殺，「失敗是成功的階梯」，以失敗當作谷底，向上攀升的時機已到。（失敗是成功的基石）

3. **「培養好的嗜好，取代不良的嗜好」**：「習慣」常影響各項潛能的發展，大學生接觸良師益友，例如：常去爬山、旅行，自然身體好、見聞廣博，可以取代打牌、跳舞、飲酒之不良習慣。正向行為多，壞行為自然消除，一天到晚盯著電腦遊戲，自然眼睛疲勞，書也念不下，記憶力也會衰退。父母宜鼓勵青少年去打球、騎腳踏車，多去運動，不但體能好，也能不斷提升競爭力。

4. **放鬆技巧**：深層調息、運動放鬆、登山、散步、泡溫泉、按摩均可以幫助減輕生理的緊張與壓力。在視覺的放鬆法中，視覺的感受會影響到一個人的情緒與壓力。例如：綠色的草原、寬闊的湖泊海洋、茂密的森林都可以帶來心情的抒放與壓力的減輕。當遇到俊男、美女和顏悅色，也讓我們心情更加愉快、壓力消除，當欣賞不同的顏色也可以得到不同的心情感受。黃色有助於產生「歡樂的情緒」，藍色易幫助產生「冷靜沉著的思考」，綠色能幫助促進「心靈的安寧與平靜」，紅色可以促進「血液的循環與熱情」。

5. **放鬆的技巧**：音樂的柔和旋律，可以取代「混亂的思緒與壓力」，例如大提琴演奏的〈天鵝〉，可以立刻減輕生活上的壓力，使精神得到抒放，小提琴的〈幽默曲〉也可以減輕憂鬱的情

緒壓力。如果能夠唱出喜歡的歌曲，或聽自己喜歡的曲子，都有助於調節情緒。

三、將壓力轉為助力的策略

有些成功的企業家出身於他小時候的窮困家庭，這些窮困、苦難的際遇使他能夠有獨立自主、努力向上奮發的意志，例如：王永慶被稱為台灣經營之神，來自他勇於面對自己失業的困境，又有遠大的企業挑戰的理想。王永慶的金科玉律：「失敗而實力在」。郭台銘的努力意志力，來自於他「勇於挑戰壓力」的品格，他的金科玉律是「有使命感，可以不畏風寒」。李嘉誠為亞洲的首富，他的人生與企業經營策略是披星戴月，比別人付出得多，才有機會得到好機遇。他的金科玉律是「造上等福，培養優良品德，享下等福」，人生不在享福，而在為別人造福。沒有壓力的挑戰，一個人的潛能與智慧，不可能被開發出來。

（一）壓力轉為助力的策略

1. 壓力化為助力、動力，接受壓力困境：逆來順受、得之我運，不得之我命；這是磨練毅力、耐力、意志力的好機會。失敗是成功的階梯，能忍受不如意的際遇，能東山再起；沒有失敗，就體會不到成功的甜美。

2. 常接受高度困境的磨練：登高山、組織團隊，實現夢想，每一個打擊，都是進步的機會。

3. 培養好的品格：感恩、知恥、慈悲、憐憫的人就沒有敵人，也沒有壓力與痛苦，遇到敵人、失敗事件，感恩給我們考驗承受壓力的機會。好品格如責任感、使命感、感恩、憐憫等，使自己能夠勇往直前，心中沒有敵人，自然壓力會化於無形。

4. 積極的人生觀與好習慣的養成：樂觀積極的人不會把失敗、壓力放在心上，勤練身體、勤學習、愛與關懷、勤做事的人，常能捷

足先登，失敗與壓力自然遠去。

5. 忘掉不快樂的事，留下美好的回憶：能用平和的方式發洩心中的壓力，能與三五好友暢談人生快樂、趣聞、笑話，並共同分享。

（二）製造壓力與阻力的現象

1. 習慣不良：壓力來臨時，藉酒澆愁只會愁更愁，傷心又傷身，飲食不均衡、不運動等也是不良的習慣。

2. 作息不規律：三更半夜不入眠，造成體力衰弱，自然無法面對強大壓力的打擊。

3. 缺乏正面思考、積極行為：凡事逃避、往壞處著想。

4. 好與人結怨：常在背後談人是非，就容易樹敵，增加人際摩擦的壓力。

四、中醫、自然醫學、精神醫學對壓力症狀的因應策略

（一）中醫與生活壓力

中醫對於慢性疾病之治療效果優於西醫，中醫學探討壓力對生理的影響，會產生亞健康的初期症狀，諸如頭痛、胸悶、疲倦、衰老、過敏、精力不足、失眠、疼痛、便秘、頻尿、焦慮、抑鬱、視茫等現象，稱為「亞健康」。中醫診斷會根據病因、病基的診斷，並提出針灸、藥物與調養方法，給予當事者處方。

1. 病因：來自生活不規律、課業壓力、勞累過度。

2. 病症：頭痛、胸悶、視覺不清、面部憂愁、臉色蒼白、失眠。

3. 病基：肝氣鬱結、心脾兩虛、腎水不足。

4. 針灸主穴：水溝、神庭、百會、神門、內關及太衝、心俞、脾俞、足三里。

5. 配穴：鑽竹、陽白、膻中、瞳子膠、晴明、腦戶（用按揉）、腎俞、啞門（擇用光照）。

6. 醫囑：準時於夜間11點前入睡，要睡足七小時；工作量須減半；

課業困惑要請老師或同學協助輔導。

（二）自然醫學與生活壓力

1980年代於香港正式成立「自然醫學」，承認自然能量中的芬多精、負離子、高密度氧、光照、音樂、美景、食物等，對於慢性疾病的預防有治療效果。

大學生的生活壓力症狀，諸如：記憶力衰退、頭痛、心情不穩定、焦慮、苦悶、胸悶、憂鬱等身心症狀，是否可以透過自然醫學得到幫助呢？近年來經過科學的儀器測量及實驗研究發現，自然醫學對大學生壓力的減輕有明顯的效果。

1. 芬多精：1880年德國學者Parder最早建立「森林養生治療」，又稱「綠色沐浴」（green shower）。芬多精可以殺死白喉桿菌（如柳杉）、葡萄球菌（如冷杉）、百日咳桿菌（如杜鵑），具鎮靜、化痰、防蟲、消炎（如檜木）等效果，也對情緒有穩定功能。因此日常繁忙、壓力過大的人，一接觸森林，馬上可以獲得心情穩定，減輕心煩氣躁之心理壓力，穩定心神，並增加讀書的效果。

2. 負離子：是散布空氣中的微粒電子，以湖泊、瀑布、河流、雲霧區最多（表3-6），對消除失眠、焦慮、促進新陳代謝、淨化血液、活化細胞、強化細胞運轉功能、美顏、長壽、消除疲勞、骨骼強壯、心臟強壯、身心放鬆等具有功能。家中室內的負離子約$50/cm^3$，森林瀑布區為$100,000/cm^3$，負離子為城市的兩千倍，對思考力、身心活力、腦力活化、恢復細胞年輕有重要效果，自然對減輕心理的壓力，讓心理、生理年輕的效果。

表3-6 地區的負離子含量

地區	濃度(個/cm^3)	效果與影響
1.瀑布區	200,000-（粒子/cm^3）	增加年輕效果、活化腦細胞
2.高山森林	100,000-（粒子/cm^3）	增強免疫力、殺菌
3.海邊	50,000-（粒子/cm^3）	殺菌、心情放鬆
4.田野	5,000-（粒子/cm^3）	心情愉快
5.住宅區	50-（粒子/cm^3）	頭痛、失眠、精神不繼
6.空調室	23-（粒子/cm^3）	倦息

3. **高密度氧**：2000年代在東京的聯考會場開始有人販售「高密度氧」，高密度氧可以淨化血液，提升血液中的含氧量。含氧量高，自然思考力敏銳、思考力向上提升、增加記憶能力。森林中的樹木是都市地區的百倍，所釋放的含氧量比在家中高10到200倍，因此常走入森林可以吸收高密度氧，對思考力、記憶力、創作能力均可以不斷的提升，因此可以降低大學生主要的課業壓力問題。常爬山的人，如能在1,500公尺的高山做訓練，血紅素可以提升，對養顏美容、腦力更新有極佳的效果。因為高山的健行也是一種耐力、意志力的訓練，自然對抗壓能力具有不斷提升的效果。

（三）精神醫學與生活壓力

高壓力、多重刺激、資訊超量、工作負荷過重、自我期望過高、意外事件、生活的瑣事等，常造成「高壓力症候群」，出現頭痛、失眠、心悸、焦慮、腹瀉、四肢痠痛、陽萎、月經不順、幻覺、幻聽、憂鬱等身心症狀。西方醫學根據生理神經系統、內分泌之症狀，找出治療方法。

1. **生理情緒症狀**：頭痛、失眠、焦慮、憂鬱。
2. **壓力產生生化現象**：自律神經失調、身體激素分泌不足、免疫力下降、血清素不足、多巴胺過度旺盛、胰島素不足，去甲基腎上

腺素會引發焦慮、乙醯膽鹼會降低記憶力。

3. **藥物治療**：失眠時投入樂得脈（Loramet）；焦慮時投入煩寧（Valium）；憂鬱症時，投入千憂解（Cymbalta）、金普薩（Zyprexa）、百憂解（Prozac），會改善生理運作。

4. **心理治療**：只靠藥物可改善其症狀約達到30%，要有心理輔導者的介入達到30%，及生活的調節可達20%至40%，其他的環境因素占20%，如生活要規律、均衡飲食、定期運動、家人支持、良好的生活環境，才能達到完善的治療效果。

綜合言之，壓力的因應策略途徑可以從：(1)心理諮詢途徑；(2)找出有效壓力因應模式；(3)心理輔導策略；(4)中醫、自然醫學、西醫治療等，於壓力帶來的身心症狀都有一定的治療效果，個案的生活調整等，均有助於身心健康的復原。

【討論題】

1. 試述生活壓力對身心健康的正面與負面影響，及對學習成效的影響。

2. 討論中醫、自然醫學、西醫、心理學對壓力症狀因應的可行方法，如何有效的使用相關資源？

3. 自己近年最大的生活壓力是什麼？哪些是有效的因應策略？

第四章

大學生情緒智能（EQ）的培養

EQ的金科玉律

想快樂的事、快樂的人、快樂的地方，就沒有不快樂
的。　　　　　　　　　　　　　　　　（戴晨志）

事業的成功因素，情緒智能EQ占75%，學業IQ只占
25%。　　　　　　　　　　　　　　（Goleman）

快樂、樂觀如同良藥，有助健康。

　　　　　　　　　　　　　　　　　　（英諺）

樂觀者常在困頓時能自我激勵，可以使生命再生。

　　　　　　　　　　　　　　　　　（鄭照順）

第一節　情緒的涵義、種類與功能

　　在生活之中，情緒狀態代表一個人心理狀態、生理態度、認知狀態的晴雨表，情緒狀態和我們生存之間做了動態的聯繫，「情緒」讓我們體察自己生理、心理的需要，例如緊張的心情、飢渴的心情，認知上的不滿足，藉由對情緒的體會，我們才能充分了解心緒需求是否得到滿足。生活陷入困境、學習遭遇困難、失去工作機會、痛失親人，家人感情、男女情感的維繫等重要情境時，都不是理智所能獨立擔綱，必須仰賴情緒的指引，才能正確體驗自己心理是否遭遇傷害與否。

　　負面的情緒過久，對身體的傷害不亞於抽菸、吸毒，也可能破壞免疫系統，造成癌細胞的生長。李中瑩（2009）、鄭照順（2010d）等認為協助個人情緒平衡、心理和諧、調節時間長度、改變環境、調整認知等因素，是確保健康的重要因素。

　　情緒智商能力佳者，對於負面情緒來臨時，會用積極的人生態度、有效的轉移方法等，去調適負面情緒的傷害。因此高情緒智能者，能維持較積極的人生態度。情緒失控者，必花費許多心力去做身心交戰，因為走不出情緒的漩渦，而削弱自己面對問題、解決問題的能力，許多人由於不了解情緒，掌握不了情緒，習慣將情緒累積，等到情緒累積到一定的能量，情緒爆發的殺傷力就很難預料。

　　正向的情緒，能激發我們行動的動力，因此有好友的撫慰、激勵，會使我們心理更健康、更有動力去克服困難的使命；相反的，心情不好時，被負向批評，會造成自我的挫敗，以及破壞彼此的人際信任，因此情緒管理的課題在每個人的生活之中，均是重要的課題。

壹 情緒的涵義

情緒作用是由外在刺激、心理狀態、主觀認知、行為表現、生理生化作用、環境變化等因素所產生。情緒的內涵分為(1)正向情緒：如喜悅、快樂、高興、興奮、如意、希望、關懷、愛心、滿足等；(2)負面的情緒：如憤怒、哀傷、憂慮、恐懼、難過、嫉妒、失落、傷痛、受委屈、煩惱、擔心、苦悶、冷漠、不信任、失去信心等。

鄭照順（2010d）、段鑫星（2008a），提出情緒的涵義：

1. **由外在的刺激引發情緒**：情緒不會無緣無故的產生，情緒是個體對外在人物、語言、行為、事件、天候、光線、聲音等的互動，所產生的內在心理感受，這些心理感受，再引發出情緒的狀態。

2. **情緒是一種心理狀態**：心情的好與壞、樂觀與悲觀的心理狀態會對個人的生活、學習、工作、健康產生一定的影響，例如：心情低落對生活起居、學習效率、工作效率、個人表現等都會帶來一定程度的影響。

3. **情緒受到主觀認知的影響**：情緒的發生是個人認知判斷的結果。因此情緒引發的內在與外在反應，是會因人而異。一件挫折的事，有些人會「自我反省」，有些人會產生「攻擊性」、「防禦性」的情緒。情緒的發生具有「個別性」與「主觀性」，因此，我們必須了解和尊重每個人不同的情緒感受。

4. **情緒受到生理機能的影響**：中醫學之觀點，生理五臟六腑的健康與否，會影響一個人的情緒。因此「肝氣鬱結」，容易產生憂鬱的情緒；「心脾兩虛」就會意志消沉，對任何刺激，產生不了情緒反應；「腎水虧虛」，人的臉部暗沉，凡事沒有興趣，對異性也不感興趣；「肺部虛弱」臉色常蒼白，情緒上表現比較冷漠。因此生理的健康狀態，也會影響一個人的情緒表現。

5. **行為、個性與情緒產生交互作用**：大學生在課業、人際關係、愛

情發展等方面，有傑出的學業成就、和諧的人際關係及順利的愛情發展等，自然會表現出高成就的喜悅、人際間的溫馨及得意的幸福感。反之，課業低落、人際孤立、愛情發展不順利，其心理會處在低潮的情緒之中。個性「樂觀積極」的人，常抱著希望，勇於嘗試，比較不會在意一時的挫折，也因此會帶來較好的行為表現，也會有比較傑出的成就表現。

6. **情緒會激發生理、心理的能量與動力**：一個人遭受外在的流言打擊、挫折、委屈，會產生內在不平衡情緒，這不平衡的心理能量會到處流竄，可能產生攻擊別人的力量，也可能造成自我傷害的意識。因此情緒的能量不能忽略，應找出適當的抒發管道，有效的引導「任意流竄」的能量，以減少情緒的破壞力。

7. **情緒的調節受到一些關鍵因素的影響**：情緒挫折、衝突、苦悶均有一些關鍵性的因素，高**EQ**的人有較高的「挫折容忍力」，自我「激勵能力」、「情緒管理」、「情緒調節」能力，自然可以使情緒較早恢復平衡、穩定。當別人的過錯自己不能原諒別人，反而是傷了自己；當時間不當、環境不佳造成的不良情緒壓力，就要找出較佳時間、環境調節當事人的心情。具有幽默的認知觀點，常想到挫折、失落後的好處，把受的委屈、遭遇轉為感恩、磨練的機會，自己也就不會自我傷害太深，紛爭不止。

8. **情緒控制個人的思想、態度與行為**：情緒是個體對外在的人、事、物之互動所產生的內心感受，經由身體表現出來的狀態，例如，最近心情不好，什麼都不想做。

9. **情緒是生命不可分割的一部分**：一個正常人必然有情緒，沒有情緒的人，是有缺憾的，例如：身心受到打擊，遇到喜訊，均沒有情緒反應。

10. **情緒是一種心理動機、意志力徵候**：父母以極生氣的口吻表示「不能再玩電動了」，小孩如果不能停止，父母的情緒會一直升

高；如果小孩能夠停止玩，父母的氣就消了，因此情緒含有意志力、價值觀、心理衝動的成分。

貳 情緒的種類

張大均（2008）將情緒分類為喜、怒、哀、樂、憂、懼，如表4-1。中醫《黃帝內經》，把情緒稱為「情志」，分為七種情緒「喜、怒、憂、思、悲、驚、恐」，每一種情緒均有雙極性，情緒對機體功能有著協調作用，也是人對外在刺激、體內刺激的保護性反應，情緒的作用如下：

1. **過度的情緒下，會造成生理疾病**：過喜則氣散傷心；過怒則氣上傷肝；過悲則氣消傷肺；過恐則氣下傷腎；過驚則氣亂傷膽，及影響腎功能；過思則氣結傷脾、氣積鬱結、心悸等易造成少寐，不飲食，積鬱日久，會產生心脾兩虛。

2. **樂觀與悲觀的心境，對生活產生影響**：心境會對個人的生活、學習、工作、健康產生重要影響。樂觀會提升工作效率，悲觀會使人消沉，降低工作效率，人應控制、調適自己的心境。

表4-1 喜樂、憂懼、哀、怒之內涵

種類	內　　　　涵
喜、樂	愉快、歡樂、開心、欣喜、滿足、高興、完美、知足、幸福、感恩、親密、甜美、喜悅、融洽等。
憂、懼	煩惱、緊張、害怕、心悸、擔心、苦悶、大驚失色、不寒而慄、冷漠、奸詐、不信任感、失去信心等。
哀	傷心、悲傷、傷感、痛心、神傷、失落、傷痛、辛酸、淒涼等。
怒	生氣、氣憤、憤怒、不滿、惱羞成怒、受歧視、受冤枉、有委屈等。

資料來源：張大均（2008）

3. **激情、著急的情緒，對行為產生影響**：對於突然的訊息、行為產生激動的情緒反應，激動時情緒與行為都會失控，甚至產生魯莽的語言及行為。「著急」是在危險的情境下所做出的語言、態度、行為，以防禦自己所遭遇的危險。大學生常對「男女分手」、「課業失敗」產生失控的情緒、態度與行為，希望獲得補救或彌補，在失去理智的情緒狀態，其行為均難以自我掌控。

4. **不如意的事，常會引發抑鬱心情**：大學生渴望生活、經濟完全獨立，但生活的經濟來源無法自食其力，父母又經常給予生活、行動、花費的管控，造成自己內心情緒的困擾，而產生心情的鬱悶。

　　綜合言之，喜樂常使人精神心理振奮，有益健康及潛能發展；恐懼、憤怒使人精神萎靡士氣不振，影響內分泌及生理病痛之發生。每一種情緒，都會影響生理內分泌的變化、氣血的流動，也是中醫辨症論治的依據。

參 情緒的功能

　　情緒作用可以使生活產生樂趣、幸福、活力、陽光；情緒也可使心情低落、冷淡、鬱悶、心情悲痛與失落。情緒可以提升身體的免疫力、活動力與潛在能力；情緒也可以使身體陷入痠痛、內分泌失常或癌症等。1996年Goleman提出「情緒智能」（EQ），認為適當的管理情緒，可以增加人際關係、學業與事業成就。肖水源（2005）提出「情緒功能」包含下列：

1. **適應生存**：個體的生存，首先要有適當環境、生存條件、工作條件的挑戰；情緒作用是個體主觀的體驗和感受，成為個體求助生存的重要訊號。例如：嬰兒遇到飢餓、寒冷、被冷落就會發出哭

泣的訊號、餵食、蓋被、給予微笑撫慰，嬰兒馬上展開笑顏。青少年階段常面對環境中的控制不滿，而反應出不悅的表情。外控的指令規定威脅到他的自由與行動，無緣無故的被操控，會使人心情變得不佳，使自己失去安全感，產生恐懼感。

2. **激發心理活動和行為**：個體為了生存與發展，會自己設定生活目標、學習目標、工作方針、生存條件等，有人給予肯定、讚賞、鼓勵，個體就感到快樂、愉悅，不斷前進，產生「心理動力」，並化為「實際行動」。如果自己設定的目標是唯一的，沒有取代性目標，因擔心過度，也會造成自我心理打擊的情緒，有重大失落感、氣餒、沮喪。譬如：設定一定要娶她為妻，當愛人另有所屬時，則自責、悔恨、否定自己的一切，造成心理的打擊，或產生憂鬱、自傷的情緒與行為。心理情緒夠堅強，可以使身心更健康，潛力不斷的提升，可以突破一切困難，縱然未達到目標，也磨練出好的意志力、恆心與耐力，不久也將會更成功。

3. **調節心理能量與學習的效果**：當個體對於自己所接觸的東西產生興趣，注意力會集中，記憶力、想像力、思維能力會不斷的提升，使學習能量、學習資源、學習時間專注，而達到創作、預測、掌控未來的效果。積極的情緒使人的腦力、精力、創造力倍增，而創造人類的文明。因此積極的情緒是激發個人奉獻、創作、發明、領導潛能發展的後盾與內在動力。譬如：諾貝爾、蔣經國、明治天皇、邱吉爾、證嚴法師等，具有卓越的情緒動力。想要在創作、事業上有傑出成就，只要立定目標，保持積極情緒、努力執行，能量永遠用不完。

4. **情緒促進人際交流**：人際之間如何溝通訊息，可透過語言、文字、心情、情緒、態度、行為、物質去進行互動，互動良好，會產生正面的情緒，即會產生愉快喜悅、尊重、信任、安全等正面情緒效果。反之，如果互動不好，會產生冷漠、失落、不信任

感、敵視、排斥感，這也是一種負面情緒效果。給人正面的情緒訊息，如信任、鼓勵、讚賞、問候、微笑，可增進彼此的愉快情緒，如彼此增加情誼、信任感提升，因此不要忘記給人正向的情緒訊息、態度與行動。

5. **情緒影響健康**：肖水源（2005）指出：「積極平穩的情緒，有助於健康與長壽；長期不良的情緒會影響健康。」宮川龍雄（2008）指出長壽的秘訣首在：「要有好的心情、感恩的心、有恆心運動、清淡的飲食、常做腦力的訓練及無污染的環境。」污染的環境如噪音、空氣品質都會破壞人的情緒平衡。陳瑞昌（2010a）的研究發現：「壓抑、不善表達，不能適當宣洩情緒的人容易因氣血瘀阻，而容易得到鬱症和癌症。」A型性格，即個性急躁之人容易罹患高血壓、低血糖及心臟疾病的併發症。有人稱「情緒」是生命的「指揮棒」，心情好，則生命達到高潮與潛力；心情低潮，生命將會陷入谷底與危機。我們亦可透過調節情緒、控制情緒，使有利於健康與生命的發展，更有助於提高生命力。

第二節　情緒智能（EQ）的涵義

壹 情緒智能的緣起

1905年代，法國心理學家Binet與Simon最早提出智力商數（intelligence quotient, IQ）的測量，IQ的測驗普遍應用於升學、就業、軍事、企業與科技的人才選拔；到1995年哈佛大學Goleman提出「情緒智能」（EQ），說明人類在事業、人生經營的成功與否，EQ占成功因素的75%。

Goleman擔任哈佛大學教授期間，他首先懷疑IQ是決定個人命運的

主要因素，他指出用IQ推論人類與個人潛能的發展，似乎是太狹窄與偏頗，他長期對「大腦科學對行為的影響」做研究，他發現讓我們把工作做得更好的影響因素，不是來自智力（IQ），而是「情緒智能」（EQ），促使人類生活更幸福、事業高成就、人際更和諧的因素，主要來自「情緒智能」。Goleman（1996）所指的情緒智能主要內容包括：(1)情緒自覺（self-awareness）；(2)情緒管理能力；(3)意志力（persistence）；(4)高的成就動機；(5)同理心（empathy)；(6)社交技巧。

貳　情緒智能的內容

　　「情緒智能」的發現在二十世紀末是一大盛事，由Goleman於1995年首先提出，他是哈佛大學的心理學博士，曾負責《紐約時報》「行為與大腦」的科學報導，他做過許多的調查研究，發現「影響工作成果」的主要因素不是來自IQ，而是情緒智能（EQ），情緒智能包含下列：

1. **情緒自覺能力**：人有自知之明，知道自己的情緒狀態，心情好可以使潛能提升，心情不好可能會做錯誤的決定。

2. **情緒管理能力**：當個體情緒低潮時，能不能自我調節壓力、緊張、焦慮情緒，使情緒壓力、緊張、焦慮得到舒緩，以提升自己的心理健康；或能調節認知思考角度，開闊心胸去接納、包容挫折與壓力源，並排解心理焦慮、緊張的壓力源。

3. **高的成就動機**：內心有較高的成就目標、較高的心理壓力、挫折容忍力，去面對較高難度的挑戰。當情緒壓力的包容力提升時，如有挫折、缺失、困惑等發生，會對當事者形成心理的打擊，反省可以提升其學業、事業的成就，並提升其挑戰高峰經驗的能力。

4. 同理心：同理心即感同身受的能力。情緒是一種心理的直覺反應，在一個學習、工作環境中，我們常能去體會、感受別人的知覺、價值觀、情緒狀態，並適當的給予鼓勵、支持、安撫，就可以得到彼此的共鳴。有了「共鳴的心理感受」，就可以逐漸形成「認知接近」，有了「認知接近」也比較容易成為知己好友；有「知己好友」，就可以得到事業上、感情上資源的支助。

5. 社交技巧：社交技巧極為多元，都是從人際溝通的方法開始，包含語言、態度、行為、物質、資訊、關懷，語言技巧又包含：稱讚、鼓勵、肯定與趣味。如能做正向的互動，減少反向的互動，則會把人的距離、態度拉近，並達到人際互動、人際合作，也增加彼此的成功與幸福人生的增進。

Goleman（1998a）認為情緒智能不是與生俱來，而可以透過個人生活體驗、工作經驗、堅苦的環境、挫折的事件、情緒的轉折方法，以及家庭教育、學校教育加以教導與培養。教導的內容包含：負面情緒如何有效的轉移成正向能量？如何在心情低潮時自我激勵？如何冷靜思考化解衝突？如何避免讓外在打擊、沮喪令自己失去理性思考能力？如何設身為別人著想？如何與別人建立互助合作的關係等。

鄭照順（2008f）認為EQ也是一種品格能力，一種習慣；良好的品格如責任感、使命感、意志力、愛與關懷、感恩與包容等，均是一種高EQ的基本特質。良好的習慣如生活早起、生活有節奏感、對人有恩慈、養成運動習慣、東西放置有條理、做事精進積極等，也會影響身心健康、事業成功、人際和諧等，有助於提升EQ能力。

參）情緒智能與多元智能的調查研究

大島清（2009）對Goleman所提的「情緒智能」（EQ）及Gardner

所提的「多元智能論」（multiple intelligence, MI），做一些實證性的調查研究，分析於社會上有傑出成就者，此類人物在EQ能力比較明顯，左腦與右腦有互補功能（如表4-2）。

1. 計畫的EQ：會冷靜思考提出周密的計畫，找出明確的目標，並能夠明確的預測未來的成就。

2. 行動的EQ：有積極的行動、實踐能力，從實踐中去了解困難，成長經驗。

3. 問題解決EQ：不會害怕遭遇問題，遭遇問題時能夠細密思考、增加資源及提升解決問題的能力。

4. 人際交往EQ：能夠主動關懷、主動服務及分享生活中的體驗、資訊與物質等。

5. 情緒管理EQ：能夠調節自己的壓力、情緒的承受極限，並能不斷的自我挑戰，有恆心的培養體力、耐力與意志力。

6. 內省EQ：不斷內省與改善的人，是一種高EQ能力的人。

表4-2　情緒智能（EQ）與右腦的關係

左腦功能與IQ	右腦功能與EQ
1.自我認識：了解自己的優點與缺點。	1.計畫EQ：規劃生涯目標，只要努力，就會成功，努力探索，找出生命目標。
2.語言學習能力：積累文字智慧。	2.行動EQ：預知未來及後果，並加以實踐。
3.邏輯思考：發現問題。	3.問題解決EQ：找到面對問題的方法，如平衡點、迴避陷阱、轉換環境、替代品。
4.傾聽能力：了解別人的心境。	4.人際EQ：積極的慰問、關懷、助人。

表4-2（續）

左腦功能與IQ	右腦功能與EQ
5.音樂及聲音表達能力。	5.情緒管理EQ：情緒管理與控制，把氣化解，找出時間與空間。
	6.反省EQ：不斷的內省與改善，追求更高的境界。

資料來源：大島清（2009）、鄭照順（2010d）

　　大島清（2006）對 Gardner所提的多元智能論及Goleman所提的情緒智能論，做一些交互實證性的調查研究，結果發現其中有六種智能與EQ有很大的相關（如圖4-1），也可以證明事業的成功，取決於EQ能力占75%的論述是正確的。

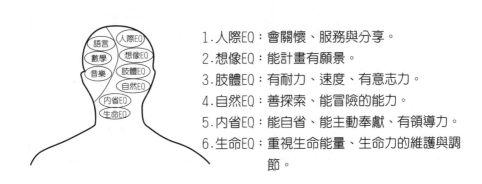

1.人際EQ：會關懷、服務與分享。
2.想像EQ：能計畫有願景。
3.肢體EQ：有耐力、速度、有意志力。
4.自然EQ：善探索、能冒險的能力。
5.內省EQ：能自省、能主動奉獻、有領導力。
6.生命EQ：重視生命能量、生命力的維護與調節。

圖4-1　IQ與EQ的相關領域

資料來源：整理自鄭照順（2010d）

　　IQ、EQ、MI的主要內涵、智能來源與培育方法如表4-3。Goleman（1996）、Gardner（2007）、大島清（2009）、鄭照順（2010d）等提出，促進教育人員能更有效的了解人的智力影響因素及培養方法，可參見表4-3。

表4-3　IQ、EQ、MI的內容、成因、培育方法之比較

智能論	內容	智能來源	培育方法
IQ代表人物：Binet、Simon	1.語文智能 2.數理智能 3.空間推理 4.學科成就測驗	1.55%來自遺傳。 2.45%來自後天的教養與環境的陶冶。	1.胎兒營養、胎教。 2.家庭教育與規劃。 3.學校教育的啟發。 4.自己主動的學習。
EQ代表人物：Goleman	1.情緒自覺 2.情緒衝動的管理 3.高成就動機 4.同理的關懷 5.社交技巧 6.環境的調適能力 7.堅定的意志力與恆心	1.計畫中成長EQ。 2.工作中成長EQ。 3.人際衝突與合作中成長EQ。 4.惡劣環境中成長EQ。	1.追求卓越的意志力培養。 2.主動關懷、服務、分享的人際能力培養。 3.衝動情緒的宣洩與調節培育。 4.精進、精緻能力的培養。 5.堅定、有恆的行動力之培養。 6.個人長期、有計畫的自我培養。 7.父母的EQ培育、學校的品格能力培養。

表4-3（續）

智能論	內容	智能來源	培育方法
MI代表人物：Gardner	1.語文與表達 2.數學與邏輯 3.音樂智能 4.空間藝術智能 5.肢體智能 6.人際智能 7.自然智能 8.內省智能 9.生命智能	1.來自腦神經系統的運作能力與速度。 2.腦神經系統經由學習、工作、思考、行動可以不斷的成長、再生。 3.腦神經系統不使用它，每天死亡20萬個腦細胞。	1.語文閱讀、寫作、演講，可以增進語文能力。 2.數學運算、運用可提升數學能力。 3.音樂欣賞、演奏可提升音樂智能。 4.藝術欣賞、創作、旅行可增加想像力。 5.常運動爬山，可增進肢體智能。 6.接觸大自然、細心體會、記錄，可提升自然智能。 7.主動關心他人、服務他人、分享，可以增進人際智能。 8.內省鍛鍊心志、熱心奉獻，可以培養領導才能。 9.重視生命意義、價值，調節精力、體力、保健，可提升生命智能。

第三節　大學生常發生的情緒特徵與障礙

　　大學生已進入青春期的後期，由於接觸的知識、生活的經驗日增，對於「人的衝突」、「事情的處理」、「物的使用」均不斷的累積因應經驗，也體會情緒失控之下可能的後果，因此其情緒的變化上較趨於穩定，情緒上比較能夠自我修飾。也有部分大學生因與社會互動較少，顯示較內向、羞澀、自卑的情緒；為避免自尊的傷害，可能表現出隱藏的情緒，因累積壓力過大，而爆發出衝突的情緒或憂鬱的症狀。個性高自尊者，常過度主觀、自我中心，也容易產生情緒的失控與自我傷害。也有大學生是生理成熟、心理不成熟，而造成情緒的失控等。

壹 大學生的情緒特徵與行為

　　大學生的情緒特徵與行為，主要有下列現象：

（一）情緒逐漸穩定vs. 逐漸建立自己的獨特行為風格

　　大學生三、四年級階段因將要面對就業、愛情、深造的壓力與抉擇，使情緒智能逐漸提升，在大一、大二的自卑、羞澀逐漸消失。也因為吸收一些人生哲學、心理衛生的知識，使自己建立了「核心價值」，個人的情緒表達，逐漸修改成自己的風格，如樂觀、幽默、低調、隨意、自卑情緒、謙卑等。

（二）內向、羞澀、自卑情緒vs. 逃避行為、孤僻行為

　　大學生有些在群體內始終無法有傑出的表現而逐漸保守、羞澀、自卑，要比才華、成就、人際、金錢、身材均無法出眾，這些外表、外在成就，會影響內在的情緒與行為。對自己缺乏自信，也產生了自卑情緒、害羞情緒，甚至造成孤立自己，不願與人互動。

（三）隱藏情緒、累積壓力情緒vs. 導致失控情緒與失控行為

大學生愛面子、美貌、美觀、衣著、金錢、身分、愛情等受重視，因此社會榮譽逐漸形成。身分與地位常有比較性的壓力、社會性的壓力、經濟資源的壓力、愛情的壓力，使個體常感覺孤立、孤單、貧困、沒身分、缺乏信心，等到壓力累積一定程度，常形成情緒失控、情緒行為，演變成失控的行為。其自我期望、社會期望、父母期望都是情緒發作的根源。例如：有大學生畢業找不到工作不敢回家、同學會不敢出席等，均顯出一些「社會情緒的壓力」。

（四）高自尊、思慮不為人了解vs. 導致自負憤怒的情緒

太過聰明的學生常有獨到的慧見，見解與人不同，又不願同流合污；其理念不容易被人一下子理解，又不善與人溝通，於是形成自負、憤世嫉俗、壓抑的情緒。這些有理想、沒有人支持的理念，常轉化為自我孤獨、自負、自責、憂傷的情懷。譬如：古代的屈原，因為朝綱不振、建議不聽，而跳汨羅江以表愛國之心志；范仲淹云：「先天下之憂而憂，後天下之樂而樂」，均有高層遠慮的悲傷情懷。

（五）強烈自我中心vs. 導致人際的孤立

常以自我利益為出發點者，最後將走向自我孤立、孤獨；每一個人與其來往，均要求和他配合，從來不配合別人，與之交往索然無味、自討沒趣，終於造成自我的孤立。當沒人想與他來往時，其孤立無援形成自我的壓抑與孤立情緒。

（六）期望高，但能力不足vs. 導致挫折的情緒

大學生常抱有許多的理想，不能認清社會競爭的現實面，社會生存要有能力、經驗、人脈、資源、人際關係之輔佐才能順利發展；要高薪沒機會、要工作無人引導、要資源不能整合，終將處處碰壁，而導致挫折的情緒發生。因長期的求職、愛情不順利，常不能自省與檢討原因，而處處怪罪別人、不願配合，只有走向抑鬱的困境。

（七）理想化、完美化vs. 導致挫折的情緒

大學生勿以爲完美、無瑕，才是生活的目的；以爲人需要完美、事情也需要是完美，一切事物都應是完美，因此稍有未能達到理想的認知、態度、行爲就感受到挫折不已。完美主義、精緻主義，是一個理想的目標，如果處處以完美爲守則，留給自己的將是情緒上的困惑與擔憂。

貳 大學生的情緒變化與特徵

大學生處於情緒的重大轉變期、成長期、獨立期。余琳（2008）對大學生的情緒變化與特徵，做了下列分析：

（一）豐富性vs. 複雜性

大學生18至24歲之間，在大學追求完全的自由，免去家庭的操控，並有學習、交友、戀愛、工作等人生大事的抉擇，遇到初戀生活起了許多變化，有溫馨、甜美的愛情發生，在心情、情緒上常是高低起伏。另一方面，在尋找工作的壓力日增，對情緒的影響常是「憂與苦」，若有了好的成果，又可展現出甜美的笑容。

（二）激情性vs. 衝動性

大學生由於認知與學習力的高速提升，也增加其反省力的敏銳度，因此其熱情常演變成激情與衝動，例如：1970年代的保衛釣魚台事件，大學生發起遊行，宣示保衛領土，熱情激昂。

（三）階段性差異vs. 層次性提升

大學一、二年級都比較新鮮、活潑，想做新的嘗試，情緒上輕浮、愉快、活潑，到大二、大三逐漸沉穩，能適應學校的生活與學習，以及面對未來就業的挑戰，個性與情緒上比較沉穩，顯示階段性的情緒與心情不同。大一、大二的思考層次是最求新奇、新鮮，到處享受社團活動的快樂，也表現在天眞無邪的熱情。大三、大四開始認

真去談戀愛、找工作，思考層次也提高到哲學修養、品格修養、社會使命感、家庭責任感的層次，比較重視長遠思考，不會計較眼前的得失，大三、大四的情緒堅忍性提升了許多。

（四）由樂觀轉為悲觀vs. 由外顯性轉為內隱

大學生由於認知提升、邏輯能力提升，可以比較深入的思考問題，多數人的情緒變化會由「樂觀情緒轉為悲觀情緒」，即「先天下之憂而憂」。一般的中小學生是懵懂純真，才會如此樂觀，大一、大二可能是喜歡「任意發表意見」的新生，到了大三、大四可能會思考別人的立場，而採取「內隱的態度」，不喜歡公開表現自己的情緒，並有較多的理性思維，不容易被激怒，也比較能高瞻遠矚。

第四節　大學生的情緒輔導策略

大學生的階段已經是青春期的後期，正式進入成年期，其生理、心理、行為、情緒、認知逐漸發展成熟，但面對未來學業、工作、愛情、生活的挑戰，仍然是滿路荊棘。無論專業成長、工作發展、人際關係、愛情、生活、經濟來源都是一種艱鉅的挑戰，尤其生涯發展、人際、愛情的壓力都會產生情緒的波動，這些情緒波動的來源主要受到認知因素、心理因素、生理因素、環境因素、情境變化等的影響。可以幫助大學生改善情緒管理的方法很多，當代「心理學者」多數使用心理情緒調節法、理性情緒法、心理防衛方法、情緒疏導法、根源移除法等。「教育學者」採用幽默法、未來圖像教育法、正向思考法、品格提升法等。「中醫學專家」常採用的是生理病理分析、生理放鬆技術、針灸技術、藥物學、內在平衡法。「EQ學者」重視情緒知覺類別法、情緒強度調節法、自我激勵法、創造快樂等。

壹 中醫學所了解的情緒與病理基礎

「正面情緒」反應是身心健康的特徵，可以增進健康，促進疾病的康復；「負面情緒」反應強度太強、持續時間過久，會導致情緒障礙，以及促發疾病。

何裕民（2010）指出，情緒發乎中節，即天人之「至和」，不會帶來傷害。即有喜事當喜，有怒事當怒，有憂事當憂等。情緒適當的發洩，不至於致病。情緒的變化受到人格氣質、意志勇怯、社會文化、境遇驟變、生活意外事件、人際不協調、慾求不順遂、疑惑無知等因素的影響：

1. **發怒時，「氣血向上衝」**：造成面紅耳赤、青筋怒脹，毛髮聳立、頭痛腦脹，可能會造成腦中風、肝血不足。

2. **過怒則「氣上」傷肝，形成鬱病**：從中醫學來看，情志不舒，氣機鬱滯，憂鬱、惱怒會傷到肝，氣失疏泄，肝氣鬱結，大怒可能引發中風、吐血。

3. **恐則「氣下」**：驚恐過度，工作壓力過大，會造成腎氣不固，氣陷於下，精氣內怯，面色蒼白，膝骨萎軟，坐臥不安、畏手縮腳，遺精陽萎等。

4. **驚則「氣亂」**：驚為不自知，突遇奇襲不知所措、驚嚇、不寐、痴呆。神無所附，慮無所定，慌亂失措。

5. **思則「氣結」**：思考有三個層面——愛慕之情、思考活動，及思前顧後。思考過度，則心有所「繫念」，神有所「嚮往」，正氣停留，而不運行，故「氣結」。氣滯不行都會影響肝脾功能，久思苦戀常見納呆、嗜臥、脘脹、脅病、嘆息等。

6. **憂愁則「氣聚」**：過於憂愁、損傷肺氣，使氣機調理功能失調，氣聚而不行，肺氣虛弱不通暢。個案表現若有所思、若有所失、悶悶不樂、唉聲嘆氣、心情低落、心裡煩躁、苦惱不堪，不知自

己的未來。中醫的醫治方法根據病理「氣上升則降之；氣下則舉
之」、「氣結者，疏之；氣聚者，散之」。

7. **憂思過度、勞倦傷脾**：脾失健運，濕寒生痰，而氣滯痰鬱。過思
則氣結、傷脾，氣機鬱結、心悸少寐、不飲食、腹悶，容易引發
心脾兩虛。

8. **因情志刺激，肝鬱抑脾，耗傷心氣，營血漸耗，心失所養，產生
「心脾兩虛」**：神失所藏，即憂鬱傷神，久鬱傷脾，飲食漸減，
生化泛源，造成氣血不足，噯氣懶言，面色不華。

中醫學與心理諮詢對「情志病」的治法

（一）針灸治療

施純全、黃碧松（2005）、陳瑞昌（2010a）、鄭照順（2010b）
等指出，對「憂鬱症」病患，可以採取下列針灸治療方法。

主穴：水溝、百會、內關、神門、太衝。

1. **心痛、心悸**：神門、上星、少衝、心俞。

2. **寧神、清神**：水溝、神庭、百會、四神聰。

3. **頭痛、心煩**：風池、絲竹空、五處、足竅陰。

4. **失眠**：三陰交、神門、內關。

5. **多夢**：隱白、厲兌。

6. **心煩氣躁**：太衝、行間。

7. **去痰濕**：豐隆、大椎。

8. **去肝鬱**：膻中、期門。

9. **心神失守**：安眠、三陰交。

10. **心脾虛**：足三里、間使、肝俞、心俞。

（二）中醫的藥物治療（彭勃，2010）

1. **肝氣鬱結**：柴胡疏肝湯，加味逍遙散。

2. **痰氣鬱結**：半夏厚補湯。

　　3.心脾兩虛：歸脾湯。

　　4.心神惑亂：要養心安神，可食用甘麥大棗湯。

（三）心理諮詢方法（鄭照順，2010d）

　　1.輔導老師協助探索個案的情緒根源，協助梳理情緒。

　　2.指導情緒的調節方法：將高壓轉為中壓，善用音樂治療、腹部呼吸、指壓、禪坐等。

　　3.心志調節：正向思考、怡情養性、接觸大自然、勤練心志等。

貳　心理學家對於情緒困擾的輔導策略

　　「認知與生理」的情緒理論，於1950年由Schacter及Singer二人所提出，稱為「認知、生理交互論」。他們對情緒的看法認為，一個外在情境變化，人們會以「生理感覺」及「認知評估」的交互作用，來共同決定情緒。譬如：遭遇家庭經濟變故、失戀、考試不順利及遭人誣陷等，大學生遭受四種情境的刺激，可能會進行「認知評估」。譬如：家庭經濟窘困，註冊費如何解決？失戀了心裡難過程度如何？學科考試不通過，有沒有辦法彌補？遭人誣陷有沒有機會澄清？這個時刻生理的反應是如何？經由認知、生理的承受程度之評估，而產生情緒的反應。「正向因應能力強者」更加奮發與堅強；「因應能力差者」，可能導致焦慮、緊張、憂鬱情緒發作。

　　Lazarus（1994）提出「情緒歷程論」，他認為情緒的反應不只是受到個人「認知評估」的影響，可能會加入「生活經驗」、「動機」、「期待」及「文化意義」等動態因素的影響。例如：投資股市忽然慘跌，信心一蹶不振，但從他長久的經驗之累積，體會慘跌就是入場的好時機，因此不再害怕股市的慘跌，比較能夠做「正向思考」及「反向思考」。一個人投入國家考試，考了六年均沒有金榜題名，其成就動機強烈，情緒未受到影響，因為長年準備「實力大增」，因

此情緒由苦悶轉爲喜悅，在未來的人生旅途體驗「雖然失敗，但實力大增」。

　　Ellis（1979）提出「理性情緒論」：他認爲多數的「負面情緒」都由於自己的「負面思考」所產生，人們如果善用「理性思考」常會帶來正面的情緒。人們有改變想法、行爲及情緒的能力。他也提出了「A－B－C理論」，A是情境因素（Activating events），B是個人的想法與信念（Beliefs），C是不同想法、信念所產生的行爲後果（Emotional consequences）。諮商輔導若能對其「堅定的信念」加以開導，讓其有不同的選擇，則會改變原來的想法，而得到情緒的改變。

　　心理學家對「情緒的諮詢」提供一些建議：

1. 情緒可以是一種打擊，也可以轉爲一種享受：理情治療者Ellis提出「不吃苦，哪知苦滋味」；每遭遇一種困難，都當作是「能力提升」、「磨練自己」的好機會，心情自然轉爲愉悅。（理情治療策略）

2. 情緒會隨著個人的人生經驗、理性認知提升而改變：人生的經驗豐富，就會體驗工作不順利時的可貴經驗，例如：原本擔任重要行政職務，一旦卸下行政工作，可以專心進修、也是鍛鍊身體的好機會，每一個挫折都是一種「新機遇」的開始，不要視爲一種打擊，要看成一種新機會。「理性認知」可以提醒我們「快樂也是一天，悲傷也是一天」，可以選擇自由、自在、快樂無憂的過日子。（理情治療策略）

3. 採用個人好的興趣、好的嗜好，去取代不好的心情、不好的嗜好：心情不好、不穩定時，會做出許多錯誤的決定和行爲，如果去爬山、旅行、兜風、運動、騎腳踏車，來取代罵人、打小孩、喝酒等，用好的嗜好取代壞的情緒，轉換爲健康的情緒。（行爲治療策略）

4. 壓力情緒強度調整策略：心理學者認爲情緒的低潮過久，會產生

憂鬱的情緒，心理壓力過高會讓精神體力耗盡。平時遭遇情緒壓力過高時應找出「釋放的管道」與「窗口」，有些人會找朋友傾吐、求助專家，有些人會去運動、泡溫泉、指壓、打球、兜風，或暫時離開壓力的環境。情緒的強度太高、太久是一個健康的危險訊號，許多人把它壓抑下來，就會造成身心的傷害。（情緒調節方法）

5. 建立社會支持網：遭受情緒上的打擊時，人際、社會、資訊、物質等資源，都是一個很好的自救能量，有了社會的支持、心理的激勵、物質的支援等，可以減少負面情緒對身心的傷害。（心理支持法）

參 教育學家的情緒與輔導策略

大教育家孔子說：「三十而立，四十而不惑，五十而知天命，六十而耳順，七十而從心所欲，不踰矩」，每一個人了解人生的使命、上天給予的使命，就不會有情緒上的困惑。孟母爲了子女不受環境的影響而三遷，也有改善情緒困惑的效果。

教育學者吳武典和鄭照順（2005），認爲從培育潛能、品格、改善環境、遠景與圖像、幽默等的途徑，均可幫助提升個人的潛在能力，去對抗情緒的傷害。

（一）潛能的培育，可以減輕情緒的傷害

潛能開發包含認知力、意志力與感性能力，也包含腦力、心理能力、體力與意志力，每當情緒事件發生，如果認知能力強、生理能力好，應可以使身心傷害減輕。譬如常登山健行者，其情緒紓解能力會比較強。

（二）品格能力的培養，可以提升正向能量

品格教育培養的主題，包含正直、謙虛、誠信、廉潔、樸實、

耐心、勇氣、積極、勤奮、責任感與使命感、感恩與讚美、分享與助人、愛與關懷、正向思考力等。好的品格可增加身體的正向能量，去抵抗負面情緒的侵害。正向思考力，積極樂觀品格的培養，可以把「不好的情緒」轉移爲「好的情緒」。

（三）建立一個良好的環境與氣氛

人際溝通重要的成功因素，包含主題、內容、表達、情境氣氛等，當環境吵雜與氣氛不佳時，會影響對方的心情與行爲。如有對方的主動與熱忱、山明水秀的風景、專注的傾聽，彼此就會有更深刻的情誼增進，環境是影響情緒的重要因素，改變環境也是一個重要方法。環境中如果有「美景」、「優美的音樂」，更能調節心理的節奏，達到放鬆心情的效果。

（四）願景與圖像式溝通

有了願景與目標，就把一切能量資源朝這個方向去發揮，可以跨越一切心情混亂、挫折的阻擾，父母對子女如果有願景圖，例如在菜市場賣菜，或在講堂教學，進行「圖像式溝通」，希望小孩子選擇自己理想的「生活方式」，去做最好的學習準備，情緒衝突也會減低到最少。

（五）人陷於情緒谷底，幽默是好的處方

幽默的人看到人生的失敗處，「這就是谷底」，只有會進步，不會再壞下去了，因此產生希望。幽默的人會欣賞別人的優點，包容別人的缺點，幽默可以撫慰自己及對方的心靈，因此常能化干戈爲玉帛。幽默者常能笑看人生，因此也沒有什麼可以計較，其秘訣在欣賞他人，常激勵他人，熱心服務，均可把不好的情緒拋諸腦後。

肆 情緒管理學的情緒輔導策略

情緒管理學者Goleman、曾燦燈（2001）、張錦貴（2003）等，認為從了解負面情緒、善於調節情緒、培養克服逆境的能力、正面的面對批評和接受挫折等途徑，均可提升自己的EQ能力去面對情緒的傷害。情緒管理學者所了解的情緒輔導策略如下：

（一）生涯的成功要靠IQ、EQ、CQ及AQ

IQ即專業智能；EQ即情緒商數，與人互動的能力，善用情緒並施，不執著強求人，不隨別人的言論、心情起舞，不受無謂情緒的困擾，善於把情緒「歸零」，重新出發、重新站立起來；CQ（creative quotient）即創造力及變革能力，AQ（adversity quotient）即逆境商數，是對事情的抗壓能力、堅持到最後的能力，一項工作未完成最後的收尾，只能說成功一半。

（二）要了解目前是正面情緒或負面情緒

正面情緒是快樂、興奮、喜悅；負面情緒是苦惱、緊張、壓力、憤怒、擔心，要了解自己承載情緒的能力、程度與極限，當情緒、壓力已讓全身緊繃、胸悶、皺眉頭、肝鬱氣結時，就是將崩潰的時刻，應學會向好友傾吐、求助專家協助，或轉移環境，去度假找快樂、有趣的事去做，以減少情緒對生理、心理的繼續破壞。

（三）要善用「轉念」、「轉境」、「轉行」等方法

把情緒轉為正向能量，當受到失敗打擊時，利用「轉念法」：告訴自己「失敗是成功的階梯」，「把吃苦之經驗當成吃補」。「轉境法」：「不貪念才不會愈陷愈深」、「知足才能常樂」、「掛念的時候不會馬上變好，就要學會放下」、「學會忘掉痛苦，留下美好的記憶」。「轉行法」：這一行的經營不起色，再試試其他行業。

（四）要有「自我激勵的能力」

專注一項目標，提高服務、奉獻追求的熱忱，去追求專業成長、

事業發展、愛情、人際友誼。每一個目標都非常艱鉅，因此需要具備「自我激勵能力」，鼓勵自己，努力過了縱然失敗但實力仍在，要自我肯定、自我鼓勵一番。

（五）不斷增進「同理心」、「感同身受能力」

在學校靠的是課業成績拿獎學金，在社會就要看你有沒有「人際整合能力」，會不會善用「社會資源」，能不能得到別人的肯定。我們每一個「同理心」、每一個「愛與關懷」，都會逐步打動別人的心。做些能打動別人的心的事，就會在情感上增進，情緒上得到快樂，健康上也會加倍健康，事業上也得到了助手。

第五節　情緒管理的治標與治本法、專業與非專業的方法

鄭照順（2010d）、李中瑩（2009）等針對「情緒的管理」提出應培養六種基本能力，這六種基本能力，可以自我檢視自己對情緒管理的能力：(1)自覺力：曾子曰「吾日三省吾身」，我們應隨時停下腳步，去探索自己的情緒狀態；(2)理解力：了解情緒的來源是外在的人、事、物，或是信念系統、價值系統所造成。應把自己的「快樂」握在自己的手上，信念是可以改變的；(3)運用力：探索負面情緒的正面價值和意義，當個人不愉快是別人造成的，把不愉快的感受告訴對方；(4)擺脫力：當情緒發作時，找到好的地點、好的時間、好的方式去排除，例如做自己有興趣的事，放個假；(5)自我激勵的能力：工作上、環境上、合作上均有一些瓶頸，做完了工作不管滿不滿足，都得放鬆，激勵自己；(6)轉換力：由負面的想法轉為正向的思考，當我們遭遇困難時，如果能正向思考，學習感恩、自我成長，能包容對方，才不會傷人與自傷。

壹 情緒管理的治標及治本法

鄭照順（2010d）指出情緒管理可以採用「治標」或「治本」的調節途徑：

一、治標法

（一）趣事法

自覺情緒不佳時，轉換到「有趣的事」去做。工作不順、心情低潮、身心疲倦時，均易引發情緒的低落。找出自己覺得「有趣的事」去做，如泡澡、聽音樂、睡覺、戶外散步、看影片、登山、運動、欣賞風景等。

（二）環境法

感受到情緒焦慮時，轉換到安全、舒服的環境。工作環境、居住環境的人員態度、噪音、期待等會產生一些壓迫感，使個人情緒受到干擾，為擺脫干擾，自己可以選擇改善環境，使情緒焦慮能得到紓解，並重新獲得能量與活力。

（三）時間法

許多過去傷心的事件，如失戀、分手、口角、對方欠債不還、爭執等，都是有一些惡因造成惡果，這一切的情緒、傷害需要靠時間去「淡化」，靠時間去治療「傷痕」。

（四）調節情緒法

配合自己的情緒，勇敢的去面對；當心情不好時，避免做重大決定；當憤怒時，不要找人談判；擔憂、傷感、緊張時，先休息、聽音樂等來調節情緒。

（五）感恩、包容法

敵人的存在、失敗的事件出現，要感謝對方給自己磨練心性、增加情緒智能的機會。天下之大必有可以容下你的棲身之處，你又何必

去排斥他人與他相鬥呢？能包容對方，自然對方就會包容你。

二、治本法

（一）自省與自勵法

被無意的中傷、心情陷入谷底、被人群排斥，思考情緒低落的因素，可能是自己的錯，也可能是對方的錯，「自己的錯，自省改進」，「別人的錯，改進自己比改善別人容易」。只要有一點進步，就應給自己獎勵。

（二）暫時擱置法

雙方起爭執，情緒即將爆發時，如有中介人員在場，就可以裁示各自回家思考，各自退一步，取得「利益與損失」的平衡點——「衝突與愉快」、「理性與感情」、「面子與裡子」的平衡點。

（三）深呼吸及肌肉鬆弛法

因時間、比賽、工作、競爭壓力，促使肌肉、心情緊張與焦慮，如果能善用「深呼吸法」，可以降低大腦的壓力，引導大腦的注意力，由焦慮、緊張，引到注意「丹田的起伏與放鬆」，情緒緊張自然消失。「深呼吸法」如下：大口吸足空氣到「丹田」，使小腹鼓出，「肛門」鎖住氣於腹部3至5秒，「吐吸時，輕、慢、緩，腦壓自然放鬆，焦慮自然消除，心情自然平靜。由於腦部增加平時30%的含氧量，思考自然會更冷靜，心情也比較不會焦躁」。在下班時刻，「欣賞夕陽、燦爛晚霞」舉起雙手「做深呼吸」，再把「廢氣」藉著甩手，把身體的廢氣排除，自然可以調節疲勞的情緒，增加身體的能量。身體的焦躁、緊張、痠疼，多數是氣氧、氣血不足等所產生的身心疲憊、情緒低落現象。

（四）正向思考法

「凡走過必留下痕跡」，「多做事，多經驗，多成長」、「心中有愛，人見人愛」、「悲觀者如死，樂觀者如生命的再生」，樂觀者

從災難中看到「希望」，悲觀者從災難中看到「絕望」，凡正向思考的人，時時均可以從挫折中獲得經驗成長，其認知、情緒不斷成長，對身心健康有幫助。

（五）改善個人完美的信念與價值觀

大學生初嚐戀愛滋味，深信只要有真愛、熱情，一定會順利與成功。經過一個階段開始思考未來的工作、現實的生活，有一方開始冷卻，另一方開始挫折、自責或憂鬱。建立正確的信念：

1. 凡努力過，必會增加經驗的成長，不計較結果。
2. 天下沒有完美的事、完美的人、完美的物，只要盡己力，即是完美。
3. 我的快樂是因為我努力，我的不快樂是因為我的自責。

如果能改善「完美」、「自責」、「高期望」的想法，則可以改善個人的情緒。

貳 處理情緒的非專業與專業方式

李中瑩（2006）、Goleman（1996）、鄭照順（2010d）等，提出處理他人情緒常見的「專業」與「非專業」的方式如下：

一、非專業的處理他人情緒

（一）交換式

提供對方需要的價值，以換取情緒的暫時消失。例如：小孩哭就帶他去買玩具，以後小孩想買玩具，就用哭的方式表示，仍然未消除其情緒的發作。筆者有一位朋友的太太鬧，就帶她去旅行、買東西，後來只要他太太要東西就吵鬧一番，也形成一個錯誤的制約。交換式又可解釋為「討好式」的情緒處理法。

（二）懲罰式

把情緒看成不好的表現，認為不應該鬧情緒，太太鬧情緒就出手打她，小孩哭鬧就處罰到停止哭為止。對於若再發脾氣，就拒絕溝通、不聞不問、冷言冷語、斥責，這樣孤立對方並不能舒緩對方的情緒，可能使對方產生更多的情緒與不安。

（三）冷漠與敵對方式

認為每一個人應該尊重領導者，不應該把情緒顯露出來，心理情緒是個人自己的事，應該自己處理。在家庭中、工作場所，部分領導者常忽略部屬的情緒。領導者對發出情緒者、製造情緒語言者，開始給予「冷漠」及「敵視」。

（四）說教方式

父母、年長者、領導者，常以自己的見識、經驗列成一大堆的道理，「不顧對方的感受」，在情緒未能恢復平靜之時刻，不停的提供教條、意見、好處，對方情緒未平靜，根本聽不進去。

二、專業的處理情緒的方法

鄭照順（2010d）、李中瑩（2009）提出「接受情緒」、「分享情緒」、「肯定情緒」和「策劃情緒」的情緒疏導方法。

（一）接受情緒

接受到「對方」有情緒，接受有這份情緒的「他」，並如實告訴他，例如：

1. 你看起來心情有點不好、不愉快，願意與我談嗎？聽起來，你對你的父母（朋友）有些「反感」？到底為哪椿事？「這一件深仇大恨」，你願意「原諒」他嗎？
2. 你希望「有所改善嗎」？對父母的誤解、壓力，你想逃得遠遠的，能不能「打個電話」，關心父母的病痛？
3. 不然由老師代為轉達問候，「好嗎」？

4.你看起來有一點驚嚇過度，要不要由同學陪你去「拜拜」、「化解一下」比較安心？

應用輔導技巧：採「完全接納」的方法，絕對不批判、不否定、不表示不耐煩、不忽視、接受他的心情就是這個樣子，能包容、體會並關懷他。

（二）分享情緒

永遠「先分享情緒」，「後分享事情的內容」，不討論主題的內容，先分享一下最近的心情、自己的心路歷程，心情的轉變，哪時候是「最快樂」？哪時刻是「最悲傷」？「心情長期跌入谷底」會不會好受？你如何「自我激勵」？

應用輔導技巧：(1)做快樂的事；(2)遠離威脅；(3)時間淡化；(4)深層呼吸；(5)與好友分享情緒；(6)給自己一些事做，忘掉一切；(7)找到精神宗教寄託；(8)擱置不談以免又恢復創傷。(9)有了足夠的「情緒表達」後，大腦腦波不再那麼緊張，表情、心態自然的舒緩。

（三）正向行為的肯定及正向想法的肯定

對應該做與不該做的行為「做規範」，並認為當事者能夠理解或接受。當事者「做對的地方」應予肯定；當事者的行為表現，超過界線，應明確提出質疑。對於他做得好的地方「給予肯定」，更容易引導他，對「不能接受」、「沒有效果」的地方的行為有「接受」與改善的意願。

【案例一】

一位學生對父母充滿敵意，要先了解他的情緒，他的心情被了解之後，輔導者指出：「向您父母問候的行為，是值得肯定的，如果都不想用電話聯絡，寫個「卡片」，是否也可行？你最喜歡怎樣的感覺？當你孤單、寂寞時，喜歡別人有什麼樣的行為、態度或表示方式？

【案例二】

當別人搶走你的升遷機會，你就會嫉妒、憤怒，從事破壞。被破壞者是很難過的，攻擊別人者也是很氣憤的，要讓自己的情緒行為有個出口，就要懷著「感恩的心」，讓時間去「沖淡它」，只留下「美好的記憶」，才不會對心理情緒再產生破壞性。如果有著負向想法、負向態度、負向行為，將會使自己更封閉、更不快樂，表現拒絕來往的行為、拒絕來往的態度、負面的心境，生活是不快樂的。

（四）情緒調整，方法調整的策劃

有負面情緒，不一定是錯的，而是要找到「情緒調節方法」如：「最好的情緒出口」、「當事人想得到什麼」、「與當事人討論解決問題的方法」、「引導他建立自己的想法」、幫助他做出最好的抉擇，這些抉擇會帶給自己什麼樣的「心情改變」？譬如：心情較不緊張了，心情變好、變愉快了，心理變樂觀了。

【案例】

對於有失戀經驗的大學生，如果能有機會再遇到一位中意的女同學，會如何去交往？我會做好哪些必要的心理準備？藉由採用接近大自然、旅行、好友分享等，去消除心理情緒壓力，找到心理情緒、壓力的出口。

第六節　提升情緒智能的方法

壹 EQ的培養方法

鄭照順（2010d）、陳瑞昌（2010a）、大島清（2009）等，從「腦力鍛鍊」、「意志力培養」、「情緒放鬆」、「幽默與思考訓練」的EQ潛能探索方向，提出EQ的培養方法如下：

（一）腦力沐浴法

(1)動用手腳的運動，打著赤腳、踏著草皮，釋放身體勞累的電子能量，使內臟恢復自然規律；(2)黃昏時刻，看著遠處夕陽、接近湖泊，吸收太陽的能量、吸收α波，使心情容易得到和諧；(3)張開嘴巴大聲吼叫；(4)吃當季的蔬菜；(5)規律的生活；(6)合適的沐浴：泡溫水，冷水淋30至60秒，再泡溫水，之後再泡冷水；(7)聞聞花香；(8)保持戀愛的心情；(9)學習語言認知與聽力；(10)常問候大家。

（二）登山與森林沐浴法

登山使人遠離工作場所的壓力，可以吸收：(1)「高品質的空氣」，使人神清氣爽，EQ的包容力、創造力、記憶力立即提升30%以上，可以使讀書、思考更有效率。(2)森林中「芬多精」是城市的300倍（70對21,000粒子／立方升）；可以調節情緒，增加免疫力。(3)雲水與雨水的流動產生「負離子」，可以消除身體中混亂的電子，使電子恢復能量，增進活力。每月能接近森林做深度的體驗，工作效率、思考效率、EQ、記憶力就可不斷提升。(4)登山是培養耐力、意志力、包容力、忘我的好方法，耐力、意志力、包容力是「EQ基本要素」，也是成功的基本方法。

（三）EQ的音樂沐浴法

「詩以興志，樂以調情」，當我們情緒陷入低潮、苦悶、憂慮、焦慮、煩惱、壓力、挫折時，提供好的音樂可以讓(1)心情平靜：如「輕音樂」有叢林流水、鳥叫；(2)心情紓解：低吟的小提琴聲，訴說一個悲傷的心情；(3)消除煩惱：節奏明亮的心靈治療癒音樂；(4)提升士氣：用語言、歡唱音樂有快樂的節奏及激發語言；(5)減輕壓力易睡眠：白天的快速節奏，到入夜則須使節奏減慢。

（四）EQ的思考訓練法

細心體會(1)樂觀與悲觀者有何不同？(2)正面思考與負面思考哪一個對身心、EQ有幫助？(3)善心美意與惡心貪婪其結果有何不同？(4)

感恩心與懷恨心、嫉妒心結果有何不同？(5)想快樂的事、快樂的人、快樂的地方、快樂的夢想，人生就沒什麼不快樂的！因此，EQ的思考方法有：(1)「比較法」：正反面都想；(2)「擁有法」：擁有與失去的比較；(3)「時間序列法」：過去已支付，現在是現金，未來是信用卡，把握現在的時間、生命，學習最有價值的事物；(4)「融合優於孤立」：成功靠分享與互助合作，不肯與人分享，只有孤立無援；(5)「失敗體驗法」：沒有失敗，不知順境的可貴。

貳 高層次的EQ培養方法

鄭照順（2010d）、陳瑞昌（2010a），進一步從「正面思考」、「積極挑戰」、「創造潛能」提出「高層次的EQ」培養方法；包含適時變化、溝通能力、自我比較、資源整合、自我激勵、重視他人情緒、重視集體成就等策略，來提升EQ能力。

（一）正面思考

能正面思考的人，隨時保有愉快、樂觀、積極的愉悅情緒，自然心理能量提升，即合乎「一笑就年輕」、「二笑就健康」、「三笑永不老」的古人名言。

（二）積極挑戰

保持較高的成就動機，保有高度的挫折容忍力，當自己對壓力、挫折的來臨早有準備時，就不會造成情緒挫折的傷害力。

（三）吸收自然能量

從自然界的日、月、星、辰、森林、湖泊、高山、吸收宇宙的α波、活性氧、芬多精、負離子，可增加身心的能量，自然可以消除情緒壓力的傷害，增加心理能力，腦力、體力均會不斷的提升。

（四）向偉人學EQ

每一個偉人均有優越的EQ，可從他們身上學習其智慧，「讀書也

讀人」，向別人學習其優點，自然也可以提升自己的情緒包容及情緒智能。

（五）適時變化

人必須隨著季節、組織環境、領導者的性格等，自我調整衣著、遵守規範、順從領導者。有了良好的人際適應、環境適應、季節適應能力，自然在情緒、工作、人際上比較不會受到傷害。好的適時變化能力，也是好的情緒智慧能力的提升。

（六）溝通能力

人際之間的摩擦，主要是自己有太主觀的「認知、態度」，不能包容別人。如果我們能「稱讚、關懷支持別人」，又能「言之有理，言之有趣，言之有物」，必可提升自己的人際能力，人際能力中「情緒智能」是重要的關鍵能力。

（七）自我肯定

努力做事，並能自我肯定，則會有自我的成就感；了解「自己的付出，不愧於人」、「自我的要求進步」，天天都會有自我的成就感。

（八）資源整合

每一個人的時間、體力、資源、精力均有限，如果能夠「把握時間」、「增進體力」、「豐富資源」、「儲備精力」，自然比較有彈性時間去處理複雜的事物，也不容易發脾氣。

（九）自我激勵

社會、學校、工作場所均有高度競爭，自己付出許多心血別人也不一定了解，因此每天有計畫、有目標的完成一件事，就可好好自我獎勵一下，以增加自己努力的動力。

（十）重視他人情緒

伸出援手、問候、主動關心、支持別人；別人發出情緒時，常能體貼、主動、快速支援、關懷，則可建立親密的情緒支持，也可以提

升情緒智能。「講究付出，不求回報」，其心境更好，讓自己胸懷不斷的擴大，以「助人為樂」也是最高的情緒智能鍛鍊的方法。

（土）重視集體成就

集體的默契之培養，要靠自己能於平日熱忱相待、勇於付出，樂於資源分享，鼓勵團隊精神，善與人合作、樂於縮小自己，則團隊力量才會日益光大。重視情緒智慧分享，分享團隊中的成就與苦難，如此集體成就、集體情緒智慧，才會不斷的成長。

綜合言之，情緒智能的提升，其重要效益為：(1)對個人而言，可以增進個人挫折容忍力，增加潛能發展，創造個人更高的成就；(2)對團體而言，可以提升團隊的情緒凝聚力，彼此包容、了解，樂意為對方付出，創造更高的團隊成就。各種提升EQ、增加正面情緒的方法，如想快樂、有興趣的事，積極樂觀、運動、度假、想深遠一點，自然可跳過情緒障礙的藩籬。

第七節　情緒個案的輔導與諮詢方法

案例一：情緒不穩定，常有情緒失控、焦慮、憂鬱的大學生個案

（一）個案背景

姚姓個案是一名大學生，父母離婚，自己與妹妹、祖母及父親同住。父親為工程人員，常酗酒，父親回家常會有失控的情緒，也影響當事人情緒焦慮、失控。個案有家庭經濟壓力、生理基因、課業壓力、人際交往等問題，形成極不穩定的憂鬱情緒。

（二）個案分析與辨識

了解個案情緒障礙的類型：經由精神科醫師及諮商老師的診斷，發現個案有憂鬱情緒、親子衝突、家庭暴力、經濟壓力、人際交往困擾等情緒問題。

（三）輔導策略

諮商輔導人員、精神科醫生、中醫師、社會工作員的介入。

1. **諮商輔導人員的介入**：給予當事人傾吐、輔導的窗口；並輔導如何「覺察情緒」、如何「了解情緒影響因素」、教導如何「調節自己的情緒」的方法，以幫助個案「如何掌控自己的情緒」，以及情緒失控時「如何有效的求助」。

2. **精神科醫師的介入**：診斷當事人的病理因素，來自生理的血清素分泌不足、家庭環境缺乏支持系統等。

3. **社會工作人員的介入**：當有家庭暴力發生之前，可以立刻求助，並定期訪視，對施暴者給予追蹤輔導。

4. **中醫師的介入**：給予失衡的臟腑做針灸，調節神智的失衡。

（四）綜合結論與檢討

憂鬱情緒的發生是有「認知、情感、經濟、課業、人際、生理遺傳」等壓力複雜因素交錯而產生，在「心理輔導」、「精神醫學」、「中醫治療」、「情緒調節」及「身心兼治」方面須並重，以及家人、同學的支持，才容易產生效果。

案例二：有焦慮、失眠、憂鬱情緒的大學生

（一）個案背景

某大學劉姓女學生，於大學夜間部進修期間與何姓同學結婚，婚後先生因為擔任遊覽車司機，常有外遇情侶相伴。劉姓同學為家庭貸款買家具，侍候公婆，卻常遭家人挑剔，心情惡劣到極點，於是提出離婚。離婚後，劉姓同學為了付信用卡的卡債與貸款，日夜加班，每天早上八點要工作到晚上九點才能回家，工作環境是密閉式，冷氣又超強，出現了憂鬱症狀情緒，身體、臉部肥胖、臉色暗沉無光。

（二）個案分析與辨識

了解個案的生命轉折點，及情緒、生理問題現況：鑑定當事人有

憂鬱情緒、焦慮症狀、失眠、工作壓力、經濟壓力的苦惱、害怕母親嘮叨等。

（三）輔導策略

　　心理輔導人員釐清可以協助的途徑與可行的實施計畫：

1. 改善目前工作環境：要有通風、陽光，排除整天吹冷氣。
2. 增加情緒調節的方法：利用下班、假日去散步、運動，情緒調節可以採用「音樂治療」，如鋼琴音樂、小提琴音樂。劉姓女學生認為「音樂治療」對治療失眠、減輕肝鬱很有效。
3. 生理的憂鬱症狀：建議去尋求中醫師治療。
4. 經濟壓力與負債：留下每個月必要的生活費，債務做長期攤還，以減輕心理壓力。
5. 做好壓力「情緒日記表」：以作為自我輔導改善的依據。

（四）綜合結論與檢討

1. 中醫與心理輔導兼治：複雜的生理、心理、經濟壓力、婚姻破裂等因素，所引發的憂鬱、焦慮壓力、失眠情緒，可以採用「中醫與心理輔導兼治」的治療模式。
2. 環境的改善：工作環境、居住環境的自我調節，要通風好、空氣好，要有充分氧氣的環境，以利於工作專注、睡眠充足等。
3. 情緒的調節：找出最方便的情緒調節方法，音樂治療、黃昏散步、接觸大自然、與好友傾訴，並尋求心理輔導專業人員協助。

案例三：因失業在家，殺死父親的個案

（一）個案背景

　　陳先生住桃園，已婚，育有一子，因工作不順，被老闆解僱，太太給他很大的壓力，家庭經濟困頓，又聽說住嘉義的父親把土地財產全部過戶給弟弟，在失業、分財產不公平的憤怒情緒下，晚上開車回嘉義，先殺死父親，再把父親丟到山區水溝。（2010.3.1《聯合報》）

（二）個案分析與辨識

了解個案情緒壓力類型：成人多數來自失業、經濟壓力情緒、親子衝突情緒、分財產的衝突情緒，本個案確定為「失業情緒壓力」及「親子財產糾紛情緒」。

（三）輔導策略

1. 了解「失業情緒壓力」指數表（如圖4-2）：

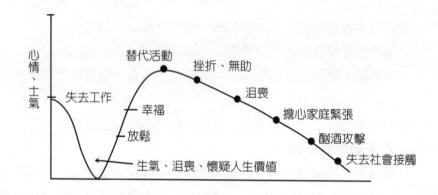

圖4-2　失業期間的士氣低落表

資料來源：何金針（2005）

2. 社會工作人員、心理輔導人員的介入：
   (1) 給予當事人鼓勵、心理支持。
   (2) 鼓勵學習第二、第三專長。
   (3) 以工作換取吃飯的開銷。
   (4) 到鄉下去養雞、種菜以減少開銷。
   (5) 求助朋友給予短期的經濟支持。
   (6) 整合各種社會支持、資訊、資源，以維持心理、生理的基本需求。
   (7) 親族對於「子女財產分配」要開誠布公。

（四）綜合結論與檢討

　　失業個案的「輔導」、「救助」與「自助」要並進，才能發揮抗阻情緒繼續惡化，當事人要回到「自力更生」的情境，才能恢復生活的快樂。

【討論題】

1. 你在情緒低落、情緒失控時，會用什麼方法去解決？
2. 增加 EQ 的學習，對人際、課業、事業發展、遭遇挫折、人生意義等，會有哪些幫助？
3. 有效增加 EQ 的方法有哪些？

大學生的人際心理
與輔導

人際心理的金科玉律

患難見真情（A friend in need is a friend indeed）。

（西塞路）

益者三友，損者三友。友直、友諒、友多聞，益矣。
友便僻、友善柔、友便，損矣。

（孔子）

「人際交往」可以增加視野廣度，可以幫助成才。

（段鑫星）

人際關係是通往社會的道路，生命健康的泉源。

（鄭照順）

人際交往有助於身心健康、增進學習廣度，也有助於未來的就業；但是如何發展人際關係，確實是一門值得研究的課題。關於交朋友的方法，心理學者主張要主動關懷，肯定與支持，同理心；社會學者主張要合作，互補與交換，接近與陪伴；幽默派學者主張要謙虛自己，敬重群眾，稱讚對方，誠懇相待；生物論學者主張要知其興趣、需求，投其所好；顧客關係管理者主張要了解顧客的需求，幫助顧客解決問題等策略，有助於人際關係的增進。

第一節　大學是人際關係的學習場所與實驗室

大學生多數是離鄉背井來到一個陌生的城市，到一所嚮往的大學，到一個由聯考分數分發的班級，不管你喜不喜歡，這一班人會跟你一起學習、生活相處四年，每一個都是合作的對象，不能合作也要相處。你投入多少努力？付出多少心血？未來在學術、愛情、家庭、事業上，將因而有截然不同的表現。因此大學時代是人際關係的學習場所與實驗室。

大學生會因為與同學相處融洽，所以有歸屬感；會因為師生關係良好，而得到更多的學術陶冶；也會因為關係冷漠，而產生疏離感、痛恨感、心情的失落感。肯定的是，在大學生活有好的人際關係，可以更了解自己的個性，提升自己的專業知識，豐富自己的感情，愉悅自己的心情，更有助於身心的健康。但人際關係是要刻意經營，還是要順其自然發展，也是一種重要的人生態度，你是否有足夠的時間、精力、金錢去經營你的人際關係，也需要自我評估。能主動經營人際關係屬於上策，順其自然是中策，如果排斥人際關係會讓自己孤獨與無助，或為社會團體所孤立。

人際交往的心理因素

陳皎眉（2004）、段鑫星（2008b）、鄭照順（2009c）等指出，人際交往的心理因素，包含認知動機、情感、態度、行為等因素。

一、人際的認知

包含人的互相了解，了解人際間的交往技巧、人際交往的智慧等。人不互相認識，不相互了解，缺乏互相關懷，就不可能彼此建立友誼關係。好友的關係，可能是以興趣、志向、休閒、公益、志趣、事業、休閒等為交集。

二、人際的動機

人際的動機，有引導、誘發及強化的功能，人際間的交往，隱含一種需要、願望與誘因。人際間有互相合作的需求、有求助的需求，會不斷的增加行動的動力與吸引力。當動機的強度減弱時，人際互動的能量又會無形消失；男女求偶期間，其人際吸引力、人際互動力達到最高峰，無論高山、大海莫能阻隔。生意上的合作互利也會產生人際動機；升遷的決定者，也會誘發人際的強度，有魅力、有能力就會有吸引力。

三、人際的情感

情感是人際關係的重要調節因素，人在交往過程總是伴隨著一定的情感體驗，如感受滿意或不滿意、喜愛與厭惡、想交往或想逃避等，人們也會隨著自己的感覺去調節友誼的濃度，選擇繼續交往、停止交往或斷絕交往。人際交往如春、夏、秋、冬，有緣起、有緣盡，不要強求。每一個人與父母的情感都是終生的，但是父母年老死亡，也是因緣的寂滅，再濃的人際感情，都要有分離的心理準備，才不會

傷心欲絕。情感，是人際關係中最重要的部分，也是作為人際交往濃淡的指標。

四、人際的態度

人際態度是人際關係發展的重要變量，每一個人的人際態度不同，有些人高傲、有些人謙和、有些人主動、有些人是盲目、有些人冷漠、有些人則是溫和親切。這些人際的態度會決定人際交流是否會有交集；態度相同，就是友誼建立的助力，也才能形成友誼與發展。有些人主動關心別人、樂於助人、樂觀幽默、樂於參與等態度，就容易贏得友誼。

五、人際的行為

有再好的人際認知、人際技巧，沒有實際的人際行動，是不會得到別人的感動與情誼的提升。沒有人際行動的人際口號都是空洞的。人際交流行動的主動與回應行為，必須在符合對方的需求、讓對方感受到被尊重，才會有助提升人際情感。

第二節　人際關係的意義及功能

人出生就在大自然、人際間、社會之中爭取生存的資源、生活空間、心理空間與發展的機會。個人力量有限、知識資源有限，因此要依靠人際合作才能克服大自然災害的傷害；當人愈來愈多，在有限的資源下，開始爭奪資源與職位。人際關係也可以正面應用，去擴大服務的層面，團結力量大好做事。社會、國際間有許多的爭端，社會群體的合作可以做更大資源的整合、互補與發展。國際間也常看到物質資源、經貿的利益衝突。人際關係的建立由人際溝通開始，如果能夠找出共同目標、交集與共識，將可促進合作，減少人際衝突的發生。

壹 人際關係的意義

人際關係的意義，是指人際的相處，經由語言、態度、表情、行動、資訊、物質等的互動，去建立一種「正面取向」與「負面取向」的關係。這種關係是日積月累所形成，當人際關係的互動語言、態度、行為都是正面、肯定、幽默、關懷、支持、激勵，會帶來一些正面的人際互動效果。但如果當事者發出的訊息、關懷、行動不為對方所接受，也會帶來一些負面的效果。負面的效果產生時，雙方須做適當的修正，以維持在尊重、互惠、平等的狀態。如果當事者所呈現的語言、態度、行動等，超越對方承受的範圍而不做修正，也會帶來彼此關係的下降，或形成負面效果，負面效果發生時，要敬而遠之。

人際互動、人際關係常受主觀態度、價值觀、溝通能力、重要他人所影響。常看到青年男女因愛情的追求不順利，被迫分手而氣餒。如果從個人的需求、個人的價值觀、人人有追求幸福的權利等角度來看。青年男女沒有交集，如價值觀不相似、興趣不相投、未來生活沒有保障、缺乏溝通等，是激不起熾熱的愛情火花的。結了婚，也不代表男女關係已達圓滿融合，尚有許多大大小小的問題，要去磨合、忍讓與付出，才可能經營出一段美好的婚姻關係。

人際關係的深層意義，是彼此在互動過程，有產生認知、價值、態度、興趣、休閒、愉快、未來性、建設性的意義，是一種多元的「正面關係」。反之，互動過程只在表面，認知、情感、態度、互助、合作、建設性各方面均處於負面的印象與態度，人際關係就是處於一種「負面關係」。人際的互動是由「點」的互動，發展到「線」的互動，及「面」的互動而形成人際網絡，又稱人脈。

1. 點的互動：表示是點頭之交，看到外面表象、看不清內心。
2. 線的互動：我的朋友與你的朋友能彼此分享，而且是一序列，不斷分享、互助、合作，不斷的培養彼此的感情。

3. **面的互動**：是指全人、全時間、全面資源的互動，形成人際網路，稱為人脈。人際關係需要多元互動、主動關懷、互助合作等，才能產生全面性的互動關係。

綜合言之，人際關係深廣的意義，是指人際間全面性的互動、關懷、合作、支持，以促進彼此感情、心理、智慧、健康、生存發展等人際能力的進步與發展的歷程。人際關係也是一種相對關係、對照關係、需求關係，應把握平等、互惠、尊重、自由抉擇的原則，因此無所謂人際關係的好壞，而是彼此有沒有人際需求。人際能力也是一種特殊才能，是需要長期的培養，常能主動服務，常能自省，不斷增進人際魅力，如智慧與幽默、謙和包容等，自然會增強人際凝聚力。

貳　人際交往的功能

荀子說：「不聞不若聞之，聞之不若見之，見之不若知之，知之不若行之。」荀子對於人的「求知」很有信心，認為可以透過知識的積累以「化性」，化性成功的關鍵，就是化為「行動」，有「行動」才能成聖。人際關係的初步，是主動去關懷，其次親自拜訪請教；請教了解對方的個性之後，再依彼此的興趣、趣味、需求等，去增進彼此的關係。

一個人的成長、學習、身心發展、智慧成熟、成為人才，都是在人際交往中完成的。家庭中的人際關係好壞，影響個人的人格發展與身心健康；學校的人際關係好壞，影響學習的成效、身心健康；社會的人際關係好壞，也影響個人工作的滿意度與成就感。

一個人的喜、怒、哀、樂與人際關係有重要的關聯。有人對你稱讚鼓勵，會讓你心情愉快；有人惡意批評、冷漠，則讓人心情失衡。對於大學生來說，應對人際交往有充分的認識，以使能對人際關係做

出最好的調節處置。有志一同者，可合作與深交；志趣不投、興趣不同者，可視爲競爭的夥伴；對惡意醜化、挑撥離間者可以作爲警戒對象，以免受害。大學生的人際交往作用及其人際關係的功能，如下所述：

一、增加生存與發展的機會

《禮記·學記》：「獨學而無友，則孤陋而寡聞」，大學時代要面對過去所未有的競爭，有校外的執照考試、感情對象的追求、事業的發展、課業的學習等。如果能夠與人交往，形成學習、工作、愛情、考試的團隊，必可以增加生存與發展的機會。人際交往能促進合作時，就可以增加生存與競爭力的提升，親情、友情、師長均有助於生存發展。

二、心理健康的增進

人際的正向互動、關懷、合作會增進心理的安全感，無形中也增進了心理的健康。新精神分析學者Horney認爲精神疾患者，常表現有人際關係上的困惑、缺乏信任感、人際焦慮、人際孤獨、寂寞，久而久之會陷入心理的失落，其生理健康也會受影響。

大學生有好的人際關係，常會關懷、激勵他人，自己也會得到一些正向的關懷與激勵，大學生得到心理支持，其心理潛能、心智智慧才能充分發展，心理健康也得到保障，好友一起玩，會快樂加倍，健康與滿意感會提升。

段鑫星（2008b）指出：「健康的個性與健康的人際交往相伴隨；心理健康水平愈高，與人交往就愈積極。」Allport指出：「人際能力，即是一種溫暖、關懷、親密和愛的能力。」Derlega（1985）的一項調查，75%的大學生在大一時感到有時會寂寞，有40%的人表示有嚴重的寂寞感。時常搬家會把友誼、家庭的關係切斷，也容易影響身心健康

與社會適應。

三、找尋志同道合者，幫助了解自己的個性

兒童與父母透過積極的交往、支持，可以得到健康、安定的個性，也易於建立穩健的家庭倫理、社會交流之關係。如果兒童缺乏與成人建立親密的關係、正確認知，其個性、人際交流也容易走向偏激，個性容易孤僻、易怒、易情緒化。

大學生的人際交往初期會尋找志同道合者，有助於了解自己的個性。由於志趣相投，不久即成為摯友，人的個性相同，比較能相知相惜，平時有了一些相投緣的好友，日後有助於了解自己的個性及社會生活適應能力的提升。

四、提升競爭力

人際交往帶來軟實力與人際能力的提升，如相互支持、激勵，及增加資訊來源、人際資源、休閒資源、工作經驗、品格及智慧，有助於幫助學習、事業競爭力提升。

每一個人喜歡的書、喜歡的工作領域、喜歡的休閒活動均不同，如能充分的交流，對精神生活面的充實、感情的交融，使我們增加休閒、工作、智慧、經驗的視野，無形提升了社會競爭力。也可以經由休閒的交流了解自己，在心有餘力時，不妨多主動關心他人。有良好人際關係者，可以提升競爭力及生活視野。

五、增加社會資源

人際的交流初期在相互了解、相互關懷，等到情感深入建立之後，即可以得到(1)社會支持：即提供資源、資訊、感情、陪伴等支持力量；(2)資訊交流：經驗、智慧、新知的分享；(3)工作互助：在工作中互相協助、合作，形成事業的好夥伴；(4)經濟支助：有人願投入智

慧,有人願提供經濟支持,使生活、工作、事業相結合;(5)人際關係好的人因為較能接近核心,易被了解、信任,也因此提升了被重用的機率。

六、找到學習典範,可以幫助成才

　　大學生來自不同的家庭、家鄉、文化背景,擁有不同的志向,付出不同程度的努力。經過努力,在學業、人際、事業、健康、財富等方面會有不同的表現。如果能找合適的典範、偶像來學習,了解其努力的方法,即可幫助自己成為這類型的人才。從碩士論文、博士論文主題與指導教授,也可以發現自己的學術榜樣與學術興趣。由於投入才會深入,由於付出才會成才。「人與人」的互動,可以體驗對方的表情、反應、決策、努力程度,大學生找到合適的「學習典範」、「學習偶像」,比較容易拓展視野並成為專業人才。

　　綜合言之,人際交往會帶來人際心理、認知、社會、資源、休閒、健康、生存等多面向的影響與成長。成功的人際交往可以帶來的益處包括:(1)增加生存與發展機會;(2)增進心理健康;(3)幫助了解自己的個性;(4)得到社會資源;(5)提升競爭力;(6)找到學習典範,幫助自己成才。

第三節　人際關係理論與人際交往原理

　　人際關係是一生不斷發展與延續的過程,人際交往是一種生態性的群聚,也是一種主題活動的機遇,更是一種心靈交會的喜悅;人際吸引需要有才能、幽默、外表及個性的魅力,每一個人都需要友誼與友情,才能創造出更完美的人生。

　　Rogers(1980)指出,人際關係良好有助於潛能發展與自我實現;人際關係不佳,容易陷入情緒困境與精神疾病的發生。鄭照順

（2009c）指出，人際關係與良好品格是出入社會的雙翼，有人際關係才能走得出社會並展現才能，有品格才能贏得社會人群的敬重。

壹 人際關係理論

　　國內外學者Rogers（1990）、陳皎眉和鍾思嘉（1996）、段鑫星（2008a）、張錦貴（2003）、鄭照順（2009c）等，對人際關係做過系統的研究，發現下列學理基礎。

一、心理學基礎

　　從人類的「心理需求」去了解，人為什麼需要人際關係，有人際關係，人可以獲得安全感、心理滿足、心理支持、心理健康、潛能發展機會。Rogers（1980）提出人際的法則：

1. **主動關懷**：主動的關懷、鼓勵、熱忱服務、奉獻、分享等，就為友誼加分。
2. **同理心**：即肯定與支持，有別人的肯定、支持，自己也比較會產生自信心；有支持者的認同，會產生一種情同手足的友誼。Rogers（1980）所說的同理心，即是心理的一種支持；同理心即我們日常所說的「感同身受」之意。
3. **真誠的摯愛**：父母愛、教育愛，真心毫不保留的奉獻特性，也比較能維持恆久的感情。大愛精神、真誠之愛，即不藏私，真摯的愛，拉近了彼此的距離。
4. **尊重對方的抉擇**：擔負抉擇的責任，家庭幸福、友誼都是要靠自己的智慧，用心去經營。
5. **主動服務**：能夠主動去服務、奉獻，必能贏得別人的信任。

二、社會學基礎

從人類的「社會需求」、「社會習慣」、「社會淘汰與生存」法則，去了解人為什麼需要人際關係。

1. 合作需要：面對外敵、野獸、外族的入侵，個人的勢單力薄、無法有效因應，因此需要加強與別人的合作，以提升生存的機會。

2. 互補需要：一個組織的強大、具生產性，不只是彼此合作，更需要不同專長的人來互補，才能發揮最大的專業運作與競爭力。

3. 交換原理：常看到的是利益交換、資源交換。有權者拿職位換取金錢利益；有金錢者拿金錢換取競爭的機會；有權、有勢者拿財產換美女；美女拿美色換得進入名門。社會處處充滿著利益交換，因此自己要成為有專業知識、有職位、有能力、有體力、有財富、有好的服務態度，才能爭取到更多的優勢空間。

4. 吸引力與魅力原理：人有了智慧、才能、幽默、專業、理念、熱忱等，都會增加吸引力及魅力。例如：藝人鳳飛飛有美好的歌聲、美麗動人的帽子造型，而成為一代魅力歌手。台中市長胡志強，他有智慧、善幽默，常開自己玩笑、能尊重別人，使別人更想接近。從外表衣著、內在智慧、經驗、專業能力、能開自己玩笑、欣賞別人等，都會產生吸引力。

5. 接近與陪伴原理：人有心理距離與空間距離，如果常接近有權、有學問者，會增加彼此的熟悉度、認識度、服務機會，因為比較熟悉，也容易得到信任；反之，如果態度不佳、工作不認真，也容易得到不好的印象。肯花時間陪伴對方，就會同時接近心理距離、空間距離，例如：常玩在一起的家庭不會散；好友三不五時常常找機會出遊，分享快樂時光、共享美食，又能分享「幽默」，自然感情會不斷提升。

三、幽默的原理與技巧

幽默的原理包含了心理學基礎、機智性、喜歡別人快樂，如果能多一些幽默，容易讓對方產生好感，也令人覺得充滿善意。幽默也是一種人生哲學，把看見別人的笑容，當成人生目標、演說的目標。幽默中有溫情、有趣、激勵與自勉，幽默中用了許多的雙關語、聯想力、自嘲等智慧。

胡志強（2009）、張錦貴（2003）指出人際的幽默原理有八項：

1. **謙虛自己、敬重群眾**：如此必會產生好感與善意，譬如當市長的人不一定是萬能，胡市長能以人民的需求、人民的經驗、市政理想為師，必贏得尊敬。

2. **常常自勵，沒有怨恨**：自喻是「放牛班的小孩」，但「一直努力」，有一天會考出及格的成績。

3. **稱讚對方，誠懇相待**：胡志強指出，關公、包青天、鍾馗三位神明各有專長，可以發揮在外交、市政、選舉上的助力，使對手了解你的用心。

4. **建立為人風格，「只有遺憾，沒有怨恨」**：遇到羞辱要冷靜，「不埋怨」就不會留下對方的陰影在心中。建立自信、熱情、樂觀、善意的人生觀；善意即樂意為他人著想。

5. **前後時間比較法**：美國CNN電視台賴瑞金主持1980年雷根總統就職典禮，曾幽默的說雷根當年拍電影時如果觀眾這麼多，就不會當總統了。

6. **採用正向思考法**：羅斯福告訴太太，「手上的永遠比失去的多」。

7. **雙關語法**：孔子周遊列國，腳受傷，子路說：「有朋自遠方來，不易熱敷（不亦樂乎）。」

8. **比較演繹法**：一座深山要了解熊的數量有多少，美國人調查熊腳

印來推知；日本人調查深山食物被吃的量來推估；中國人用打鼓逼小白兔出來招認。

四、生物學基礎

人是生物的一種，人有生存、發展、群聚合作的生物特性。

1. **知其興趣、需求，「投其所好」**：了解每一個人的興趣、需求，「投其所好」，人有食物、娛樂、學習、財物、健康的需求，了解其需求，採取服務、支持、熱忱、善意等會贏得共鳴。

2. **知其時機，「等待時機」**：男女交友有其心理時機，談話有適當時機，等對方「心理有準備」，就容易建立良好的溝通。

3. **知其困境，「適時支援」**：在悲傷時，需要鼓勵；在貧困時，需要資助；在孤獨時，需要友誼。每一個時間、空間、人物均有其生物、心理與社會需求，愈高等的動物，需要愈多的精神、智慧、靈性需求，但一切仍建立在生物需求的基礎上。

五、多元智慧原理

吳武典（2009）探索人際關係的方法，要勤反省，改善缺點，增加優點，因此成功可以加倍。

1. **常內省、勇於面對，增加受歡迎的因子**：人際發展不能預期，也不能一廂情願，「努力過後，沒有反應」，可能沒有交集，再找到「好的題材」，繼續互動。常內省、勇於面對，「把自己的缺點改為優點」，如能常自勉「增加受歡迎的因子」，如智慧、魅力、幽默、謙和、主動、熱忱等，有多元智能，必能得到更多元的友誼。

2. **主動積極、不退縮，不斷增加人際資本**：善用「挫折轉換新能量法」，面對「人生挫折」的多元因應方法為「逃避不一定躲得過，面對不一定最難受，轉身不一定最軟弱」。了解他人需求，

常給予肯定、支持、鼓勵，建立友善的關係，一分努力、一分付出，就會增加一份「人際資本」。

3. **增加多元智能、多元的結緣**：從讀書、學術活動、服務、爬山、宗教、運動、旅行、分享、愛與奉獻等活動的參與，去締結人緣。

六、顧客管理學原理

1. **了解顧客的需求**：主動提供顧客舒適的空間、親切、禮貌性、方便性取貨、個性化的物品。

2. **幫助顧客解決問題，提供價值選擇**：顧客的問題能得到明確、肯定的認知性診斷，價值性、品質性的選擇，並告知多少時間可以完成。

3. **尊重顧客，建立信任的感情**：提供安全、衛生的食品、禮貌、拉近心理上距離、主動服務、主動問候，視顧客如家人或好朋友一般。

4. **價格公道、會員優惠**：有了舒適的購物環境，如果能建立會員優惠制度，其購物群便會穩定下來，提供更多的附加價值，會更有魅力。例如：書局有會員打折，並附設咖啡區、CD區、休閒區，是一種綜合性的行銷型態。

5. **提供最有效率方便性的服務**：能為顧客分類，提供快速的尋找所需的貨品，顧客關係建立在舒適空間、解決需求、親切與信任性、多元附加價值、效率性的服務等，以建立無形的多元性服務關係。

貳 日常人際相處之道

　　經由心理學、社會學、幽默學、生物學、多元智慧學及顧客管理學之學理分析，可以了解要建立良好、有效益、有發展性、正面的人際關係，日常生活中與人際相處之道，應有一些基本原則：

一、與家人的相處之道

1. 了解「父母的期待」，盡量達成，促進了解。
2. 對兄弟姊妹，了解其心情，給予同理心與正面思考的引導。
3. 重視倫理，常懷感恩，促進彼此心靈的交會。

二、與朋友的相處之道

1. 「懂得惜緣」，常主動關懷、互相鼓勵、互相支持，用心經營。
2. 「甘苦共嚐」，互相打氣求進步，細心、耐心、長久經營。
3. 重視「分享」快樂、苦痛、智慧、資源、食物、資訊，使彼此有所增長。
4. 釋出善意，提供資訊，「促成合作發展」、「健康、快樂、成長」。

三、與情人的相處之道

1. 在「欣賞中加溫」，在服務、行動、學習中成長。
2. 在智慧心靈、願景、情誼中交會，沒有發展願景的感情終會枯萎。
3. 用心體會、用心表達心意、善用幽默，可以贏得好感。

四、在工作中的人際關係

1. 提供「效率、品質、親切的服務」，必能贏得好感。

2. 在工作上、休閒上、物質上能與同事分享。

3. 同事上班時有友善之氣氛，下班也能有休閒聯誼活動，必能培養長久之情誼。

參　人際關係的基本原理

鄭照順（2009c）綜合分析各學理，如何有效的建立人際關係相關的基本原理如下：

一、主動服務原理

主動服務使個人接近人際的核心，細微的關心會打動人心，因此主動服務、主動關心，易使人際關係迅速連結。（心理學原理）

二、接近分享原理

有接近的機會才能促進認知理解、物質分享、情感包容，人際間增加了尊重，可以使精神提升。藉一種媒介，如登山、喝茶、打球增加接近、分享時間。（社會學、心理學原理）

三、相同興趣原理

有相同的興趣，如爬山、打球、旅遊、運動、學術活動等，有共同的志趣，不久可以結為盟友。（社會學原理）

四、互補合作原理

由於社會生存發展不易，兩性的合作可以建立甜美家庭；交流不同領域的知識，合作可以提升競爭力；有人出資、有人出點子，促成企業的建立與發展。（社會學原理）

五、謙和原理

「謙虛自己,敬重群眾」,例如當好市長,要以市民需求、市政理想為師;例如當好學務長,要以尊師為師及學生的需求問題解決為先,加上正確的教育理念、未來願景,必使學務工作能順利推展,由工作中促進彼此合作及建立長久的友誼。

六、多元智慧原理

有多元轉化能力者,可以結合多元因緣。增加個人優點、常內省、勇於面對、不退縮;增加多元技能、多元經驗,常幽默地善待別人,必能贏得友誼;不把挫折和埋怨別人放在心上,心中才不會留下陰影。常常正面思考,心情時時愉悅,自然會產生多元的魅力。不斷培養自己的專長如語言、智慧、音樂、幽默、藝術、書法等,會創造出個人的魅力。

七、創新結盟原理

家庭、社團、學術團體,可以結合志同道合的人,繼續擴大它的組織資源、社會影響力。創新結盟可以整合人力、物力、資源、資訊,發展人際上的社會影響力,增進彼此的成長,此為有形結盟。還有一種無形結盟可以經由同學關係、學長姊關係、校友會、師生關係,因為求助、資助、關懷等而擴大它的人際影響力。

綜合言之,人際關係的形成,必有其形成的動力、互相的吸引力、共鳴及需求等,才能持續發展下去。朋友太過濫交,並不一定好,少並不一定是壞。而是在自己的有限時間、精力下,適當的去經營、發展人際關係,有效經營人際關係,對學業、事業、愛情、健康、智慧,必會帶來一些幫助。要有各類型的朋友,有好友、玩伴、

不如己的朋友等，也要維持適當的互動，不要排斥他人。人就在互動中來肯定自己，增進自己的信心與提升競爭力。

第四節　大學生人際交往的特點及類型

人人都有血緣與家族的親密關係，從夫妻、子女到親屬，這些關係可能會侷限於養育、照顧、奉養的義務與責任關係。但是朋友可以超越血緣，進入多元的關係，有師生、事業、學術、休閒、政治、經濟、社會、宗教、社團、同事等多元的關係。有朋友更能滿足實質生活需要，包含事業、學術、休閒、經濟、社會、物質與精神生活的需要；而且朋友的地位上比較平等，沒有倫理上的尊卑關係。

壹　大學生的人際交往特點

大學生來自不同的家鄉，齊聚一堂、學習不同的專業，在人際範圍、人際心理、人際社會成長、人際交往的目的、人際交往的方式手段及滿足求知的慾望上，呈現一些「人際交往的特點」：

一、人際互動範圍與視野擴大

一個來自鄉下的高中生，成為大學生之後可以在班上接觸來自全國各地的同學，彼此好奇各地的風土人情，因此有「地方差異」的地方便有吸引力，只要能熱情邀約，馬上可以透過同學的導遊而增廣視野；經由參加社團所認識的對象，也可以接觸到各系志同道合的朋友；透過各種學術交流，得以擴大到校際、學術界朋友的認識。有好友並能夠有效的促進各項合作，將有助於視野的擴展、知識的增進、事業的發展及休閒的方便性等。

二、滿足心理愉悅的需求

出外生活孤獨，透過與室友、同學一同郊遊、開同樂會、開慶生會，增加互相了解、分享生活樂趣、互相鼓勵、相互取暖等，增加人際的熟悉度。大學生的人際交往，可以增加心理愉快與滿足感。有朋友、有知心好友的大學生，一般而言比較健康；但也有被同學冷落者，其人際需求就會轉向其他的接納團體，以取得心理的溫暖。

三、增加社會成長經驗

上了大學，學的是專業知識，也學習老師的經驗、老師的人格言行，良好的師生關係最有助於社會經驗的成長。老師是介於大學與社會的橋樑，良師益友都樂於分享成長中成功、失敗的經驗，可以使人際交往更成熟、有熱忱。累積豐富的社會成長經驗，人際關係比較容易成熟，也比較能適應社會生活，即懂得人情世故。

四、人際交往有多元動機與目的

大學生的人際交往有多元動機，有友情、愛情、功利的交織，大學生的人際交往目的，呈現感情型、功利型及多元目的交互錯置。大學生對班級同學的「認同感」，也會影響未來與同學交往的意願，包含：(1)有人認為「值得交往」就會積極發展同學關係；(2)有的是為了「爭取異性同學」的好感，以發展異性朋友關係；(3)有的找學術上志同道合者互助合作，以提升學術競爭力。大學生的人際交往也不純粹是小學、中學的友情關係，帶有更多的愛情、事業合作、學術競爭合作、參照競爭對象、互通資訊、資源等多元的人際交往動機與目的。

五、人際交往的手段、方式多元化

大學生開始學習社會所流行的交流、溝通方式。大學生的交流特

色如下：

1. **郊遊烤肉**：大一的活動常透過班遊、烤肉等，可以滿足多接觸同學、交談、分享、分工合作的機會。

2. **網路的訊息交流**：從msn、Facebook分享近來的心情、心得、問題與困境，增加彼此更深入的了解。

3. **專業實習、社會工作**：大學生有許多校外實習、社會工作的機會，經由實習可以與社會的工作場所結合，同學彼此的交流也會增多。譬如一起行政服務、一起吃飯、一起休閒就可以增進彼此感性的交流。

4. **交際的媒介、手段、策略更多元**：分享家鄉名產，可以增進彼此的交流；從生日的賀卡、祝福卡、生日禮物、參加社團、舞會、旅遊等，增加彼此更親密的接觸機會；從參與系上的團體活動，如學術、行政、康樂活動中培養彼此的認同感。

六、滿足求知的慾望

　　高中生的學術範圍，限於基本的升學科目之理解、記憶與推理。大學生面對不同的專業知識領域，有理論、經驗、創新、研究等多元角度的學習認知，不再限於升學考試的羈絆，需要廣泛閱讀、多元統整，提出獨立見解，形成新的知識與智慧，以面對新的挑戰與問題解決。

1. **追求有興趣的學科**：須與信任的老師多請教、多親近，以獲得更多的智慧與經驗。

2. **找尋志同道合者**：成立讀書會，共同去完成考試的目標、進一步深造的訊息及讀書心得的分享。

3. **廣泛的參與各項學術研討會、專題演講**：由不同領域的演講去探索智慧、宇宙的奧妙，建構人生、生命的意義。年輕時刻追求浪漫；成年時刻追求現實與溫飽；老年時刻排除名利地位之追尋，

尋求健康、長壽與寬心之道。生涯的人際互動，在追尋不同層次的智慧，需要有不同智慧層次的對象來互動與學習。

貳 大學生的人際交往類型

儒家創始者孔子提出，益友有三：「友直，友諒，友多聞」；損友有三：「友便辟，友善柔，友便佞」。這些觀點一直影響國人鑑別良友、損友的標準。

鄭照順（2009c）從事大學心理衛生工作，經由觀察、訪問與調查，發現目前大學生交往的主要類型如下。

一、理想主義的交往型

生命不停的創造，一生常有豐富的成就。

（一）知性型，著重「知性的分享」

此類型的大學生，大學的生活重心以「課業」、「學術」成長為優先，所交往的對象希望是教授、好學的同學、好探索的朋友，並且常參與各項學術演講及論文發表。

（二）感性型，重視「感性的分享」

此類型的大學生，大學生活重視文學、藝術、哲學、靈性、宇宙、生命意義及感情等的交流。凡有感性的作品，能啟發生命的學術、戲劇、國際文學創作活動，他們都努力去體會，以期在藝術、文學、戲劇、音樂、舞蹈的活動中，去創造生命的高峰經驗。他們在找尋藝術、文學、戲劇、創作的伴侶。

（三）品格型，重視「品格的分享」

此類型的大學生，大學生活開始對倫理、道德、品格修養、內省智慧等做自我要求，以期能建立核心的價值觀、道德的認同感，成為自我達成的「人格典範」。有志一同為社會的理想而奮鬥，建構完美

的心靈與精神世界，他們的交流著重積極、勤奮、責任感、意志使命感、愛與關懷的品格修練與心靈的交會，他們將成為社會人品典範的夥伴，熱心奉獻幫助社會進步的動力。

二、現實主義的交往型

這類型的大學生重視現實，自我保護。

（一）社交型

社會生存是一個有機體，有了社交的人脈，就會產生經濟的通路、人際資源的通路，有好的人際關係就好辦事。此類型的大學生比較早熟，懂得巴結老師、奉承老師，成為老師信任的差使，也是老師心目中的好學生。此類型的大學生，也懂得籠絡、鼓勵、幫助一些比較會聽他差使的同學，形成了一群情義相挺的死黨。社交型的人，由於人格特質上樂於討好有權勢者，也籠絡追隨者，在社會工作上容易受重用。

（二）現實交易型

人人均須面對社會生存的現實，要有生活上、經濟上、地位上的實力，才能成為他人交往的對象。豪門出身的家庭子弟，常瞧不起貧困的同學，不願與他們交往。高文化水準出身的家庭子弟，也常會瞧不起文化水準低的同學。畢竟社會的生存競爭，是一種殘酷與現實。此類型交友型態為「有錢有勢入門來，無錢無勢兩邊站」，大學的男女交友常會有現實的色彩，不能責怪他們，畢竟現實型是比較早一點社會化，缺乏理想主義的一群。

（三）自我保護型

常以自我損失最少，減少自我暴露，保護生活上的各種資源，自我獨享，不樂意與別人分享。由於常有獨享、自我保護、自我保守的想法、行為與交友觀念，其朋友甚少，個人資源也損失最少。個人因為保守，在守成上表現不錯，在開創人際交往的能力顯得不足。保守

型的人，由於社交能力比較弱，社會成就也比較差，畢業後常只能固守一個現成的工作，少有創新與發展的契機。

三、遊樂、善變與偏執型

這類大學生過著空虛、不穩定與自傲的膠著生活。

（一）遊樂型

上大學的目標，在追求生活、管教上的完全解放。生活的重心不在學業，而在追求慾望的滿足。把寶貴的時間投入社團、玩遊戲、戶外郊遊、工讀、賺錢等。其生活重心偏離學校課業，常常使自己虛度了美好的大學時光。遊樂型的朋友可以讓你快樂，長久下來會覺得生活的空虛。

（二）善變型

人生努力的目標不穩定，一月三小變，一年三大變，常想東又做西，找不到人生的「核心目標」及「核心價值」，其「理想與現實」常有很大的脫節。今日想出國深造，明日又不想行動，後天又有一個新目標、行動步驟；常缺乏邏輯性、一貫性；生命的時間、金錢常隨興花費；常有夢想，卻看不到進展與成果。

（三）偏執型

大學生中有許多表現傑出、自傲、極度自我中心、孤芳自賞、認知偏執、情緒偏執等人格特質。他們通常人際關係都比較差，因為他聽不進去別人的話，在校園中獨來獨往，認為大家都太笨了、太沒智慧了，不值得與他們交往。對於政治、情緒、價值觀的表達，有自己獨特的偏好，又希望別人來認同他，也形成不良人際關係的主要原因。偏執型的人有極少的朋友，他寧可選擇獨來獨往、自我中心、憤世嫉俗，不與人往來，形成一種獨特的人際交往類型。

第五節　大學生人際交往的知能、技巧

　　影響交友的因素很多，包含交友的意義、交友的資源限制、交友的機會、個人氣質、個人魅力、交友的技巧、溝通技巧、人際交往的紅線區、人際交往的負面效果等。陳紅英（2008）、戴晨志（2009b）、王淑俐（2009）、李開復（2008）、段鑫星（2008c）、朱家賢（2009）、鄭照順（2009c）等學者，對於如何增進大學生人際交往的技巧，提出幾種重要「人際能力」的指標，討論如下。

壹 增進大學生人際交往的知能

一、增加人際的認知與判斷能力

1. 了解人際的正面意義：懂得人際交往的正面意義會帶來認知、資訊、資源、心理支持的廣度與支持。

2. 了解人際的負面意義：人際交往過度，超出自己的時間、金錢、能力限度，可能成為一種時間、金錢、精神的負債。

3. 了解人際的危險層面：如果遭遇品德不良、花言巧語、好偽飾、善於誘惑、引誘犯罪等類型的朋友，就應判斷是否值得交往下去？遇到危害自己健康、社會安全、家庭幸福的朋友，應找理由拒絕和迴避。

二、重視人際互動的原則

（一）平等與尊重原則

　　平等的交往、平等的付出，交往才會長久。反之，要求「別人平等」，自己卻「只要求，而不付出」，將無法得到彼此「心理的滿足感」。

　　尊重別人也等於尊重自己，「尋求尊重」是每一個人的基本需

求，得到別人的尊重，才會感覺自己存在的價值。因此「能否尊重他人」、「受人尊重」是人際交往的重要條件之一。古人云：「敬人者，人恆敬之。」尊重彼此的看法、認知、權利，付出、調和彼此的需求，共同達成彼此願意攜手合作的方向、契約、行動，才算完成「尊重的行為」。

大學生雖然都來自不同地區、家庭及社會成就，彼此要以「平等」、「尊重」相待，才能長久發展友誼。

（二）真誠與包容原則

真誠，是人際關係中最高的品質，大學同學間有許多的寒暄、恭維、應酬，但均是心不在焉，轉身就遺忘。如果雙方能積極投入、用心交流、真誠相待，彼此的感情會很快升溫。

真誠是友誼發展的動力，彼此能「互相包容」是友情發展的重要心理環境。「欣賞異己」也是欣賞別人與自己不同的地方。包容之情，有許許多多的接納，使對方的缺點不形成彼此交往的障礙。包容是一種「寬心」、「情緒空間」的加大，因包容而減少摩擦。

（三）誠信原則

人際交往首在誠實、守信用、重承諾；人際間有一些懷疑，無法彼此互信，就發展不出朋友情誼。該許的承諾和不該許的承諾要量力而為，承諾一定要兌現，講求信用、速效，才能發展出彼此的信用度。有責任感的人，凡事積極、果敢，做人有信用，做事有品質，可以使彼此的感情獲得持久。

（四）互利原則

人際交往中要建立關係、維持關係，不只是形式上的同學關係，要找到互利的因子，例如：互相關心、互相愛護、互相幫助，不是功利主義的斤斤計較，而是有付出、有呼應，彼此表現善意、合作、助人。

三、增強自己的人際魅力

　　人際吸引力、人際魅力是一個人受人青睞的特質，如水果之甜、花之香、草之綠、少女的風姿、少男的英俊、老人的智慧，如甘草愈嚼愈有味等。一個人從外表的裝飾、頭腦的知識、語言的幽默、個性的修養、人際的親和力等，都是一種吸引力。

（一）注重外表的整飾

　　整齊的衣著、明亮的儀容、微笑的臉頰，總會帶來一些愉快舒適的感覺。修飾自己的儀容在於揚長避短，形成自己獨特的氣質與風度。大學生在出席會議、正式餐會，應穿著較正式的服裝，不能穿休閒服、拖鞋，會給人隨便的感覺。在儀容方面，男生不能留過長的頭髮，女生則不能把臉部遮住。服裝、儀容均代表一種文化修養，整潔的儀表會帶給人愉悅的感覺，也會給對方留下美好的印象。

（二）加強個性品質的提升

　　一個人的思想、態度與行為的綜合表現，會形成一個人的個性品質。良好的個性品質，能夠解決人際的困境，保持積極的心態，增加人際吸引力。譬如一個善於包容的個性，對任何攻擊、批評總是微笑以待，表現不埋怨、不記恨，也不會留下對方的陰影。不良的個性，常會使自己陷入痛苦，並且對人際關係產生阻礙。段鑫星（2008b）對良好個性品質提出對照表如表5-1。

（三）豐富的知識與幽默

　　有豐富的知識，經過不斷的實踐、體驗會轉化成一種能力。有智慧、有能力會令人敬畏、崇敬，要拉近人際間的距離，需要「幽默」、「謙和」當潤滑劑，有幽默感的人，容易受人接納與肯定，其意見容易被人接受。

表5-1　大學生良好個性與不良個性對照表

良好個性	不良個性
1.眞誠	1.自私
2.熱忱	2.虛假
3.謙讓	3.狡猾
4.豁達	4.粗暴
5.幽默	5.狹隘
6.智慧	6.故意
7.才華	7.古怪
8.分享快樂	8.冷酷
9.友善	9.易衝動
10.快樂	10.孤獨
11.開朗	11.固執
12.責任感	12.羞怯
13.不自私	13.掩飾
14.親和	14.斤斤計較
15.坦率	15.貪慾

資料來源：段鑫星（2008b）

　　幽默是一種潤滑劑，是一種機智、詼諧、樂觀、自信、EQ能力、轉化氣氛的能力，這些優秀特質連結在一起，是知識與人際能力的表現。幽默能使社交輕鬆、融洽，利於人際交流。譬如，有人自稱是醜小鴨，沒有「醜小鴨」也顯不出他人的珍貴。在矛盾、誤會時來點幽默，就可以化干戈爲玉帛。

四、主動關心別人、對別人感興趣

　　邱連治（2007）提出「怎樣贏得朋友」的看法，最重要的是「主動關心別人的興趣」、「關心他的心事」、「關心他的需求」、「用心的傾聽，努力的回應」。

　　1.關心別人感興趣的問題：有些人關心棒球、有些人關心身心健

康、有些人關心自然環保，找到「共同興趣」的話題，就可以彼此交流。

2. **微笑、名字，永遠是最親切的語言**：微笑拉近人的距離，名字是自己的化身；善用微笑說話，微笑的表情、快樂聲就是迷人的吸引力。

3. **努力的傾聽，誠心請教，專注的回應**：努力傾聽是一種「尊重」，加倍增強，其價值是一種關係建立的「橋樑」。

4. **說出「肯定」、「讚賞」、「謙和」的話語**：激勵士氣，有助於建立永恆的友誼。

5. **虛心請教對方如何找到成功的方法**：例如請教同學：「你的讀書方法是什麼？是否有哪些方法可以突破當前學業的困境？」

貳 增進大學生人際交往的技巧

人際交往是一種智慧能力、一種技巧、一種態度，更是一種行動。我們看到許多人因交到好友而成功，也有許多人交到劣友而受累。於茫茫人海中能夠「擇良友而交」、「創造良機」、「培養良緣」，有助於學業、事業的發展及豐富生命的內涵。江文雄（2008）、鄭照順（2008g）等學者從心理學、行政學、溝通學之角度，討論人際交往的行動、態度、心理、智慧，去判斷結交生命中的益友。人生的人際交往如果「交友不慎」、「用人不察」、「不知反省」、與「不知紀律」的人交往，往往也是一生的失敗、事業致命的禍因。

好的人際交往技巧與態度如下：

1. **有熱忱的行動**：主動關懷、主動服務，必受人歡迎，也能產生喜悅、溫馨與信任。如證嚴法師常能實踐「大愛精神」，勤於服務、奉獻、不求回報的精神真摯感人。

2. **有感激的態度**：心存感激、快樂分享，並能食物分享、資訊分享
   更佳；多欣賞別人的優點，多花時間陪伴朋友，自然成爲好友。
   不鋒芒畢露，話別說滿，勿揚人惡，勿直言快語等，有正向的態
   度及行爲，日積月累，友誼會直線上升。

3. **常給人支持鼓勵**：勤於傾聽、重同理心，多讚美、多鼓勵，勤於
   自我反省、常激勵別人。以同理、支持、體諒的心態，必會贏得
   信任與傾心。

4. **善於趣味溝通**：增加趣味性溝通、肯自嘲、肯定別人、放大別
   人、縮小自己、自我充實、言之成理、掌握溝通的時機與成熟的
   氣氛。有周詳的溝通計畫、目標，努力表達、用心回應。

5. **學習化解僵局**：溝通障礙包含準備不足、缺乏主題、缺乏自信
   等。留給別人尊嚴，忍一時之氣，才能出人頭地，找回人生目
   標。澄清矛盾的角色，找出成就目標、尋找成功的溝通典範，來
   協助溝通。例如戴晨志常說：「口齒留芳才能打開僵局」，「要
   找活路，別死守退路；每個困難都是一個機會」。知名女主持人
   于美人（2009）說：「猜我有多愛你？」「不說出來，所有的悔
   恨、內疚都留在離別的心中」。

第六節　善用心理技術，改善人際關係

　　王登峰（2002）、鄭照順（2009c）等提出，改善人際關係的心理
技術：(1)使用「敏感性訓練」：增進人際間的「知覺敏感度」；(2)採
用「角色扮演法」：去體會每一個人的角色，以增加彼此的了解；(3)
採用「表達技巧訓練法」：練習一個意思「用不同的方式」來表達，
會帶來不同的結果；(4)採用「人際興趣交會法」：如何找出共同的話
題，以延續彼此的好奇心與共鳴感；(5)採用「人際障礙破解法」：人
際間有了埋怨、懷恨都會圍成溝通的城牆，人際有怨、恨、情仇，若

能表示感恩，提供磨練成長的機會，擺上微笑的心境，依然可以再續前緣。

改善人際關係的心理技術如下：

一、敏感性訓練

屬於會心團體的一種，人員在5至15人，有一個團體輔導員；其活動為「盲人走路」，須同舟共濟，每一個人要過河、過橋均需要人協助；搬運東西要大家同心協力，以建立信任感、真誠與友善。並討論每一個人的目的、興趣、機遇的問題。例如：與同學很難溝通的情況，如何有效的了解彼此的心意？如何攜手合作，將問題解決及達成目標？當每一個意見都能傾聽，再表明「理想的解決途徑」，大家必能接受與支持。

二、角色扮演法

角色扮演法是拋開自己現有的角色、想法、態度、行為，去扮演一個「新的角色」，如校長、董事長、老師、父母、學生的立場。重新「移情到一個新角色」，體驗校長的辛苦、父母的辛勞與責任，即體驗別人的立場、心理世界、所需的「肯定與讚美」。角色扮演在提升「知識廣度」、「移情能力」，並改變自己的「批判思維」，增加「體諒能力」、「同理心」及「包容力」。

三、表達技巧訓練法

「言之成理」可以促動理性者的心智；「言之成趣」可以引發大家的共鳴；「言之成故事」可以啟發大家的長久記憶。語言中有「九成的肯定、讚美，一成的建議」，比較能獲得對方的接受。認為這個人知我心、疼惜我，對其建議，會深以為惜。「表達技巧訓練法」的培訓方式，是請每一個人寫出「三句讚美別人的話」，抽中「被讚美

者」坐於中間。第一階段：接受每一個人的讚美、肯定、支持，這個人的信心會恢復，心理會更健康。第二階段給予「合理的期許」：當事人也會努力去達成大家共同的期望。第三階段：當事人接受別人的讚美並表示虛心接受，像是「我會更加努力」的回應。

四、人際興趣交會法

每一個人談談自己生活中「最感興趣的事」，例如：旅行、登山、攝影、音樂、運動、寫作等，從登山活動的準備、體能鍛鍊、食物、能量、智能開發、情感成長、腦力發展、登山的安全，可以使大家產生認同感，交織成為終身的好朋友。若能共同分享「專業主題或生涯經驗」，如創意來源、心理衛生、旅行經驗等，都可以促進感情的提升。5至10人團體，只要找出彼此「關心的主題」，每一個人分享自己「成功與失敗」的經驗，就會增進高峰經驗，例如：談戀愛的經驗、考試的經驗、旅遊的經驗等。

五、人際障礙破解法

有社交障礙的人，要破除「人際交往障礙」是需要長期學習的，例如：

1. 我們常害怕參與社交場合：會不知所措，覺得沒意義、沒興趣，如何突破「心理害怕」？只要覺得我是要去「觀察學習」，就會化解怯意。

2. 我怨恨、討厭這個人，不想再見到他：他是學習的「參照對象」，因為有他，使我了解「不好的朋友」是這種類型。我要感恩他，以他為鑑，我不懷恨他，才不會在心中留下陰影，而破壞自己的好心情。

3. 我在社交場合常辭不達意：在社交場合要因人而異去關懷、讚美、支持、分享，確實要有一些心理的準備。先稱「我不如你們

年輕人，年輕人有許多創意，是值得我們老人家學習」，如此就有發揮的空間；「這句話年輕人如何表達？」找一些問題來「請教對方」。

六、多做利他的行為

王登峰（2002）指出愈多利他的行為，有關懷的心、感恩的心、付出的行動，都表示心理比較健康。因為利他、助人、服務他人、提供資訊服務，都會使人心理愉快。做一些別人不太願意做的服務、奉獻，自己會有一種成就感，也會得到別人的支持與認同。人際關係的發展不只是語言，更重要的是熱忱的態度和奉獻的心。慈濟功德會常從救災、奉獻的行為，化解雙方的敵意，轉為包容與肯定，也使友誼長存在彼此心中。

第七節　大學生人際衝突型態

大學生來自不同的地區、家庭、學校，有不同的個性、年齡、認同、期待、理想、人格特質等，會產生多種人際交往型態。在人際交往中也常有衝突現象發生。鄭照順（2009c）分析這些衝突現象，可以分為下列幾種類型，包含：(1)自然資源的衝突；(2)社會名利、資源的衝突；(3)不能滿足期待的衝突；(4)關心的事不一致的衝突；(5)價值觀差異的衝突；(6)挑撥政治意識、族群對立的衝突。

楊國樞（2004）、鄭照順（2009c）指出大學生「人際交往型態」及「人際衝突型態」，可分為下列幾項：

一、競爭型

在學業成績、社會成就上以對方為參照指標，企圖超越同班的同學，並能於社會中發展自己學術、行政、經濟地位，這一個班級的

同學永遠是他的參照團體。競爭型人物不一定能得到多數人的崇拜，只有英雄惜英雄，他們比較能得到自我的肯定，在班級中常有社會地位、聲望的衝突。

二、合作分享型

在同學交往過程，互相陪伴、分享各種資訊、合作完成專題報告、合作去推動各項活動，也形成工作、事業的終生夥伴。合作型的交往型態，比較能惺惺相惜、心胸開闊，樂於互助合作，較能發現雙方的優點、長處，達成互補效果。合作型發展的結果，會成為知音及終身好友。

三、情感型

人的交往以增進感情、關懷精神支持等為核心。情感型有較多的人際關懷、協助、安慰，許多弱勢的學生特別喜歡依附在有愛心的同學旗幟之下，形成互相取暖、互相安慰的心理團體。情感型的交往型態表現著豐富的熱情，其感情、友誼永遠富足、愉快，也是一種「樂天知足」的生活型態，此種人際互動重感情、不重名利，較少衝突。

四、冷漠型

對於人際交往缺乏興趣，對班級團體也缺乏認同感，其人格屬於「自我中心」型，希望得到別人的關注，但自己又不願意付出、配合、關懷的態度及行動。冷漠型的人際交往，可能對別人懷有敵意，常對外界的社會互動退縮，一生孤獨，怕被傷害，不喜歡與人互動，常孤立無援。

五、衝突型

　　大學生常見的人際衝突地點是宿舍與教室，在寢室中有不同的生活習慣；在教室中有不同的見解、價值觀、合作互動形式，其基本的衝突型態（如圖5-1）包含：

1. **認知、價值衝突**：對某一個見解不被尊重、被否認，或故意去攻擊對方的看法。
2. **行為、生活作息的衝突**：在宿舍有些人不顧別人的讀書、睡眠，故意吵鬧、引發不愉快。
3. **期待、關心的差異衝突**：一個班級活動，由少數人所主導，缺乏參與的機會，也造成彼此缺乏共識，而出現反對或冷漠的反應。
4. **心理知覺排斥的衝突**：一些弱勢的學生需要老師、同學更多的關懷，如果有些強勢的同學所主導的活動，缺乏對弱勢學生的協助或排斥，也會引發一些心理衝突。

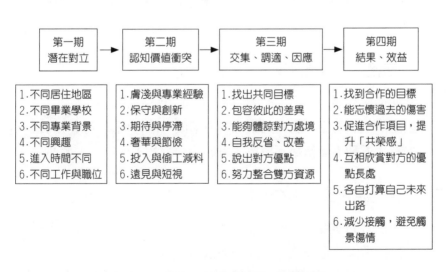

圖5-1　人際衝突的發展歷程與調適方法

資料來源：鄭照順（2009c）

5. 個性不同、興趣不同、企圖不同的衝突：有些人不喜歡交際、不喜歡戶外活動、對學術活動興趣缺缺、想當游離份子，就會產生相互冷落，這也是一種心理的對立、矛盾與潛在衝突。大學生因個性不同，無法友善的相處，每一個人都會遭遇人際的衝突，只要冷靜的因應，自然可以找出適合自己的人際型態。

綜合言之，人際衝突在來自個性不同、興趣不同、期待不同、認知不同、價值觀不同、作息不同、心理知覺不同等衝突，人際相處必然會有衝突發生，因此須對「人際衝突」與「因應」進一步的分析。

第八節　大學生人際衝突的因應策略

壹 人際衝突的心理與行為發展階段

劉必榮（2006）的研究發現，人際衝突可能會產生下列心理情緒與行為反應：

一、初級衝突：情緒升高

1. 使情緒升高：心理上的委屈，不停的想，使情緒升高。
2. 認知上的衝突：認為錯誤是對方造成，單方面責怪對方的錯。
3. 有人煽動，使情緒不穩定：憤怒的情緒找不到出口去發洩。

二、敵對態度衝突：不友善態度

1. 不友善的態度：採取不打招呼、不配合、有困難、有許多莫名其妙的理由，造成彼此的隔閡與敵對。
2. 不舒服的心理：當對方氣勢凌人、強勢運作、以強欺弱，會造成不舒服的心理，因此會把不被尊重之氣，轉為攻擊、黑函，以消

除其心理鬱悶。

三、劇烈行為衝突：行為攻擊

1. **行為攻擊**：2008年南台灣一所科技大學男女情人因女生移情別戀，引發男生不滿，用車撞死女友。
2. **語言攻擊**：許多人因意見、想法不合，採取威嚇、辱罵對方的行為。嚴重者，公開貶損對方尊嚴，互相對罵。
3. **黑函、造謠攻擊**：比正面傷害更嚴重的事，像是借刀殺人之計，設計別人去攻擊自己的怨恨之人。

貳 化解人際衝突的因應策略

人際衝突來自認知、價值、情緒、目標、立場、資源、行為等主題，看法不一致、立場不同所引起，可以透過溝通、協調、互讓、冷卻、迴避、仲裁等策略，來化解人際衝突的強度、損害程度，提升「衝突的價值」，「建立制度」及增進「未來發展」的意義。

一、化解衝突行為

1. **心理的包容**：即使是對方無理的傷害，以更包容的心來包容對方，自我「怡然自得」一身清風。
2. **心理的忘懷、放下**：對惡形惡狀的人不必放在心上，藉由時間、空間把他淡忘。
3. **心中自省、自我改善**：「改變別人不易，先改善自己的態度」，每一件衝突，必然有一些彼此認知、看法、作為上的差異，能自省才能自我提升。
4. **身體的轉向，自我改變環境**：同學吵架，有一方去外面走走，就可以減緩衝突逐漸升高的機會。

5.忘掉吃虧，重新出發：心理能夠忘掉自己損失，必會有東山再起
的機會。

二、化解價值認同差異的方法

注重「道理的陳述」、「兼顧雙方道理」，要進行時間管理、建
立共同認同的規則、互相遵守承諾。父親重視孩子的「課業第一」，
孩子注重「玩伴的承諾」及「遊戲優先」，因此父母講的道理，孩子
聽不進去。父母可以建議孩子做「時間規劃」，「重要時間」去做重
要的事，留下一些「娛樂時間」自己規劃。培養時間規劃能力、時間
管理能力、價值的抉擇能力，也能化解父子的衝突，子女也因遵守承
諾而得到獎勵。

三、化解情緒衝突的因應策略

先「了解對方的期待」、「調節合理容忍度」，例如：先生常常
半夜歸來，忽略太太的「心理感受」，引起太太「不滿的情緒」。先
生的因應策略：(1)先要了解太太「不滿的情緒之來源」；(2)採取正向
關懷致歉減壓；(3)離開現場情緒壓力區；(4)等太太冷靜時，說以後
太晚回來，會先報備及努力改善不良行為；(5)常鼓勵太太要「正面思
考」、「多一點正向思考」，對身心健康有益處。雙方調節一個「合
理的容忍度」，使情緒不再引爆。

四、目標、期待衝突的因應策略

目標、期待衝突時，由抉擇者「負決定的責任」；每一個人有自
己的人生理想與目標，例如父母希望子女念熱門的醫學系、電機系，
就一定能夠找到幸福嗎？期待衝突的因應策略：(1)父母提供「多元選
擇的途徑」，但孩子可以自己決定「自己人生的目標」，經由充分溝
通後，尊重孩子的決定；(2)決定者需要負「決定的責任」，即培養抉

擇的能力，承擔後果的責任。

五、個性的衝突的因應策略

個性衝突的因應，應尊重別人與自己的選擇。「改變別人很難，先改善自己」：(1)每一個人的態度反映他的認知、價值、品格、目標觀：有些人有積極的態度，與一些懶惰、消極的人相處，就會引發衝突。因應策略：「以人爲鏡，增加積極態度」；(2)「道德行爲標準」的衝突：道德行爲表現，常看到有人違法、侵占、奉承、軟弱，會令人瞧不起，是起於一種「道德標準」的衝突。因應策略：「以人爲鏡，積極提升好品格」。

綜合言之，人際衝突現象是人群社會必然會發生的現象，其起於：(1)認知的不同：採用優先價值抉擇法、時間管理法；(2)情緒的衝突：要正向思考、關懷減壓，或暫離開情緒壓力；(3)目標期待的衝突：提供多元目標，由決定者負責任；(4)態度、個性的衝突：尊重每一個人的個性與選擇，不必勉強相處；(5)社會資源與職位的衝突：不太需要去理會小人，自我提升，自我超越；(6)善用心理包容策略，原諒對方就是寬恕自己，給自己好心情。

【討論題】

1. 有助於人關際係建立的方法（基本原理）有哪些？如何有效的應用，請舉例說明之。
2. 大學生常見的人際衝突的潛在因素有哪些？有效的因應方法有哪些？
3. 大學生常見的人際衝突有哪些？如何有效的因應？並請採用心理學、社會學、哲學等方法加以分析這些因應方式效果。

　　本章曾載於2009年高苑通識教育理念與實務研討會論文集，頁29-63。

第六章

大學生的人格與培育

人格培育的金科玉律

人格，是適應生活、工作、學習環境中逐漸形成的特質。　　　　　　　　　　　　　　　　　（段鑫星）

人格的內涵包含本我（動物性）、自我（現實性）與超我（品格性）。

（佛洛伊德）

人格包含陽光面（角色人格）與陰暗面（真實人格）。

（榮格）

人格是個體對人、事、環境適應所顯示的獨特個性。

（張春興）

第一節　人格的意義與人格理論的發展

壹 人格意義的起源

　　人格（personality）語源來自拉丁文persona，是「假面具」的意思。人格是性格的繼續發展結果，強調個人的統一性。人與人的相處可以說是人格與人格的相處，像是戴上了一張面具。Allport（1950）說明人格的定義：「人格是個人內在的動力狀態或動態組織，這些心理系統決定了個人對環境的特殊適應方式。」Cervone和Pervin（2009）進一步說明：「人格是將個人的思想、情感和行為融合成一種特徵性、獨特性的型態，具有穩定性與一致性。」Allport（1950）指出，人格是一個人特別鮮明的特質，世界上沒有兩個完全一樣人格的人。不同的人格特質，使朋友圈、社會鏈增加了許多豐富的色彩與意義。假設每一個人性格都一樣，社會將是單調、沉悶與無趣，就無法創造出多姿多采的社會互動形式想像空間。

　　人格的形成因素、人格的意義內涵及人格對行為的預測性，一直都是心理學家想探索的秘密：(1)在社交場合，看到有些人很容易與人熟悉、熱絡，有些人則被冷落在牆角，有些甚至被排斥；(2)工作的遭遇上，有些會樂觀積極因應，有些在等候機會來臨，有些人表現壓抑與沮喪；(3)在職場上，有些人主動積極、有責任感、使命感、工作勤奮；有些人挑簡單的工作做，得過且過，不想為工作多操心；(4)在各種活動場合，有些人會主動與人打招呼，主動參加戶外活動，喜歡上台表演，發表個人意見；有些人是盡量閃躲，不願出現公眾場所，有些自卑的情緒，喜歡孤獨的生活；(5)我們從人格的特質，是否可預測他未來會擔任什麼「職位」？會達成什麼「成就」？會帶給社會、國家什麼「貢獻」呢？這是許多心理學家想研究的課題。

　　世界知名的各界領袖，其成就是否與人格有關？邱吉爾擁有藝

術、文學天分和領導才能，又極為幽默、擅長寫作，具有「多元智能」的人格特質，贏得二次世界大戰最傑出的領袖與文學家稱譽。其勤奮、熱忱、冷靜、知進退、激勵士氣的性格造就他高的成就。二十世紀電腦王子比爾‧蓋茲會在電腦軟體的發明有傑出成就，在於其善於創新、整合、超越、立即行動的人格特質，使他的電腦軟體永遠領先世界先端，可證明「人格特質」確實會影響個人的社會成就。

人格的定義至目前為止，多達六十多種；當代心理學者對人格的定義也有十五種之多（戚烋穎，2007）。各種不同見解的心理學家，想試圖確定人格的定義，卻無法達成人格本質的共識，研究什麼是「人格本質」，心理學家之間的爭論異常激烈，其爭論也顯示心理學者在論證、詮釋觀、未來觀上看法的不同，與強調的重點有所不同。

貳 西方學者所提出的「人格理論」

人格一詞的來源，是指戲劇演員的面具角色與身分，相當於京劇表演者的角色與臉譜。這個「面具」的背後代表什麼呢？它隱含有雙面性或多面性，公然示眾的一面和隱藏於面具後潛在的多面特質。學者所提出的「人格理論」較具有影響力的見解如下：

一、Jung的人格表層與深層論：依據外在需要來偽裝

Jung（1961）認為人格包含二個層面，一為「人格表層」，即按照對方、雇主希望做事的方式做事，即人格面具或角色扮演。例如上班的笑，可以迎合客人，是偽裝的笑。另一個是「人格深層」，即真實的自我，其中包含人性的陰暗面、獸性面、慾望面，人可能表面服從、背後耍手段，以追求個人的利益與滿足感。

二、Freud的人格結構論：是發展性的結構

精神分析學者Freud（1905）最早用「結構層次式」的眼光來看人格，在Freud的眼裡，認為人格是「本我」、「自我」及「超我」的組合。「本我」是人格的動物性、慾望性、非理性部分。「自我」是人格的現實性、競爭性、社會需求部分，即自我的現實生存面，要認真、勤奮、要競爭，要獲得自我成就、社會成就、人際關係等。「超我」是人格的理想性、道德性、品格性層次，人們去完成現實生活的需求之後，開始追求精神生活、典範人格，為人類整體進步做出最大的貢獻。Freud指出每一個人的人格組成成分的比重，就會顯現其人格的獨特行為。

三、Skinner的環境刺激論：人格由激勵與制約形成

行為主義學者Skinner（1974）指出，人格的反應是一種「刺激—反應」的連結，當我們強化某一行為的價值、獎勵，就會形成「行為習慣系統」。資本主義獎勵資源、人力整合擴大競爭力，以強取豪奪建立了社會競爭的規範，於是產生連鎖性跨國公司、跨國企業，以爭取、應用各地的資源，獲得絕對的競爭優勢。人類的物質慾望不斷的被鼓勵，而且獲得利益，就使商人不擇手段的開發能源、破壞地球生態，造成自然環境的失衡。

行為主義認為人格系統的了解與建立，應由「刺激—反應」、「獎懲—處罰」中去建立人格的典範與人格的導正。社會風尚、社會風俗、社會風氣等，會影響人格的發展與行為的走向。台灣地區近年校園霸凌事件頻頻發生，壞學生可以任意欺負同學，而得到增強，沒有強制的約束力，形成不良風氣。

四、Allport的特質論：依據生存重要性形成

Allport（1963）假設人格的基本表現是個人的人格特質，人格的特質包含外向型、內向型、樂觀型、悲觀型、活潑型、頑固型、熱忱型、社會型、人際型等，每一個人依其認知的「生存重要性」構成了個人獨特的人格特質。有些人以熱忱、奉獻造就了個人的成就感，就會形成「人際社會型」；有些人以勤奮、踏實、理想、分享，去創造一番事業，就會形成「積極、勤奮、理想型」，有些人以幽默、樂觀、自得其樂去建立甜美的人生，就形成「幽默自得其樂型」。人格特質會影響其事業發展、事業成就，也影響人格的發展與成熟。

五、Sullivan的人格人際理論：依據迴避焦慮形成

Sullivan（1953）發展出周詳的人格理論，稱為「人格發展的人際理論」，強調人際關係的重要性，人格的發展幾乎完全是由個人與他人間的關係所塑造的。Sullivan視人格為一個「能量的系統」，能量如果以靜態、放鬆的狀態就呈現「行動的潛能」；如果以行動的方式就呈現「能量的轉換」。嬰兒藉由得自於母親或照顧者的同理關係，學到了焦慮與緊張。Sullivan認為「焦慮緊張」是人際關係中主要的破壞力量，如果沒有焦慮和緊張，就可以得到安樂。

六、Shaver（2008）的人際依附理論：人格發展受到信任的影響

母親給孩子「安全感」，讓孩子覺得可以依靠她，當這種關係建立之後，孩子比較會有自信及探索外在世界的勇氣。人格發展的類型分為：

1. 安全依附型人格（secure attachment）：父母給小孩子安全感，小孩主動親近母親、要求抱抱等。這一類小孩比較有信心，及有探索新事物的能力。

2. **焦慮抗拒型人格**（anxiety resistant attachment style）：當母親離開，他會顯得難過，但是當母親回來時，他表現得若即若離，母親要抱他，卻又想掙脫。

3. **迴避型人格**（anxious-avoidant）：母子間彼此防衛與不信任。上述第二、三種屬於不安全依附型的人格，不安全依附型的人格會影響小孩有效的發揮其學習能力和探索的動力。

七、Cervone和Pervin的「認知、情感、行為」組合論：人格受基因、教育影響

Cervone和Pervin（2009）指出人格是個體認知、情感及行為互動過程的複雜組合，人格使個人生活方式及行為表現呈現一致性。人格包含人格結構與行為過程，人格也呈現先天的基因及後天的教養經驗的共同作用。

綜合言之，影響人格表現有五種主要影響因素：(1)人格受遺傳的特質所影響；(2)人格受生存環境的因素所影響；(3)人格可以由教育方法而得到成長；(4)人格受親子信任關係所影響；(5)人格依據生存的重要性，調節為個人的特殊人格。

參）東方學者眼中的人格

中國古代有關人格的正式文獻很少，春秋時代孟子說：「人之初，性本善」，提到人性的本質是善的。漢朝董仲舒把人品分為「上品、中品、下品」，上品者有好生之德，善作典範；中品者善教與感召；下品者汲汲營利。

台灣在2000年開始提倡「品格教育」，筆者在花蓮地區玉里高中2002年任職校長時進行「品格教育實驗」，培育「積極勤奮」、「樂

觀幽默」、「責任感」與「使命感」等特質，以提升學生的內在價值與潛能的開發。在台灣與大陸的學者對於「人格」的完整性研究還很少，其人格內涵的定義也有些不同。戚煒穎（2007）提出：在1980年代，大陸學者逐漸採用西方學者「人格」的概念，以取代蘇聯心理學家常用的「個性」，因為「人格」較具有學術性、發展性、預測性的意義。

一、人格是內在傾向的整合

黃希庭（2002）認為，人格是個體在行為上的內在傾向，表現在適應環境時的情緒、態度、動機、價值觀、行為、氣質、能力、表現的整合。鄭照順（2008f）認為教養方式、學習環境、人際互動的環境文化，會影響人格的正向與負向發展。

二、人格是生活適應的獨特性

張春興（2009）認為人格是指個體在生活歷程中，對人、對事、對己，以及對整個環境適應時，所顯示的獨特個性。人格呈現是個體經由遺傳、教養、環境適應、事業成就的交互因素所形成，表現在興趣、動機、能力、態度、價值觀與氣質，其行為就呈現出一系列的人格特質。許多的身心、行為特質就形成人格組織，因此人格具有獨特性、持久性、複雜性等。

三、人格具有穩定性和統一性

戚煒穎（2007）指出人格的精義為：「人格是構成一個人思想、情感、行為的特有模式，具有穩定性與統一性。」

戚煒穎（2007）、鄭照順（2008f）對人格指出綜合性的定義：「人格是構成一個人思想、情感及行為特有的模式。」

四、人格是個人思想、情感及行為的特有模式，使行為有預測性

段鑫星（2008b）、鄭照順（2010d）等提出人格具有五種特性，即穩定性、一致性、獨特性、複雜性及預測性。當我們提及某人的人格時，我們常假設及驗證此人的人格有一定的穩定性、一致性，不會隨時間的改變而變化。人格是存在「個體內部」的思考、行為、態度核心，因此常表現獨特性與複雜性。長期的觀察、記錄，可以發現一個人的人格行為具有預測性。譬如常發現的人格特質如下：喜歡投機取巧、嫉妒別人、破壞他人好事，表面溫柔、內心毒辣，熱忱好客、熱心公益、認真勤奮、樂觀進取、積極負責、樂與人分享、幽默感、謙卑有禮、注重效率等。由於個人的「身心修養方法」不同，積習日久，就形成一致性思考、行動特質等，表現可預測性。

第二節　人格的特性

人格是構成一個人思想、情感及行為特有的模式，這個模式可以讓人了解個人穩定的心理與行為特質。人格具有下列六種心理特質：

一、獨特性

每一個人來自不同的遺傳基因、家庭生長環境、教育、學習等因素，這些因素的交互作用下會形成獨特的心理特質：(1)有些人天生嬌生慣養，就會撒嬌與自傲；(2)有些人面對許多困境、努力才成功，就會顯得謙和、克制、重人和；(3)有些人在貧苦中有成就，願意幫助別人成長，就表現愛與關懷；(4)有的人在冷落、疏離、艱苦的家庭中成長，就表現反抗與不滿的性格。

二、穩定性

習慣影響人格，人格形成之後影響命運，人的習慣形成後就成為人格的一部分：(1)有些人因熱愛藝術、戲劇，形成藝術性人格，重品味與創意；(2)有些人因自我中心，高自尊就會產生高自尊人格，處處怕人批評；(3)有些人自視高人一等，就會傲視一切，而形成自傲與假慈悲的雙重人格；(4)有些人不喜歡與人分享、互動就形成內向、孤獨人格，遇到人群總是想辦法迴避，去尋找心中的避風港；(5)有些人喜歡與人聊天互動，樂意稱讚、鼓勵、關心對方，而進一步發展較深入的關係，此為交際性人格。有了一段時間的觀察，就可以知道，人格具有穩定性、固著性，即古人所言：「江山易改，本性難移」。

三、統合性

人格的形成由個人的認知、態度、價值觀、氣質等，總合成為一個有機體，具有內在的一致性。人格的表現受自我意識的調控，當一個人在人格各方面結構調和時，就會表現出健康的人格。當個人的人格認知與外在社會規範、家人期望衝突時，就會出現出人格不適應的衝突，或稱為精神疾患人格，如邊緣性人格、憂鬱性情緒，均是一種人格缺乏彈性的障礙。例如男女分手，有些人把它看成正常現象，有些人則表現過度的自責，而形成憂鬱性情緒。

四、動態性

人的心境會隨環境互動、人際互動氣氛、他人期許、自我期望等因素轉變；所謂境轉心轉、情動心動、志堅心定，我們到了風光明媚的地方停駐，心境自然愉快，創意思考源源不絕。我們處在熱情相擁互愛的氣氛中，感情自然不斷的提升。人格常被一些互動的磁場、吸引力而改變。

五、複雜性

　　人格多數是由適應生存的過程所形成，因此具有多面性、複雜性。在人類有雙重人格、多重人格、邊緣性人格、攻擊性人格、退縮性人格、交際性人格等等。人格的呈現因爲外在環境的需求、工作的需求而會有所調整。例如：服務業的人員、百貨公司的銷售員沒有笑臉迎人，可能會威脅到她的工作與業績；善於交際者也必須表現出熱忱、激勵的人格；有些人爲適應險惡的競爭環境，必須做出違反個人人格特質的行爲，而形成表裡不一的雙重人格；有些人面對各種情境，會有快速的人格特質表現，如憂鬱、悲傷、不悅、奸詐、攻擊、狂歡等多重人格的迅速轉變，其轉變常是很自然的，其性格也令人摸不透。戲劇性人格者不是大喜就是大悲，不是愛就是恨，人生只有黑色與白色，心情的轉變快速，因爲人格彈性小，缺乏灰色地帶，缺乏包容、諒解、彈性的意識，容易造成自我的傷害與憂愁。

六、功能性

　　教育家稱「性格即命運」，人的習慣累積成性格，性格轉換成一個特有的人格，人格又造就個人一生的命運與處境。例如「高傲型人格」者，多數在描述象牙塔的人，一個人高傲獨來獨往時，可以維持自己的自尊，但也阻礙人際交往的機會，終究無法有造成「樹蔭效應」的效果。具「交際人格」者，樂於爲別人服務、樂於關懷別人、樂於鼓勵、激勵別人，其行事和人格以人我共同利益爲中心，也會造成他人緣好，容易成爲受歡迎的人物。具有「勤奮積極的人格」，能「明日事，今日計」，努力做好明日的競爭工作，常能在學業、事業上有大的成就，有成就又能謙和、樂善、助人，必然會更受人尊敬。

　　綜合上述分析，人格具有六種特性，即獨特性、穩定性、統合

性、動態性、複雜性及功能性。當我們提及某人的人格時，我們常假設及驗證此人的人格有一定的獨特性、穩定性、統合性、功能性，不會隨時間的改變而變化；但因為接觸的環境、社會互動因素、困境因素等，人格也表現出動態性及複雜性。

第三節　影響人格發展的相關因素

影響人格發展的相關因素很多，林清江（1970）、Holland（1980）、張春興（1981）、鄭照順（2008f）、蔡順良（2009）等學者，提出下列看法。

壹　家庭的教養方式

家庭中父母是小孩最初的教師，也是小孩學習的對象，家庭氣氛也會對兒童人格的塑造有影響。林清江（1970）指出家庭是兒童、青少年社會化的最初搖籃，不同的「家庭氣氛」將影響人格發展。例如：(1)溫馨家庭的小孩，人格表現比較樂觀、自信且有安全感；(2)富貴驕縱家庭中的小孩，其人格比較高傲與自大，處處要高人一等；(3)冷酷、嚴厲家庭中的小孩，比較缺乏自信、逃避；(4)單親家庭中的小孩，因為缺乏父親或母親一方的愛，較容易自卑及缺乏自信與安全感。

鄭照順（2008f）指出，「親子關係」對人格養成亦造成影響，例如：(1)親子關係熱忱開放，則小孩會比較樂觀；(2)親子關係冷漠嚴苛，小孩比較冷酷，容易做出出軌的事；(3)親子關係疏遠，不容易形成共識與向心力；(4)家長常表達關心與期望者，其子女會有較高的成就，也樂意分享彼此的苦樂，對人格的成熟、成長有幫助。

綜合言之，家庭氣氛、親子關係會影響小孩子人格的成長。因

此人格有其穩定性，也有轉變的可能。父母如果能夠培育子女好的品格，如積極勤奮、責任感與感恩、幽默與自信，將是他們一生受用不盡的資產。

貳 學校文化因素

　　學校教育的學習與文化氣氛，教師的教學態度、同學之間的互動方式、教師的期望、教師的鼓勵等，都會影響人格的成長。張春興（1981）、鄭照順（1988）等的調查研究，師範院校的畢業生具有較高的教育使命感與責任感，因此師範院校畢業的學生具有較多優良教師的人格特質。師範生在專業知能、服務熱情、專業倫理、長期的研究進修等四個層面，均優於一般大學畢業的教師，也證明師範大學的教育文化氣氛，比其他大學容易培養優良教師的人格特質。

　　林清山（1970）的調查研究發現，教師的期望、師生的互動及班級學習氣氛等，都會影響學生的「人格成熟」與「學業成就」。教師能給予學生高度期望、經常鼓勵者，其學生人格比較穩定、成熟，學業也表現較高的成就，班級同學相處的氣氛比較溫馨、關懷。正向互助者，人格成長比較穩定、開朗；反之，班級同學間會變得冷漠、孤立，其人格成長比較孤僻。

　　人格的形成受老師、同學及校園文化氣氛的感染，有許多傑出校長常給學生好的榜樣，也自然引導人格的正向成長與自信，有助於培養積極的人格特質。

參 工作環境因素

　　工作環境的領導氣氛、機構核心價值、領導者的風格等，均會使工作團隊人員的人格產生轉變。台塑集團創辦人王永慶先生提倡「勤

勞樸實」可以塑造勤奮的人格及樸實節儉的風氣。他所創辦的明志科技大學、長庚科技大學、台塑南亞企業等機構文化，均影響師生、員工的人格特質。而鴻海企業的核心價值是「有使命感，可以不畏風寒」，也影響員工的企業文化特質。郭台銘的風格：「沒有不景氣，只有不努力」，使員工努力打拚，開拓出一條新路。筆者於2002年擔任玉里高中校長時，提倡多元智能、品格教育及潛能探索，並推動了四年，期盼師生培養多元智能的知能，這些好的知能將轉化為成功的人格特質。「核心價值」是一個學校、一個企業的核心命脈，它牽動企業與學校的競爭力，也影響優良人格的形成。

肆 社會文化環境因素

蔡順良（2009）指出不同的生活方式，對人行為表現與人格孕育，會產生重要影響。例如：以漁獵為生，培養出堅定、獨立、冒險的人格特質；以農業耕作維生，培養出老實、服從、保守的人格特質。不同的居住地區，對人行為表現與人格孕育會產生重要影響，由於長期處在艱苦、孤立的環境中，例如：長期居住於醫院、養老院、監獄等機構，會產生機構官能症，人格的耗蝕、過度的依賴，對外界失去興趣。

社會風氣、文化素養、文化環境也會對人格造成一些影響。馬英九（2008）提出尋找台灣的核心價值——「勤勞、務實、吃苦耐勞、包容、進取」，喚起台灣人格的甦醒，多數人是期待人格的正向發展，個人才不會人格分裂，社會也不會造成族群的對立。

自由主義、資本主義在美國發展了兩百多年，也形成美國人的性格多數注重個人主義、個人創意，重視物質生活及生活的浪漫。西風東漸，也影響台灣半個世紀以上，自由風尚、資本主義都影響台灣的社會，太多的自由就失去倫理的常軌，太過度的物質享受，就失去

了精神生活的提升。因此社會風尚、社會核心價值都會影響人格的發展。

伍 遺傳、基因因素

Rathus和Nevid（2002）對瑞典12,000對雙胞胎進行「人格測驗」研究發現：同卵雙胞胎其外表與人格特質相關達50%；而異卵雙胞胎其相關達23%。這項調查證明生理遺傳對人格有重大的影響，同卵兄弟之人格相同性，高於異卵雙生子；同卵兄弟分開養育與未分開養育，亦有同樣的高相關。

生理因素以「內分泌」對人格影響最為顯著，內分泌腺最重要的控制因素是腦下垂體（pituitary），它能分泌多種荷爾蒙，其中與人格發展有關者如下：

1. **生長荷爾蒙**：其功能是促進身體的成長與發育，有些人得到較多的生長荷爾蒙，體格強壯高大，其體力強、外表健美，在體力、精力上過人，就顯出更多的自信與優越。反之，生長荷爾蒙不足，就會矮小、病弱，在人格上表現較自卑、弱勢。

2. **腎上腺皮質素**：腎上腺激素又稱為快樂激素，分泌足夠時，人比較開朗、樂觀、活力足，人格呈現開朗、活潑、樂觀。腎上腺皮質素分泌不足時，體力衰退，悲觀消沉、食慾不振、性慾衰退、代謝功能失調、容易老化，其人格表現憂鬱、苦悶、哀傷與消極。

3. **性荷爾蒙**：性荷爾蒙在促進身體的生理與性特徵的成熟與發展。性荷爾蒙足夠時，身材比較有曲線、氣色紅潤，顯現出有魅力的風采，其人格也比較有自信、活潑與開朗。反之，性荷爾蒙分泌不足，其個性也較自卑、缺乏自信。

4. **甲狀腺**：甲狀腺分泌過多時，精神會高度的緊張；分泌不足時會

顯示精神不濟、反應遲緩，也會影響人格的發展。

蔡順良（2009）進一步指出，人格特質與遺傳的關係，在雙生子的研究發現，在早期「遺傳因素」對人格的影響較明顯；但隨著年紀漸長，「環境因素」的影響力加重。蔡順良進一步探討，精神疾病是否會遺傳，其研究發現，精神疾病的發生，大多數受壓力的促發而形成。

陸 性格、人格與職業的交互影響

Holland（1980）分析個人性向、性格，會影響他在工作上的表現與潛能發展。是工作形成性格、人格？或是性格、人格可影響工作表現呢？許多心理學家開始關心人格、性格形成的原因。Holland（1980）指出人的「職業性向」是由「興趣」與「人格特質」的結合。Holland把性向與未來的職業性向發展做結合，分為六個職業性向類型，包含：

1. **探究型**（investigative）：重視思考、邏輯、分析、研究、重視理性思考。
2. **實務技術型**（realistic）：善用靈巧的雙手，對機械、電腦、汽車修護有興趣。
3. **人文藝術型**（artistic）：重視文學、創新、思考、藝術、表演、感情的生活。
4. **社會關懷型**（social）：對人的關懷、為人服務、奉獻、協助別人成長有特別的興趣，熱心公益、樂善好施等。
5. **企業管理型**（enterprising）：對經營管理特別有興趣，重視行銷，對領導管理、追求工作效率特別熱衷。
6. **秘書型**（conventional）：只希望站在第二線做秘書、當參謀，

不喜歡拋頭露面，重實用性、保守、蕭規曹隨，不會去違反傳統，重視安心、安定的生活。

綜合言之，人格的發展因素受到：(1)家庭的教養方式；(2)學校文化因素；(3)工作環境因素；(4)社會文化環境因素；(5)遺傳、基因因素；(6)多元交互影響因素所影響。在早期「遺傳因素」對人格的影響較明顯；但隨著年紀漸長，「家庭環境因素」、「學校文化因素」、「工作環境因素」、「社會文化環境因素」的影響力不斷的增加。

第四節　大學生的人格特徵及類型

鄭照順（2008f）觀察大學生來自不同的家庭教養方式、不同的校園文化，每個人均要面對不同的競爭壓力，因此形成非常複雜的人格結構。戚煒穎（2007）、余琳（2008）、段鑫星（2008b）等的研究發現，大陸近年大學生受到一胎化及西方文化的影響，人格發展有雙極化之趨勢。茲進一步歸納當代大學生的雙極化人格特徵，分析如下。

壹 大學生人格特徵的雙極性對比

人格理論的發展至今很少與輔導方法相結合，鄭照順（2008f）從事教育與輔導工作將近三十年，發現輔導老師如果不能充分了解「當事者」的人格結構，常會找錯方法、拿錯藥，對於許多人際衝突事件的情緒疏導、心理輔導毫無助益。因此，能從大學生常見的雙極性的人格發展特質做比較，始有助於心理輔導者對人格的進一步認識。

一、積極樂觀型的人格vs.消極悲觀型的人格

具積極樂觀型人格的大學生，常表現出「行動人格」，他們的人

格表現，常與他對社會事件、他人態度、工作精神、學習精神及對目標理想的追求有重要相關，積極樂觀的人格常是不怕失敗，能從失敗中得到反省與成長。消極悲觀型的人格者，常表現出「被動人格」，被動地面對問題，對社會、他人事物漠不關心，對任何事件均持負面想法。

二、獨立自控的人格vs.依賴他控的人格

具獨立自控人格的大學生，表現出道德人格特質。大學生重視道德、品格的修養，遵守社會規範、看重人際倫理，獨處之刻能自我約束，不怕遭遇困難、勇於挑戰比較困難的任務，從困難中去磨練自己的意志。依賴他控的人格者，表現出缺乏自我約束力，部分大學生得過且過，沒有自我要求的道德、品格標準，隨波逐流，常被不良份子所牽引，缺乏拒絕能力，缺乏自我約束能力，因此上課常遲到、缺席，作業也常缺交，結果造成混得文憑，但缺乏社會競爭的能力，常在制約、監視下才能做正事，也是能力較差的一群。

三、善調節情緒的人格vs.情緒失調的人格

具備善於調節情緒人格的大學生，表現好的情緒調節力。大學生常要面對課業、生活、人際、愛情、生涯發展就業的抉擇，許多事件的壓力常使個人壓力提升，也容易造成情緒低落。有些人具有善於調節情緒的人格特質，今日事今日畢，不累積工作壓力到明天，工作做完找時間運動、休閒、聽音樂、旅行、指壓、靜坐、爬山，以消除情緒上的壓力，這些好的生活習慣、好的嗜好逐漸形成「優質的情緒人格特質」。情緒失調的人格者，經常情緒調節失控。一些大學生理想設定得很高，其時間、能力都不足以應付，因此常造成缺乏成就感、失敗、挫折、情緒低落、自責或責怪他人之不是，常因小事不順利、不如意就造成憂愁、憂鬱、不快樂，由於缺乏好的情緒調節機制，常

形成「憂愁型的人格特質」。

四、思想豐富有未來感的人格vs.見識膚淺、陷於幻想的人格

　　思想豐富具有未來感的人格者，表現對未來充滿信心、理想與動力。部分大學生有理想、有目標、有方法、有步驟、有行動，其知識豐富、觀察敏銳，有積極的行動與熱忱服務他人的態度。由於積極累積許多經驗及不斷的學習，使其個人能夠「贏在未來」，而形成「未來感的人格」特質。見識膚淺、陷於幻想的人格者，易沉醉於眼前的收入，未顧及未來發展，有些大學生今朝有酒今朝醉，學習不認真、不投入，只在拚表面的分數，思想缺乏遠慮，只注重表面的利益，看問題只會單面思考，其想像常陷入幻想，不加以落實，而荒廢了個人實力的培養，因此常形成「見識膚淺、陷於幻想」的性格。

五、關心社會互助合作的人格vs.逃避、冷漠、挑撥的人格

　　關心社會互動的人格者，重視人際關懷。人是社會性的動物，因互助、合作、關懷，使個人的安全、利益、智慧、工作機會、身心健康、幸福感可以獲得較大的助益與發展。有些大學生開始關心社團、關心校際間的互動、理解與合作，使自己生活空間、認知空間、互助空間加大與成長，這一種主動參與社會互動的特質，逐漸形成「熱心社會互助合作的人格特質」。逃避、冷漠的人格者，常拒人於千里之外。大學階段有人自視很高，常自我排除參加各種社團、互動團體、同學會，使自己封閉在象牙塔之中。有逃避性格者，只要有任何聚會均找理由不參加，分析其原因是缺乏自信、缺乏社會技巧；有冷漠性格者，對人們的求助沒有熱情協助，不歡迎朋友到家裡來，拒人於千里之外；具有挑撥性格者，常是人格的偏態，見不得別人比自己好，喜歡興風作浪、搬弄是非，以減輕自卑的情緒。

　　綜合言之，大學生積極面的人格包含：(1)積極樂觀型的人格；(2)獨立自控的人格；(3)善調節情緒的人格；(4)思想豐富有未來感的人格；(5)關心社會互助合作的人格等，是健康的人格發展。大學生消極面的人格包含：(1)消極悲觀型的人格；(2)依賴他控的人格；(3)情緒失調的人格；(4)見識膚淺、陷於幻想的人格；(5)逃避、冷漠、挑撥的人格等，表示是不健康的人格發展，或有缺陷的人格發展，後面五種負面人格的人，常在人際社會脫離現實、容易情緒失控，又容易製造是非，是心理輔導工作者要長久努力協助的對象。

　　心理輔導人員如果能了解大學生常見的雙極性的人格發展特質，將對心理輔導有很大的幫助。

貳 大學生常見的四大類型人格

　　大學生人格類型的研究，可以從觀察一個人的思考、態度、行為、決定、遭遇問題的反應去做分析與歸納。美國心理學家Tieger（1995）提出理想主義、社會主義、理性主義、現實主義等四大類型，又可細分為九種人格。

一、理想主義類型的人格

(一)享樂的人格（epicure）

　　具享樂的人格者，天生愛好美食、美酒、美色，是天真的成人，有戀青春狂（puer aeternus），渴望永遠年輕，不斷更換戀人，感情及見解膚淺，喜歡被人前呼後擁，做事情常半途而廢，喜歡維持在情緒的高潮之中。主張此學說的代表人物如西方的彌勒（John Mill），是快樂主義之父，他主張快樂是幸福的象徵。美國自由主義作家梭羅（Thoreau）主張自由、自在、浪漫、無羈絆的生活就是幸福。

（二）悲情、浪漫人格（tragic romantic）

悲情、浪漫人格者，天生多愁善感，常被不切實際的幻想所吸引，理想與現實不能結合，其性格內向、敏感、憂愁，有藝術的氣質。因為失去一個朋友、一個愛人而傷心與自責不已，也會痴心去想像一個不存在的戀人，更有許多超人的創作天分。其腦海中充滿憂慮、嫉妒；對愛情想競爭，競爭失敗又產生憎恨、自責與羞愧，常因外在因素的挫折而自責不已。代表人物如：英國詩人濟慈（John Keats）、浪漫詩人雪萊（Percy Shelley）、演員馬龍白蘭度（Marlon Brando）。

（三）完美主義人格者（perfectionist）

完美主義人格者，要求高層次的心智、道德精神標準。他對自己的求知態度、行為、品德、體能均有極高的要求；嚴格律己，其人格特質是出自自己的「自律性高」，有好的教養典範，也出自不凡的家庭環境，因此表現較高層次的心智、道德精神典範，能成為大家的偶像。具此種人格者，走正道、善反省，因此能不斷的精進，此種人格特質的代表人物如：歐洲宗教革命的領袖馬丁·路德（Martin Luther）、儒學宗師孔子、台灣政治領袖馬英九，及政治人物王建煊、王清峰、王作榮等，還有大陸前後領導人鄧小平、胡錦濤等。他們均表現優質認知思考、高道德行為，均能成為社會道德的典範。

二、社會主義類型的人格

（一）助人人格者（the giver）

具助人人格者，善用愛心精神與行動去關心別人，把別人的苦痛當作自己的苦痛、別人的憂愁當自己的憂愁，由於超乎一般人所能展現的愛心與行動及奉獻的精神，常能得到大家的好感與認同。具助人人格者，願滿足他人的需求、主動的關懷，願意分享時間、精神、財富與智慧，助人者是一般社會成長的重要力量與推動者。台灣的代

表人物如：證嚴法師、星雲法師等，他們樂善好施、賑災救難與興學育才，處處受人敬重與愛戴。

（二）領袖人格型（the boss）

領袖人格型者，善於計畫，有實踐步驟、有組織能力、有遠見、有敏銳的動態整合能力，喜歡挑戰困難的事物，主動負責，對自己挑戰的對手充滿敬意、樂意向他學習。傑出的領袖人物如：邱吉爾、雷根、蔣經國、胡志強、比爾‧蓋茲、王永慶、郭台銘、施振榮等政治領袖及企業領袖。

（三）成就人格型（the performer）

具成就人格型者，希望透過個人與集體行動創造出一些令人敬佩的成就。由於個人與團體均在鼓勵、獎勵的氣氛下，很容易就有了「卓越的集體成就」。成就型的領導者善於溝通、樂於激勵、勇於行動，可以使團隊獲得內在精神滿足、外在物質富足，因此容易成為有效率、優秀的領導者。傑出的成就人物如：林懷民、馬友友、小提琴家穆特（Mutter）、王建民等藝文人物及運動明星。

（四）調解和平人格型（the mediator）

具此類型者，熱心追求整合、和諧、知足，個性中不願看到衝突，常能包容別人、寬恕別人，把原諒的胸懷當成「行善」，是家中、學校和平的維護者。常願意站在中立的立場，傾聽各方意見，因此也往往受到各方的信任與尊重；他會尋找快樂的替代品，而不會受到外在精神、物質的損失所困惑。傑出的調解和平人格型人物如：美國艾森豪總統、羅斯福總統，他們善於整合各種優勢，交互支持，使二次世界大戰轉劣勢為優勢。

三、理性與獨尊主義類型的人格

理性與獨尊的人格者（the observer）

理性與獨尊的人格者，其人格的主要特徵為：自己常尋求研究、

思考邏輯的樂趣，很適合於做科學的研究，喜歡探索知識及找到自己在系統中的定位。具此人格特質者是理性的觀察者，缺乏感情的生活，不願與人連結，不會熱衷追求財富與物質生活，只在追求不受干擾的生活。理想的觀察者喜歡過隱士的生活，他的生活圈可能是在實驗室、圖書館或海邊，以維持心理的安全感與不被干擾，他總是避免產生社會聯繫，不參與、不干涉。

理性獨尊者不喜歡被人控制，自己認為已經獨占鰲頭。遭遇那些需要被人講評的事，他會習慣性的自我保護，為自己營造一種優越感，容易陷入理性獨尊傲視群雄之境。

四、現實主義類型的人格

懷疑自保人格者（the devil advocater）

具此類型人格者，是現實的投機者，一方面對權威人士忠誠、順從與負責，另一方面對別人不放心、懷疑。對事情的執行常在懷疑事情的真假，因此常忽略生活中的快樂。對權威人士的態度極端順從，卻又懷疑。這種潛在的人格特質，都是來自內心的恐懼與缺乏安全感。懷疑論者，他會偽裝成慈祥、可愛、親切，其實是在裝飾內心的醜陋與虛偽的善，此種心理現象稱為「反作用現象」。懷疑人格者因處在不安全感中，常會借重接近權威人士，偽裝成重要人士，來威嚇周遭沒有自信的人。著名的代表人物如希特勒，他與他的蓋世太保為懷疑論的獨裁者。他偽裝成極為效忠論者，又絕對的懷疑別人的忠誠，呈現出分裂型的雙重人格。

參 當代社會大學生「新人格特質」論

彭懷真（2007）、鄭照順（2009b）從性向、社會學、心理學的研究與觀察，發現台灣地區大學生的人格特質，具有「傳統典型的特

質」與善變的「新的人格特質」。傳統特質與Holland（1980）對性向的分類相類似，當前大學生的人格傾向有下列幾項：

一、傳統典型的人格特質

彭懷眞（2007）、鄭照順（2009b）觀察發現當前大學校園常見的人格類型，包含有：

（一）社會關懷人格型

多數大學生受到中國儒家、道家、佛教，及西方基督教的信仰影響，對社會懷抱愛心與關懷。

（二）名利權力人格型

由於社會功利主義、資本主義盛行，不管個人有沒有興趣，許多大學生立志進入高收入的科系，追求擔任幹部、社長，只在乎名利，不注重自己是否有奉獻社會、服務人群的熱忱。

（三）實務與自保人格型

注重民生物質生活的追求，腳踏實地，不好高騖遠，也能安貧樂道。不喜歡冒險、奮進與犧牲，只追求未來生活溫飽。

（四）人際與經濟人格型

此類型學生，以追求人際資源、發展人脈、追求未來事業發展的基礎，對於經營「人脈」與「金脈」有獨特的洞察力，是未來傑出的企業領袖，善交際、善於人際連結與資源整合。

（五）理想與未來人格型

此類型學生，對現實生活的不滿，因為有自己的理想、目標、夢想可追尋，對未來的發展趨勢特別敏感。個人有預測能力、遠見，在未來的各種領域，均能捷足先登。

二、善變的新興人格特質

由於少子化的社會趨勢、養尊處優、自傲驕縱的家庭教育、女性

高學歷高收入等社會文化氣氛下，也形成一些特殊的人格現象。彭懷真（2007）、鄭照順（2009b）經由觀察發現，當前大學校園常見特殊的人格類型，包含下列：

（一）孤立與孤獨型

由於少子化的社會趨勢，當代大學生處於養尊處優的家庭環境中，容易以自我為中心，排斥別人，自己也成為別人排斥的對象，因此產生孤立的人格特質，容易產生心理困擾，也容易孤立無援。

（二）情緒化與敏感型

此類型的學生，常是一帆風順，對不如意的事，往往產生情緒困擾，不知如何去調節自己的情緒，又表現較高的自尊，怕被批評、責備，又缺乏寬恕、包容別人的素養。因此常情緒發作，憂鬱症也是一種過度自我責備的心理現象之一。

（三）驕縱與自傲型

許多大學生從小在富裕、權勢家庭中成長，有家庭背景的依靠，使其自傲驕縱，對別人說話的口氣常用命令式、指責式，因此人緣也不佳。別人奉承他只為享有他的特權，並沒有真心的朋友。由於自傲、驕縱，也影響其自我向上提升的機會。

（四）獨樂與孤傲型

大學生的學識能力、獨力自主能力不斷的提升，使女性不再依靠男性的養護而獨立，在知識與工作均得意之下，很容易產生獨樂、孤傲人格。獨樂與孤傲型的大學生，不喜歡與人合作，喜歡獨來獨往；有些才華驕縱的才女，因為傲視群芳，更不把男人放在眼裡，很容易在感情方面留下遺憾。

（五）雙重人格與多重人格型

人是現實的動物，為了求生存，對有權利者表現諂媚，在其背後又不斷的挖苦，以排除心中的壓力與苦悶，因此無形中產生「雙重人格」。由於缺乏自己的中心思想，個人缺乏一致的價值觀，容易表

現「雙重人格」與「多重人格」特質，由於個體缺乏一致的「核心價值」，難以表現一致的言行、態度與行為，也容易形成人格障礙。

第五節　大學生完善人格的培養

人格是一種社會化的產物，理想人格也受社會歷史條件的制約以及社會風氣、教育環境所塑造。台灣地區大學生在人格的塑造上，受到下列因素的影響。

壹 人格塑造的影響因素

一、中國春秋戰國時期

孔子的理想人格標準：(1)注重孝悌人格：「弟子入則孝，出則弟，謹而信，汎愛眾，而親仁。行有餘力，則以學文」；(2)忠信內省：「君子不重則不威，學則不固。主忠信，無友不如己者，過則無憚改」。子曰：「君子見賢思齊焉，見不賢而內自省也」。(3)博學循禮不離正軌：「君子博學於文，約之以禮，亦可以弗畔矣夫」；(4)子曰：「好學近乎知，力行近乎仁，知恥近乎勇」。

二、西方理性主義的人格主張

Kant的道德哲學，注重人善的動機，有行善、良知、助益他人、幫助社會進步等，均稱為「善的人格」。如果有惡的動機、作惡圖利自己、違背良心、陷害他人及破壞社會的進步，均稱為「惡的人格」。Kant指出天下最美善的道德是「人內在的良心」。

三、民本主義的人格主張

Dewey的「民本主義與教育」，提出學校是教育的縮影，學校教育

可影響社會道德動機與道德行為的發展。Dewey、Kilpatrick等主張的道德觀是「善的動機與善的行為」要相結合，才是完美的人格。

四、二十一世紀大學的通識課程

希望培養優良的大學生人格：(1)重視鑑古、知今、知未來的「人文教育」；(2)了解科技，應用科技，提升「科技知能」的教育；(3)重視心理健康及人際和諧相處的「心理成長」教育；(4)注重社會關懷與道德修養的「品格教育」；(5)重工作責任感、使命感、工作品質、專業的社會責任之「專業倫理」，增進專業道德，以提升社會公共利益。

五、兩岸學者對大學生理想人格的期望

吳武典（2009）、楊國樞（2005a）、許金聲（2008a）、鄭照順（2009b）、段鑫星（2008b）等學者，對大學生理想人格的期望包含下列：

1. 精通專業知能，能奉獻社會、造福人群。
2. 人際交往，能通情達理：入則孝，出則弟，講倫理。
3. 關懷社會：願意奉獻愛心；從社會互動中成熟自己。
4. 做人講誠信，能內省。
5. 重視身心健康：促進潛能的不斷發展。
6. 智德體群美兼修：促進健康完美人生。
7. 建立核心價值：以人生哲學達成幸福人生。
8. 追求核心能力：注重專業道德，促進文明世界永續發展。
9. 悅納自己，肯定自己，超越自己：培養出樂觀、幽默、自信的健康人格。
10. 能調節情緒、排除情緒障礙：能有效調節情緒與壓力，培養健康的人格。

六、芬蘭學者Tirri（2008）對培育未來公民的期望

重視學生的「未來公民意識」培育，即道德與品格目標。Tirri指出「品格與人格」陶冶，是未來教育的核心，教育內容應包含下列：

1. 分擔社會責任：共創人類永續的未來、幸福的未來。
2. 建立全球視野：追求和平，學習尊重與容忍。
3. 學習教室衝突的解決：建立道德典範、道德角色。
4. 培養正向的動機與判斷：提升道德理性。
5. 追求高的道德，超越高的成就觀。
6. 重視「精神智能」（spiritual intelligence, SQ），以平衡IQ、EQ的不足。
7. 今日的社會在道德、精神、宗教等精神教育的層面有明顯的不足，對社會未來發展是一項重大的危機。
8. 年輕人的未來觀可以從五項方法去分析「品格養成的成分」：(1)每天的生活；(2)每日的學習內容；(3)每日的精神教育──道德、人際、精神、宗教；(4)接觸的社會生活面、訊息；(5)每日的認知成長，生活中的學習內容之累積，就是未來觀。
9. 我們期待的青少年未來觀是：(1)有品格的特質；(2)有道德的意識；(3)能夠做是非、選擇的判斷；(4)以精神智能取代IQ、EQ的不足；(5)精神的富足優於物質的富足。

鄭照順（2008f）於英國參加世界資優會議，發表「人格培育」的途徑如下：(1)人類的潛能無窮：可以從認知、生理、道德、社會、心理層次去探索；(2)有效教學、家庭、社會環境設計其潛能：提供好的課程、好的學習方法、好的環境去幫助發展；(3)大腦神經系統逐漸被了解：給大腦好的營養、好的心情、好的音樂，可以提升大腦的運作功能，增加挫折與壓力的調適能力；(4)關心美好的世界之需要：精神

智能（SQ）以彌補IQ與EQ的不足，多分擔一些責任感。教學不可缺乏道德意識、品格教育的內涵，人類社會才能永續經營與發展；(5)品格的成長之評量方法可以由自省法、他人評估法、社會貢獻法來做成長的記錄。

貳 大學生健康人格的培養

　　大學時代在奠定生涯中學業、事業、做人、處事、社會、關懷、人品典範、專業能力、核心能力的基礎，使個人有人生理想、和諧的人際、處事的能力、社會關懷、道德倫理、專業能力以及精神生活的充實等。楊國樞（2005a）、許金聲（2008a）、段鑫星（2008b）、彭懷真（2007）、鄭照順（2009b）等，認為若要培養大學生健全的人格，應從下列途徑著手：

一、先建立人生哲學

　　閱讀古今經典之著，以建立人生哲學，即「由內省、自律到關懷」，譬如閱讀儒家的《論語》、《大學》、《中庸》、《孟子》等，以培育誠意、正心、修身、齊家、治國、平天下等胸懷。閱讀證嚴法師的《靜思語》，培養心中有愛、人見人愛的人格特質；此外要養成「克服困難，不要被困難所克服」的意志，杜威的《民本主義與教育》、邱吉爾所著《二次世界大戰史》、卡內基的成功經典學、傳統先的人生哲學、施振榮的微笑理論、王永慶的經營管理、郭台銘的經營語錄等。郭台銘說：「成功的人找方法，失敗的人找理由；沒有不景氣，只有不努力；沒有機會好不好，只有做不做。」李開復以「做最好的自己」來建立正確的價值觀，可以培養更好的人格。良好的人生態度，包含積極、同理心、自省、勇氣、自信等；再發展成為能追求理想、努力學習、重視人際交流、講求合作溝通，能夠發現興

趣、有效執行的完美人格。

二、建立核心價值

　　提升品格修養，兼顧社會關懷，建立核心價值。學生不只求核心的能力，如英文、數理、電腦、專門學科等升學、就業的工具，如果缺乏核心價值，就如同機械人，既冷酷又毫無人情味。核心價值是人格的核心，人格的核心，又以「品格修養」為中心，譬如：積極勤奮、樂觀幽默、責任感與使命感、自省與自信、勇氣與胸懷、愛與關懷、包容進取等。品格可以用於成就自己、幫助別人，更可以成就社會，一個人能成就自己，並樂於幫助別人提升其成功的機會，幫助社會進步發展，就可以完成個人與社會成長的人格。品格的修持，要靠不斷的內省，去污存善，自我提升。

三、重視精神的富足優於物質的富有

　　物質與精神應均衡發展，儒家思想注重精神修養的富足，勤儉足以致富；道家精神注重順其自然，人與自然的和諧，驟雨不終朝、暴風不終日，一切順勢而為，達到天人合一的精神富足；人的智慧可以由大自然的偉大而得到啟發，欣賞大自然的美景壯闊、變化，亦可以提升精神力與EQ能力。資本主義科學實證論處處向大自然挑戰，資本主義重視物質主義超乎一切，因此大量消耗大自然資源，來獲得利益與享受，而造成精神的空虛。科學實證論為駕馭大自然，發展許多科學發明，例如：飛機、飛彈、人造衛星、手機，造福了人類生活的享受、通訊的方便；醫學的發現，幫助壽命的延長等。當人類生命延長了，如果不做一些有意義的事，只是人格更加墮落、人心更加險惡而已。因此在資本主義滲透氣氛下，如能堅持自我精神生活不斷的提升，如：多讀書、多修德、多內省、多行善、重環保，建立知足感恩、包容、善解的和諧人際關係，能不斷自省，其人格自然不斷提

升，精神上亦可富足。

四、重視待人的態度與溝通能力

　　培養具有人際溝通能力的人格，人與人的互動媒介很多種，可以用語言、文字、態度、行動、物質、肯定、讚美、鼓勵、資訊、信件、e-mail、報告等方式去傳達訊息。其目的在傳達個人理念、了解對方的期待，並建立促進了解、要求與期待，彼此有共識、交集、共同期待、共同默契，才能順利發展合作的關係。人際關係的建立需要主動建立各種因緣，主動與人結緣，譬如以「語言結緣」，常鼓勵、讚賞別人；以「興趣結緣」：樂於以興趣相結合，即志趣相投；以「助人結緣」：對別人的求助投以關懷，雪中送炭，以「專業結緣」，善用自己的智慧、經驗與人分享，更可幫助別人擴大認知，增加專業能力，建立學識的交流。溝通可以減少誤解，建立共識，促進人際和諧，提升為具有「人群交流能力」的人格。

五、善於化解人際衝突

　　要化解人際衝突，必須有好的情緒管理能力。情緒影響人際的互動、行為的決策、身心的健康，適當的情緒管理，將使我們的人格表現更健全。人際衝突的現象很多，例如：(1)子女未能達到父母期望的衝突；(2)夫妻間有觀念不一致的衝突；(3)同事間常有不同看法而衝突等。如何化解衝突，即包容對方的看法，互動找出共同的交集。

參　善於調節情緒，可以提升健康人格

　　情緒的低潮，一半是別人造成，一半是自己所做的負面解釋。邱吉爾說：「失敗是成功的階梯」，因此任何失敗、任何挫折，代表經驗的增加，只要能夠熬過挫折、失敗的打擊，就接近成功的領域。任

何事件「樂觀想」、「快樂想」、「包容想」、「善解想」就沒有不快樂的，原來不快樂的心情是自己做了不好的解釋，「打敗自己的是自己，而不是別人」。

　　化解情緒調節的方法很多，譬如：(1)旅行法：有不良情緒壓力，去旅行可以排除時間、空間、思想的壓力；(2)接觸自然山林法：多接觸大自然的山林，吸收芬多精、活性氧、負離子，自然可以消除身心的焦躁；(3)定時的散步、運動法：每天課業繁忙之餘，去空曠的地方運動、散步，自然可以消除壓力與心情的緊張；(4)勤做靜坐、深呼吸：胃部是人體的第二個腦，勤做深呼吸，可以自然的降低腦壓，使精神壓力獲得釋放或消除；(5)音樂治療法：有人煩惱之刻，大腦會往牛角尖去思考，如果有音樂引導到另一個「境界」，尤其是「放鬆的音樂」，可使大腦容易放鬆而得到安眠，也容易消除緊張、焦慮及壓力；(6)自然的禪坐、劍道氣功，都可降低人的怒氣與腦壓，有助於提升健康人格。

　　綜合言之，要培養大學生具有健康的人格特質，須從：(1)典範學習開始，建立人生哲學；(2)建立核心價值，提升品格修養，兼顧社會關懷；(3)重視精神修養的富足；(4)重視待人的態度與溝通能力；(5)善於化解人際衝突；(6)良好的情緒管理。即從「人生哲學」、「核心價值」、「社會關懷」、「待人處世」、「健康情緒的培養」等途徑著手。能培養優質思想、改善待人的態度、關懷社會的成長、強化品德的修養，常能自我省察，常有愉快的情緒，人格才能不斷提升與精進。

【討論題】

1. 哪些是培養大學生健康人格的有效途徑？就個人生活中的體驗說明之。

2. 影響大學生人格發展的因素，其中家庭、學校、工作環境及社會文化、遺傳基因等因素，請自我評估，你受哪一個因素影響最大？依序說明。

3. 目前大學生的人格發展有「雙極化」的特徵，就你在大學校園中所發現的個案描述之。

本章曾載於2009年第二屆海峽兩岸教師教育暨博雅學術教育研討會論文集，頁1-22。

第七章

大學生的戀愛心理
與輔導

愛的金科玉律

希望被別人愛，先要愛別人，同時也要使自己可愛。

（富蘭克林）

愛情是友誼的昇華，心靈的契合。

（莎士比亞）

愛情是生命與創作的泉源。

（徐志摩）

醉過才知酒濃，愛過才知情重。

（胡適）

經營愛情是苦中有樂，抱持單身是樂中有苦。

（鄭照順）

第一節　愛情的意涵及意義

自古文學詩篇的歌詠、哲學的思考、文明的進步、藝術的繪篇，均少不了愛情的光彩篇幅與史蹟，愛情也是人類生命與文明推動的動力。愛情的意涵如下述：

壹　愛情的意涵

一、愛情是快樂的泉源，也是生命的延續所必需

人類有了愛情，才能使子孫綿延不斷；有了愛情，才能合作共創未來的美夢與理想。愛情是否能永久的保鮮，端賴男女雙方為甜美愛情所做的「付出」與「經營」。光要享愛「戀愛的滋味」、「情愛的歡愉之樂」而不付出，則愛情不能長久，也顯示「戀愛」到「結婚」都是人生的發展階段，每一階段都要用心經營、用心付出，否則可能會遭遇如浪費青春、折翼的愛情、無疾而終的淒涼。

二、愛情如流水，愛情如星般的絢爛

小說家林詠琛（2006）寫著：「我們既貪戀愛情的絢爛，又豈能逃避它的隕落？戀愛的感覺就如水吧！透明又無法觸摸；不過，只要把水喝進身體裡，就會變成身體的一部分，支持著生命的成長。」鄭愁予寫道：「少年男女情懷總是詩，戀愛的男女常能譜出美麗的詩篇」，徐志摩曾描述男女之間的情感：「偶然投影在你的波心，你記得也好，最好你忘掉，在交會時互放的光亮。」少年男女心靈、眼眸、嘴角微笑、姿態等都會放出令人著迷的磁波，少年男女為何易想入非非，墜入情網，往往是因不經意的受電磁波所吸引，是真、是幻難以拒絕與分辨。墜入情網往往是偶然相遇的心靈相會，稍後在認知、價值觀、未來的現實感中，再做評估後，才會做出正確的判斷。

許燕（2008）所言：「戀愛是一把雙刃刀，有時候，它能夠給人的一生帶來幸福，有時候，它可能帶給人一生的不幸。」

貳 愛情的意義

什麼是愛情？愛情的意義是什麼？由東西方知名作家所言，可以了解其意義：

一、愛情是友誼的昇華，心靈的契合

西方文學對愛情的定義，由以下知名作家所言，可以了解其意義。莎士比亞說：「愛情是友誼的昇華，心靈的契合」、「愛情有最甜美的快樂，也有最痛苦的悲傷」。富蘭克林說：「希望被別人愛，先要愛別人，同時也要使自己可愛」；英國文學家瑪琳說：「愛情，是緣分，是邂逅的產物，是曾經帶給你的一絲感觸和心動。」

二、愛情是最強烈的情感，也是最真摯的友誼

東方文學對愛情的定義，東方文學家聞一多說：「男女的戀愛，是最強烈的情感，所以也是最真摯的友誼，最值得珍惜的友情」；《詩經》描述愛情是「一日不見，如隔三秋」；白居易描述愛情是「在天願作比翼鳥，在地願為連理枝」；李清照說所謂的愛情是「此情無計可消除，才下眉頭，卻上心頭」。王維如此描述愛情：「紅豆生南國，春來發幾枝。願君多採擷，此物最相思。」

三、愛情是經由彼此的認同，達成互愛、相知、相惜的狀態

鄭照順（2010f）指出愛情的意義，是兩性之間經由認知、態度、行為、價值觀、社會條件、外貌、工作、健康、品德、家庭等的認同，雙方進一步達成合作、互愛、扶持、相知、相惜的心理狀態，稱

為愛情。愛情的發展意義，是源自兩性之間長期的互動，經由關心、激勵、支持、協助、熱誠、包容、分享、責任心等的互動，產生相吸引、關懷、共鳴的情誼。

愛情的發展階段為：(1)愛情初期，產生單向愛慕的友情；(2)愛情中期，成為強烈互相吸引的情侶、情人；(3)愛情成熟期，即進入結婚與成家的準備狀態；這時也可能有正向發展與負面發展。

愛情發展的變數包括：(1)正向發展的愛情：互愛、互助，互相願意為對方奉獻；(2)負面發展的愛情：自私心擴大、互相挑剔、敵對、價值衝突及分道揚鑣；(3)愛情的經營與抉擇：是共同攜手前進，彌補裂痕，用心經營；或相互抹黑，互不尊重？愛情的發展，端賴雙方為對方付出多少，這也決定愛情發展的命運。

第二節 愛情的理論及發展

鄭照順（2010f）、宋專茂（2008）、Sternberg（1999）、Cassidy和Shaver（1999）、Rusbult（2005）等對愛情發展做長期的研究，發現下列理論與原理，來解釋愛情的發展現象。

壹 愛情的因緣論

愛情的發生因素很多，宋專茂（2008）分析愛情產生的原因很多，主要來自生理的成熟、感情的需要、心理的慰藉、合作發展的需要、承諾與責任感的動力、繁衍子孫的需求。如何促進「愛情的因緣」因素也很多，宋專茂提出愛情的因緣論，茲分析當代青年人可能發展出愛情的因緣、環境與因素如下：

（一）同學的交集因緣

來自高中同學或大學同學之間，有同學的平等關係，再加上彼此

欣賞，可以產生友誼並發展出親密的愛情。

（二）參與社團活動的因緣

同學們藉由參與活動，擴大視野，進入跨系的社團，使彼此有更自由的空間、時間、視野，在相同信念的社團中，有活動、有合作，可以彼此發展友誼。

（三）宗教信仰相同的因緣

因為基督教、天主教的團契，有共同聚會的時間、場所，彼此在共同信仰、共同價值觀之下，比較容易發展出共鳴的情誼。

（四）相同興趣的交集因緣

有共同的興趣，如旅行、登山、打球、運動、寫作、文學、藝術等，可以增加彼此互動的機會。互動機會多，自然可以產生好的情誼，建立穩固的友情，也可以發展出真摯的愛情。

（五）地理環境因素

所謂「親不親故鄉人」、「他鄉遇故知」、「近水樓台」，均顯示出地理上的「交集」，環境可以幫助彼此深入了解，也可以促進因了解而分離，環境提供了接近的機會。

（六）個性、理念的相近性

朋友間個性溫和者與個性溫和者必然可以增加較多的相似性，理念相同也可以減少彼此的摩擦性，理念的契合可以使彼此長久的攜手合作，不會南轅北轍。

（七）專業才能、經濟基礎、穩固的工作

這些因素是愛情致命的吸引力，每一個大學生面對愛情要不要走下去的時刻，都會考慮對方有沒有穩固的工作、良好的經濟基礎，畢竟愛情是美夢與花朵，不能根植於半空中，它需要經濟的養料，才能保證愛情的樹繼續成長、開花、結果。

（八）大眾媒介的因緣

當代的網路交友、各種聚會場合、親友團等的媒介因緣，每一位

需要交異性朋友的人，都可參加同學的喜宴，求助親友的介紹或透過可靠的交友網站，均可以擴大交異性朋友的機會。

（九）外表的裝扮、內在充實的吸引力

有良好的氣質、豐富的內涵、誠懇親切的態度、良好的習慣與品格，即術德兼修，不斷追求知識，樂意分享、奉獻，就會產生吸引力。「外表的吸引力」是激起感情漣漪的第一步，如果加上有多方才華、好品格，必然會有人樂意長久追隨。

貳　愛情需求發展論

大學生為何會想談戀愛？談戀愛的目的又是為了什麼？鄭照順（2010f）從發展與成熟的角度做分析，包含生理學、心理學、社會學、道德哲學及幸福發展論的角度，提出「愛情需求發展論」；並從大學生戀愛的心理特點，去探討談戀愛的目的與發展，進一步建構此「愛情需求發展論」。依據身心發展需求，分析為下列五個階段與特徵：

一、生理需求

大學生年齡在18至23歲之間，這個年齡階段已達青春期中期，其性生理已完全成熟，性意識、性衝動、性的活動力均達高峰，因此渴望與異性交朋友。戀愛的慾望強烈，性的需求也逐漸強烈，由於生理的成熟，生理性的需求達到高峰，生理需求的驅力，會使男女尋找各種機會，對異性進行試探和追求。

二、心理需求

步入興趣相似、價值觀相似的互相吸引階段，人不能由性的需求、性愛的滿足就能過幸福的日子，人更需求的是互相讚賞、鼓勵、

支持、關懷，以達成心理的充實、富足及滿足感；愉快的心理可使人喜悅、高興、有幸福感。愛情發展的第二階段，可以體驗「心理愉快」，可以發展出精神富足，消除心理寂寞，達成內心愉快感的「心理充實階段」。逐漸由生理需求轉為心理需求的滿足，雙方互相肯定對方，使彼此得到心理的自信與心理的成長，更樂意去關懷、鼓勵對方。

三、社會需求

發展出需求互補的吸引力，從社會發展的過程，人類的個體時間、能力、資源、體力、視野均是有限的，我們要應付「社會惡劣的環境」，需要同性的朋友，但也需要異性的朋友，以發展出真摯的友情與愛情，未來雙方共同合作家庭經營，共同合作發展家庭經濟，共同生育下一代，以延續下一代，盡薪火相傳的責任。由友情、愛情而願意與對方互助合作，可以增強競爭實力，面對未來的挑戰，此刻已由生理需求、心理需求，轉為合作與資源整合的「社會需求階段」。有了未來攜手合作，面對未來困境時，多數能夠突破困境，建立完善的社會網絡，在人生的路上也比較不會被孤立，此階段又被稱為「社會需求階段」，以提升社會競爭力。

四、責任感與承諾需求

由生理的性驅力需求，導致對異性的渴望與追求，性的滿足並不能滿足心理的孤寂，開始追求心理的激勵、心理的肯定，以建立更親密的友情與愛情。在生理、心理上的追隨，過程逐漸步入家族、朋友、社會的競爭體系，要在社會群中求得工作、求得資源，獲得穩定的待遇、穩定的人際關係，才能在社會中找到定位。男女感情的發展要突破有形的需求，到達道德人格的穩定階段，即「品格的提升」、「責任感的承擔」，並重視每句話的「承諾」，使對方對你產生信

任，這時雙方才能在生理、心理、社會融爲一體，去面對未來婚姻路上各種坎坷的挑戰，此期又稱爲「責任感與承諾階段」。

五、建立幸福家庭的階段

有了友情、愛情、道德心、責任感的許諾，雙方樂意爲對方奉獻、關懷，才能共創幸福的未來，有一方不夠堅定的支持下去，這個甜美的家庭就難以延續，甚至會禍延子孫。有合作心願、有吃苦的準備、有挑戰困境的信心，夫妻倆必可創造出一個苦中有樂的家庭，也能孕育健康幸福的下一代。無論風雨多大、困難多崎嶇，愛可突破一切困境，建立甜美的家庭及美好的未來，此發展階段被稱爲「事業、家庭、子女兼顧發展期」。

參　愛情依戀理論

一、成人的愛情依戀類型

Cassidy和Shaver（1999）提出愛情依戀理論，將「愛情與童年依戀」做聯繫性研究。嬰兒時期與人建立的依戀關係，會使個體形成一個持久且穩定的人格特質，這項特質在個體與異性建立親密關係時自然流露出來。Cassidy和Shaver（1999）將成人的愛情關係視爲一種依戀的過程，分四種類型：

1. **安全依戀**：與伴侶的關係良好、穩定，能彼此信任、互相支持。
2. **逃避依戀**：個體常有高度的自我保護、自我獨立、自我中心意識，不願讓對方牽著鼻子走。
3. **排除依戀**：由「正向自我意象」和「負向的他人意象」所造成，經常肯定自己及否定對方。
4. **焦慮依戀**：時常具有情緒不穩、極端反應的現象，經常是自己能力不足，又善於妒忌與焦慮，情侶不能離開我的視線，有極高的

占有慾、缺乏自信、缺乏安全感。

二、正負向度的愛情依附風格

在Cassidy和Shaver（1999）的研究中發現，三種不同的愛情依戀風格在成人中所占比例分別為：(1)安全依附約占56%；(2)逃避依附約占25%；(3)焦慮、矛盾、互惠的依附約占19%。

Cassidy和Shaver（1999）將愛情依附風格理論的概念，發展出一種四類型的愛情依附風格理論，他們以正向或負向的自我意象，以及正向或負向的他人意象兩個不同的向度來分析，得到四種類型的愛情依附風格：

1. 安全依戀：由「正向的自我意象」和「正向的他人意象」所造成。（彼此認真的相愛與付出）
2. 逃避依戀：由「負向的自我意象」和「負向的他人意象」所造成。（彼此有誤解與仇恨）
3. 排除依戀：由「正向的自我意象」和「負向的他人意象」所造成。（肯定自己與否定對方）
4. 焦慮依戀：由「負向的自我意象」和「正向的他人意象」所造成。（自己不好與擔心對方離開）

肆 愛情投資理論

Rusbult（2005）的投資模式，以「社會交換論」的觀點來看親密關係的發展，認為親密關係中的雙方，在此關係中互相有所得失，並以一種理性且公平的評估方式，衡量自己在此關係中的付出與收穫，決定其對關係的應對方式。在這類理論中，Rusbult（2005）的投資模式是其中較重要的一種。

Rusbult（2005）認為男女親密關係中的「愛情承諾」，是由「關

係滿意度」、「替代性選擇」及「投資量」等因素所決定。根據投資模式的預測，當親密關係中的個體，對關係有較高的滿意度、知覺到較差的替代性品質及投資了較多或較重要的資源時，便會對此親密關係做出較強的承諾，也就是較不易離開此關係。簡單來看，可用一個「方程式」加以說明：滿意度＋替代性＋投資量＝承諾。

（一）愛情關係滿意度，來自預期結果

親密關係中的個體，對於他在此關係中所「得到的報酬」及所「付出的成本」，會評估相互抵消後的實際結果。隨著關係的長期發展，彼此的「相互依賴性」會隨著提高，而開始對伴侶的投資量和整個關係的結果做比較，做成效評估。個體也會依據過去曾有的親密關係及有關的經驗，形成一個自己對目前關係所「應得結果的預期水準」。在獲得的「實際結果」與高於預期水準，而產生對此親密關係的滿意度。

（二）愛情常有「替代性選擇」

替代性指的是對「放棄此親密關係」的可能結果之好壞判斷，可能結果包括發展另一段親密關係、周旋在不同的約會對象間，或是選擇保持沒有任何親密關係的單身狀態等。個體對自己能否離開此關係的能力的主觀知覺與客觀評估，例如：當個體覺得「有自信、有價值、高自尊及強烈自主性」需求時，通常會知覺自己有較佳的替代性品質，而較容易離開此親密關係。

（三）愛情投資是無法回收，是成本高的事業

投資是指個體在親密關係中，所投入或形成的資源。投資、報酬、成本最大的不同：(1)「投資」通常不能獨立地從關係中抽取出來，而報酬與成本可以；(2)當關係結束時，「投資無法回收」，會隨著關係的結束一併消失。因此「投資」會增加結束關係的「成本」，使個體較不願、也不易放棄此關係。「投資」會增強了個體對此關係的「承諾」。

個體「投資在親密關係中」的資源可分為兩類：(1)直接投入的資源，如金錢、物質等；(2)間接投入的資源，如時間的投入、為對方所做的犧牲、青春的歲月、彼此的朋友及所有的活動等。

（四）愛情的承諾與因應

愛情承諾，是指會使個體設法維持這份關係及感覺依附在此關係中的傾向。「愛情承諾」的定義包含兩個部分：行為的意向與情感的依附。當個體對一份親密關係做出承諾後，他想維持及依附關係的傾向，會使個體做出維持此關係的行為，例如：與他人做一些「適應性的社會比較」，並「選擇性地加以解釋」；對有吸引力而易破壞現有關係的「替代對象──其他男人或女人」，盡量拒絕與其接觸；當對方做了某些不合己意的事時，採取「順應─包容」，及往好的方向思考。

綜合言之，大學生的愛情發展理論，包含：(1)因緣發展論：任何愛情發展均要主動找尋機緣；(2)愛情的需求發展論：應包含生理需求、心理情感及社會道德責任等，需要循序漸進、合作用心經營，才能享有美滿愛情；(3)愛情依戀理論：分析愛情的安全依戀與逃避依戀等因素；(4)愛情投資理論：男女關係滿意度、替代性選擇、投資成本等因素，也會影響愛情的發展。

第三節　談情說愛的方法

大學生的發展任務有學業、愛情與事業的準備，愛情的功課要自己去體會，因此要自己多去嘗試與體會，才能不斷的增長經驗與智慧。鄭照順（2010f）、吳若權（2000），提出大學生談情說愛的方法及搭訕技巧如下。

壹 談情說愛的方法

談情說愛的方法很多，可以從下列途徑做好心理準備：

1. **內在充實**：不斷的提升自己的實力、能力、智慧、腦力、體力、特色、財力等，以產生愛情的競爭實力。
2. **外在裝飾**：重視自己的穿著、打扮、態度、氣質、親切感、微笑，以培養人際魅力。
3. **鼓起勇氣**：勇氣是交友的第一動力，主動關懷對方、主動出擊才有機會。
4. **長期觀察**：對喜歡的對象，要慎重探討其興趣、期望、價值等，並要慎重選擇對象。
5. **自由抉擇**：每個人都有選擇幸福的權利，不要輕易做出任何承諾。
6. **增加活動機會**：邀請參加藝術活動、社團活動、郊遊、旅行、慶典、餐會、社會服務等。
7. **增加多元智能**：探索新知、分享新知與嗜好、心理共鳴、常運動、多接近大自然。
8. **增加搭訕技巧**：搭訕技巧主要是從主動、巧思、幽默、熱誠的特質，去培養求助、服務、奉獻的機會。

貳 搭訕的技巧

搭訕的技巧很多，可以從下列技巧出發，並且不斷的檢討，以求精進，幫助發展兩性友誼的機會。

1. **請求協助**：將個人的困難、疑惑、問題主動拋出，以製造合作機緣。
2. **熱情介紹自己**：先讓別人了解、認識自己，才有機會為別人服

務，建立彼此的關聯。

3. **樂意駐留**：關心、稱讚、分享、幽默、觀察等，需要花時間與智慧才能達成進一步的認識。

4. **仔細觀察**：每一個人均有獨特的穿著、搭配、打扮等，均有其特殊的意義，可以稱讚或詢問其意義。

5. **談對方有興趣的事**：男女感興趣的話題「有所不同」、「有所同」，可由同中去產生共鳴，由不同中去激發吸引力。

6. **稱讚對方**：每個人均需要別人的尊敬與肯定，適當的稱讚、尊敬對方，是一種基本的禮貌；人受到尊敬，雙方「人我的地位」自然提升。

第四節　戀愛過程的分手因素

初戀的情人，從頭到腳、微笑到回眸、書信往來到見面等，都會令人如癡如醉。愛是一種美妙、快樂的情緒感受，戀人與友人有著不同的甜美；有了愛使不同的個體吸引結合成為一體，共同樂意同心協力建立甜美的未來。隨著初戀的甦醒，戀愛不再是空中樓閣，要有經濟基礎、工作能力、心理成長、心理準備、家人支持、朋友支持、社會支持、健康的身心、責任感、信任感、競爭實力等，才能發展下去。因此，從初戀到結婚一次就能成功的戀愛似乎達不到20%，多數人都經過三至五個異性的交往，才找到自己的終身伴侶。

壹 戀愛容易分手的障礙因素

鄭照順（2010f）經過三十年的長期觀察，愛情的發展過程，確實是一場「生涯知能的競賽」、「魅力的競賽」、「幸福感、責任感的比賽」、「心理調適、人際相處、人際溝通」的自我成長過程；感情

發展過程，會逐漸體會經濟實力、工作能力、責任感、獨處能力、溝通能力、文化差異、社會支持等，都會影響愛情的發展，或是產生愛情曲折的變數。鄭照順（2010f）研究發現，愛情發展容易分手的障礙因素包含下列：

（一）知覺未來愛情無定所，男女易分手

男生沒有一技之長、沒有固定工作，很難與女生建立穩固的感情；聰明的女生不會把愛情的巢穴建在空中樓閣，愛情需要經濟資源去滋養，才能生生不息。謀生能力、經濟基礎是愛情的障礙，男生沒有經濟能力，只一味空談愛情，琵琶別抱、移情別戀是常見的現象。（經濟是愛情的障礙）

（二）知覺別人能力比自己的情人好

愛情的哲學：「人人有選擇幸福的權利」，要自己有駕馭的能力，在愛情與婚姻的抉擇上，應留給自己「最後的選擇權」。男女在交往時，發現別人才華、能力、個性比現在交往的對象好，又有機會換人，難免會各自找尋幸福。被拋棄分手的一方，更要「自我反省」、「自立自強」、「自我提升」、「自我昇華，把自己的缺點變為優點」，才不會自怨自艾，因為愛情是一場現實的競爭。（能力差是愛情的障礙）

（三）深入的認識後，因了解對方的個性及無發展的願景而分開

長期相處後，發現對方是個多情郎、愛情不專一、虛情假意；對方的工作態度、責任感、生活環境等，不合自己的理想，未來的夢想不可能實現，不能過著自己想要的生活，了解自己的心血付出必然是一場空。能及早知覺未來的下場與後果者，或許會先提出分手，這也是愛情的智慧抉擇。青春生命是有限的，倘若不能共同合作建立「美麗與幸福的未來」，還是及早分手，對彼此均有益處。（沒有未來願景是愛情的障礙）

（四）對愛情發展的心理歷程不了解

孔維民（2008）指出愛情發展的階段如下：(1)相互的美化時期：把對方的優點加以美化、擴大詮釋，以建立交往的信心；(2)討好對方期：提供資源與對方分享；價值觀的支持者；含情脈脈，互相凝視，互相討好，把最好的東西都獻給對方，以建立穩定的關係；(3)個體化期：關係穩定之後，開始逐漸解除心理防衛，向對方暴露自己的一切，希望對方能接納自己的一切，個體只求對方接納自己，而自己不能毫無條件的接納對方。戀愛階段只注意對方的優點，婚後只對對方的缺點敏感，因此形成感情發展的障礙；(4)現實階段期：每一個人均須為家庭做出奉獻，並追求個體的繼續成長，其次維持社會的競爭力，如果自我的心理建設不足，將會使愛情崩解。（由美化到現實期）

（五）相愛容易相處難的障礙

談戀愛時可在花前月下、美麗的海洋、翠綠的原野，去享受愛的甜美。但愛情總會回到「現實」的柴米油鹽醬醋茶，回到與彼此對方的家人相處，與彼此的朋友相聚。由單純的二人關係，回到現實與各自的社會團體，會產生許多的不適應，有些有長期的人際相處焦慮症，有些是新環境適應的焦慮症。個人的價值觀不容易改變，經濟負擔上的焦慮等因素，也是破壞愛情婚姻往前發展的阻力。（價值觀、相處能力、包容力極難培養）

（六）單方投入，春夢初醒，期待落空

愛情的發生有一方是主動投入，期待贏得芳心賞識，主動的獻殷勤、送禮物、關心問候，勤奮足以打動人心，過分的主動也會嚇跑對方，有時一方長期的投入關懷、愛意，卻激不起對方的興趣，而使自己的心血投注如石沉大海；有時投入許多時間、心血，發現愛人琵琶別抱；有時被人欺騙了一段戀情，發現誤入叢林般，進入不知天日的未來，如場春夢。這些失落的原因就是「投資報酬不如預期」、「投

資都落空」、「期待也落空」，愛就是這麼玄而難解。（愛情是一場風險最大的投資）

（七）對所愛的人，做錯誤的期待與評估

期待即是一種「價值觀」，評估也是自己「認同的價值觀」。每一個人心中有一把尺。愛的追求是人人的夢想，追求愛人的過程真是千方百計，從寫信、問候、送禮、獻殷勤，常誤以為投入愈多時間、心血、精神就可能成功，這些人常碰一鼻子灰；因為未去了解「對方的期待」。你是一個鄉下窮小子，去追求一個都市千金小姐，往往白費力氣一場，因為你的形象不在她的「期待範圍之內」。我們常期待美人有美德，可能正好相反，美人有奢侈、浪費的習慣；我們常以為俊男就有工作能力、事業能力，可能恰好相反，他可能擅長挑逗女孩，有愛玩、好吃懶做的個性。因此如何了解彼此「共同的期待」，有了交集才能順利追上理想的伴侶。也需要對方的品德、能力、志趣、健康、經濟、容貌等，做正確的評估，才能找到理想適合的終身伴侶。找終身伴侶，不能靠運氣，要用心經營。（愛情常做錯誤的期待與評估）

綜合言之，愛情分手的因素很多，交往前一定要做好準備：(1)避免做錯誤的評估與期待；(2)避免單方投入，對方不回應時及早撤兵；(3)經濟是愛情的基礎；(4)未來願景，是愛情的動力；(5)個人能力，是愛情的競爭力；(6)了解愛情是雙方不斷的調適過程等。有了上述的心理準備，男女縱然要分手，各自發展的實力仍在，彼此受的傷害就不會太大。

貳　男女分手「心理與社會」相關因素

鄭麗芬（2010）、林季宏（2009），對男女分手的「心理與社

會」因素分析如下：

（一）價值觀、期待不一致

偶然的奇遇邂逅使男女陷入愛的漩渦中，但彼此因價值觀不同，如在經濟、教育、目標、想法的衝突；期待不一致，如門當戶對、社會地位、對未來的期待不一致，找不到交集，容易使彼此因了解而分手。

（二）個性不合的衝突

個性是出生到大，由於生理特質、心理特質、道德特質、生活習性等形成個人獨特的個性，有人開朗、有人保守、有人勤儉、有人奢侈浪費，當彼此在個性、興趣上差異太大，又不能互相包容時，就容易產生衝突。戀愛之前彼此互相討好，進入相處階段，才知道彼此的個性是多麼的不同，缺乏包容力，就容易爆發衝突與分手。

（三）過度的依賴「性的滿足」

青春期男女經常會有性的渴望與衝動。女生常以為可以用「性換取愛」，男生談戀愛的動機只是為了「性的滿足」，當性愛的熱潮過後，容易彼此的愛情隨著消退。

（四）遠景的落空

愛的期待有生理滿足、心理滿足、社會滿足、物質滿足及功利的滿足等。教育水準的提升，會使自己的眼光向上提升，有才氣的男女也不會隨便找一個通俗男女去談愛情，高社經背景的女孩，也比較瞧不起鄉下的窮小子。當個人最在意的「發展遠景」，如要有穩定工作、願景、品德、健康等，重要的遠景破滅，就會醞釀出分手的裂痕。

（五）更好對象的介入

愛情是兩個人獨特共享的甜美，「多情型」、「浪漫型」的男女，喜歡發展多角的平等關係，不願為現在的愛情做出承諾與負責任，希望保有自由、自主、自在的空間。一位純情的少年如果單獨墜

入情網，會面對許多無助、難以承受的痛苦；愛情是自由市場，第三者的介入是個性使然，也是自由競爭的必然現象，畢竟「愛情是以自由意志為起點的競賽」、「每一個人均有選擇幸福的權利」，那是對方的抉擇，也不必惋惜。

（六）時間、空間疏遠因素

大學時代有些同學來自異鄉，感情特別空虛，需要同學的互相照顧，男女之間很容易交織出美麗的愛情火花。四年後各自回到自己的家鄉工作，時空有了很大的變化，連周遭的環境也起了變化，男生又因服役遠在他方，逐漸疏於聯絡，要見面也不是那麼容易，於是四年培養出來的感情很容易起變化。感情的聚合常是時空、環境、日久生情的產物。「環境資源」、「心理距離」、「空間距離」均會造成自然的疏遠。

（七）家人的反對

愛情雖是青年男女兩個人的一對一關係，但都需要經過雙方父母的同意、支持、肯定，比較容易得到長輩的祝福。父母這一輩與年輕人的見解、價值觀、成熟度、冷靜度、長遠思考均不同，青年男女一頭熱、彼此處在熱戀之中，均會不識東西南北的方向，走入迷霧之中；對方家庭、社經背景，也是父母重視的因素，縱然男女喜歡，父母的反對往往會澆熄了雙方的熱度與繼續發展的意願。因此男女分手的原因，長輩也是占重要的因素之一。

第五節　戀愛男女分手的心理準備

大學生經由認識、約會、深入了解，發現不適合時，應警覺要有分手的準備。許多大學生沒有體驗過失敗的滋味，會造成不知所措。每一戀愛是因緣的開始，因此有高潮也有低潮，也可能有衝突、終致分手，即所謂世事難料。

壹 由戀愛到分手的歷程

（一）互相認識

由認識、談話、互動中，有了第一個好印象，開始想深入的了解對方，或很愛慕對方，出現一位心目中的白馬王子、白雪公主。

（二）約會

約會是想深入互相了解，譬如看電影、聽音樂會、戶外活動，去找出共同的主題與興趣分享，並增進彼此的了解，了解其價值觀、興趣、人生理想，以及哪些是自己堅持追求的目標和理想。

（三）甜蜜期

雙人有共同的興趣、理想、目標、價值觀，就會很順利進入所謂「水乳交融」階段，生命中覓得一位知音。

（四）衝突期出現

雙方慢慢了解彼此的個性，軟弱、缺乏衝勁，沒男子氣概，或缺乏女性的魅力等，使兩人相處極為乏味，自然會形成感情的裂痕。兩個人期待、價值觀、興趣均不同時，各有更理想的對象時，就會不斷的出現衝突與矛盾。

（五）內心衝突與解決階段

由於相處乏味、相處不來、相處缺乏願景、第三者的吸引力等，都會造成內心衝突。愛情婚姻都是每一個人一生幸福的全部賭注，勉強找一個人來結婚也大可不必，如「有衝突」或「選擇分手」，應把握一些方法與原則：

1. 表達自己的立場：表達自己的想法與感受，如：我覺得我「不能適應」你的生活方式；完整評估彼此的矛盾，使對方了解彼此並不那麼適合在一起。

2. 傾聽對方的想法：我了解你的想法，但我的個性一直是以朋友為優先，如果我做了改善或無法改善，你會改變分手的想法嗎？

3. 找出解決之道：對於金錢管理的方法要彼此願意退讓，達成共
　　識，或無法接受對方的還有哪些？過多的缺陷、矛盾將使雙方無
　　法往前繼續發展下去。

貳 分手的階段期

劉若蘭（2007）調查男女分手的首要原因：(1)個性、生活方式、
價值觀不同；(2)時間、空間、經濟職業因素；(3)父母的反對。當關係
走到發生裂痕要分手的發展階段，可再分為三個心理歷程：

（一）分裂階段
此階段至少有一個人對彼此的關係感到不滿，不滿意、無奈、無
趣時，當事者的內心開始衝突，而進入下一階段。

（二）內心抉擇階段
此時當事者關心的焦點是「問題需要停止」，停止吵鬧、停止
不愉快，停止損失時間、金錢、青春，不能再無謂的消耗下去，或是
幫助找回自己的自由之身。一旦產生「我離開他（她）是對的」等念
頭，而決定攤牌就會進入下一個階段。

（三）對話階段
把不適合在一起的原因與對方見面溝通，希望對方有心理準備，
對話會產生重大情緒，要有他人作陪，以免發生意外。

第六節　面對分手的因應方法

男女由熱戀到不得已的分手，都會造成情緒上的極大變化、情緒
上的不穩定，如：憤怒、生氣、哀傷、悲痛等。近年來在校園內、社
會上發生的「愛情悲劇」甚多。

「愛情悲劇」的個案如：(1)2006年北一女與成功高中生談戀

愛，在談判分手之刻，成功高中學生於新公園殺了北一女同學13刀；
(2)2007年中山大學研究生追學姊不成，而於分手時向女生潑硫酸；
(3)2008年7月8日，38歲留美碩士與女友相戀一年後同居，因女友提出
分手，把小他8歲的女友挖出眼睛及割喉殺害，之後跳樓自殺；(4)2006
年台中某高職女生與同校男友談分手，被殺了20多刀；(5)2000年張姓
同學因女友要求分手，但他以「我得不到，別人也不能得到」的強烈
占有慾，將女友勒死；(6)2009年南台灣某科技大學，大一新生因女友
移情別戀，開車撞死女友。

2008年7月19日婦女救援基金會舉行「愛你愛到殺死你」記者會，
公告2008年台灣上半年一到六月間，就有156件戀愛暴力，分手的暴力
情殺每兩天發生一件，被害人90%以上都是女性（曹銘宗，2008）。
分手的原因有56%是一方無法適應提出分手，有12%另結新歡，有6%
是雙方口角、金錢債務、懷疑對方有新歡、復合不成等。婦女救援基
金會提出「愛情傷害安全的守則STOP」：(1)人身安全第一；(2)時間恰
當；(3)地點公開；(4)談判時要長輩、朋友協助；(5)不可用言語激怒對
方，才能好聚好散，全身而退。

林季宏（2009）、鄭照順（2010f）提出，對於「想要分手」與
「被動分手」的男女，應注意的要點：(1)好聚好散：避免分手過程的
傷害；(2)在愛情的親密關係中，要多了解對方是否有攻擊習性：如果
平時生氣會動手打人、口不擇言，在日後分手採取激烈傷人或自殘的
方式，去表達情緒的機率會較高。如果發現感情不合，要如何理性分
手？林季宏（2009）、鄭照順（2010f）等提出下列看法：

壹 「主動提出分手者」所需的因應策略

林季宏（2009）、鄭照順（2010f）指出，主動提出分手的人，
可以採用「主動去因應」，預知得失，不虧欠對方、不傷害對方的策

略：

（一）先找個地方靜一靜，想清楚自己為什麼要分手

為了自己好或為了對方好？或個性、價值觀上已極不合適，已到了不能繼續走下去的地步。

（二）做好沙盤演練，準備好自己要提出的「分手原因」

不要臨時抱佛腳，臨時編一些理由，容易露出破綻。

（三）調整好情緒再出發，不要數落對方的不是，或做人身攻擊

情緒穩定時，包容心較高，不攻擊對方的「自尊心」，如太窮、沒志氣、不夠帥、太矮等，不侵犯對方的身體與心靈。

（四）找到公開而安靜的場所，最好有好友相陪，以防意外

或用電話、書信表達。長期的來往要做一些告白，這段感情發展下去，對彼此都不會圓滿，希望取得諒解，並請能各自冷靜，重新出發。

（五）理由要簡潔，事實難以改變，態度要堅決

並能鼓勵對方，能找到比自己還適合的對象，分手之理由要簡潔，可以避免不必要的聯想。緣分已不在，心中已做決定，難以改變，祝福對方一定可以找到比自己優秀的對象。

（六）分手必然是理性的抉擇，但要給對方真誠的祝福

祝福對方一定可以找到更合適的人，也會更幸福，以留友情之路。

（七）尋找理性的第三者的支持

客觀分析這段感情自己的感受、對未來是利或弊，這些利弊、得失自己去承受。例如：愛情陷入膠著階段，可以請教有經驗的長輩提供意見；分手可能是「惡緣的結束」，「善緣才會再來」。若分手的益處多於自己的疑慮，當然要明快的決定、避免耗掉彼此的青春與前程。

（八）分手後宜保留一段真空期，勿虧欠感情與財務的債

給自己與對方釐清彼此的界限，是朋友、是過去的情人、是同學的關係，要定位清楚。男女分手，最忌諱馬上重新開始新的戀情，去彌補過去傷害別人或被傷害的傷口。盡量與對方保持空間、時間的距離。尤其在「金錢、財務、債務」，要結帳還清，不能讓對方人身、財物、情感的多方損失，如此才不會成為永遠的負心人。

歸納言之，主動提出分手的人，常採用「主動因應法」，預知得失，不虧欠對方，不傷害對方：(1)要真誠體驗自己的感受「為什麼要分手」；(2)分析利弊得失，堅定承受自己的決定；(3)給對方適當理由與尊嚴，給對方真誠的祝福，以獲得對方的諒解；(4)雙方能自由自在，不背負感情、財務的負債，以獲得雙贏；(5)要有「不是情人，未來還是朋友」的心態。

貳　「被動提出分手者」所需的因應策略

被動分手者，要知道如何因應這一件意外的「感情處境」與「感情壓力」。失去了心愛的情人，就是「絕路」了嗎？要「自我反省」，檢討自己「努力不夠」的地方。我如何更充實等待「下一個機會」？被動分手者通常在「情緒上」易失控；「認知上」易自責或責怪對方；「身心傷害與痛苦上」升高，無處發洩。

林季宏（2009）、鄭照順（2010f），對於被動提出分手的人，提出所需的因應策略如下列：

（一）失控情緒，找出傾吐與紓解途徑

1. 找好朋友、專家等傾吐：分手的痛苦，不要往肚子吞，要找好朋友分擔你的悲傷、壓力與心中的困境。
2. 找到好的方法去釋放情緒壓力、運動。

3. 去旅行、登山、泡溫泉、指壓等，以「時空增廣法」來消除心中的壓力，減輕心理的傷痛。

（二）做有趣的事情，及善用音樂治療

1. 去做自己有興趣的事、能忘掉傷痛的事：如旅行、指壓、畫圖、攝影等。

2. 採用音樂治療：用音樂阻斷苦惱的思緒。

（三）冷靜思考，培養下一個因緣

1. 要保持冷靜：衝動會把一切事情變得更惡化。

2. 不要意氣用事：情緒不穩定，任意再找一個人來彌補心理空虛，可能會更糟；意氣用事「攻擊對方」、「自我傷害」是不智的行為。

3. 勿自責：不完全是自己或對方的錯，不要太自責。

4. 不要死纏爛打：不要把錯誤都歸給對方，認為我得不到的東西，別人也別想得到。「玉石俱焚」的想法要停止；不可以自殺恐嚇，既然「無緣」，就讓過去隨風、隨流水而逝；自己努力培養下一個因緣，自我提升實力。

（四）改善自己的缺點，把失敗轉為向上提升的力量

善用正向心理機轉，積極學習，做好心理上的調適。精神分析學者提出許多有效的因應策略：

1. 昇華：改善自己的缺點，把失敗轉為向上提升的力量，化阻力為助力，自我激勵。

2. 多元目標：人生的目標很多，愛情只是一個選項，愛情不如願可以轉往學業、事業更努力。

3. 內化別人的優點：一切成功的人都有其優點，把別人的優點內化成為自己的優點，以提升未來的競爭實力。

（五）拓展人際關係，增加社會適應力

人際關係理論中提出「結緣論」，要走得出去，要廣結善緣：

1. 用服務與人結緣：多奉獻、助人以提升人際資源。

2. 用專業與人結緣：用專業幫助別人解決問題。

3. 用感恩與人結緣：感謝別人對我的付出，我會更加倍奉還。

4. 逐步建立善緣：建立社會人脈、好的形象，好的因緣自然來到。

（六）保留一段「真空期」

重新釐清自己與對方的「關係」和「界限」，保持心理、社會距離，「相見不如懷念」，保持那甜美的回憶，以免自我傷害。

（七）增加自我的「復原能力」

1. 每一個人都有復原力：所以分手不是世界末日，人都會遇到生離死別，要離去的葉子，就讓它掉落，因為明天還會長出新葉，生命的過程需要不斷挫折，才會有成長的機會。

2. 失敗是成功的階梯：有失敗，才會增進經驗的成長。

3. 惡緣不去，善緣不會再來：壞緣結束，好機緣才會開始。

4. 男女的愛情「沒有對錯」，只有「彼此合不合適」的問題：提升心理、生理、智慧的能量，去做最好的調適。

（八）要保持冷靜，避免失去理智

為下一階段的人生旅程鋪好道路，衝動絕對會把事情搞砸，也可能斷了自己的美好前程，破壞自己的形象。

（九）感情挫折、失敗，但實力仍在

在逆境中，有成長的經驗，有新的收穫，從樂觀角度去看問題，尋找新的目標發展；每個人有各自的優點，不能說有缺點就不值得來往。

（十）談戀愛要有失敗的心理準備

有了心理準備，在愛情的挫折、打擊就不會那麼痛苦。多認識人，多學習別人的長處，不在乎擁有，而是在乎每一個階段的「自我成長」，尊重每一個人都有「自由選擇幸福的權利」。不要太在乎對方的背叛，因為「惡緣不去，善緣不會再來」，好好充實自己，等待

下一個機會。

（圡）人生難免有生、離、死、別，所以「分手不是世界末日」

有失敗才會進步、有結束才會開始。只要用心處理分手的問題，「努力充實」之後，必會有更美好的因緣等著你。

參）避免分手時帶來彼此的傷害，有效的預防策略

分手如果思慮不周到、過程不公開、意氣用事，常會惡言相向或動用武力，造成彼此難以收拾的後果。鄭照順（2010f）、林季宏（2009）提出，戀愛時期應特別留意的事項，提出下列建言：

1. **避免讓對方在金錢上過多的投資**：交往期間，常要有來有往的為彼此互相付賬。

2. **平時觀察對方情緒穩定度**：有無情緒失控、語言暴力、行為暴力的傾向。

3. **了解對方有無精神疾病**：如強迫症、虐待狂、焦慮、憂鬱症、精神分裂症等。

4. **避免自己成為對方的「第三者」**：二者在熱戀或失戀時，你成為別人的「點心」或「避風港」，要能判斷對方是真情或遊戲。

5. **談判分手時應警覺事項**：避免言語、行為刺激對方；尤其不要單獨赴約，不要在密室；要看清對方攜帶的藏物，如刀子、繩子、硫酸、槍等。

第七節　分手的諮商與輔導方法

俗云：「天下沒有不散的筵席」，無論是友情、愛情、親情，同學到畢業就分散各方，繼續前程的打拚；親情也可能到年邁時刻就要道別；愛情，發生在因緣的聚會，一旦緣盡或另外有更合適的因緣，

自然又會各尋找自己的好因緣。

　　蘇格拉底（Socrates）說：「不結婚的人會一輩子後悔；然而，結婚的人也會一輩子後悔。」為何許多不如意的事情會一一出現，一個屋簷下同床異夢的夫妻比比皆是。蘇格拉底為結婚的人找到好的理由：「娶到好妻子、嫁到好丈夫，一輩子幸福美滿；娶到惡妻、嫁給惡夫，就可以成為哲學家。」

　　愛情的發展如走進芬芳的花園，到處是美景、喜悅，無論星辰、月夜都是美的享福，彷彿走入人間仙境。愛情的分手過程，恰似一場暴風雨，如何及早「雨過天晴」、「雲消霧散」，走向「陽光大道」，其心理調適途徑，林季宏（2009）、鄭照順（2010f）提出戀愛分手的輔導方法如下述。

一、悲傷情緒的諮商與輔導方法

　　當失戀的男女，因感情失落、突然分手、心情低潮，失落感造成憂鬱情緒，可以採用「音樂治療」、「心理諮詢」、「寄情山水」等療法。

（一）音樂治療法

　　以韋瓦第〈秋之組曲〉長笛的哀怨聲去紓解心中的苦悶，對感情憂鬱者、情緒低落者，可以幫助釋放、脫困其傷痛的心境。

（二）心理諮詢

　　求助心理師、諮商師、心理輔導專家，提供傾吐的機會，讓自己說出自己的困境、痛苦、未來迷惘有哪些，這些困境、痛苦如何解脫？如何重建信心？如何減少自傷？

（三）寄情山水

　　天地之寬、宇宙之大，足以容納所有的好壞人，你也要包容天下的負情郎、負心人，給予自己一段較長的旅行或登山等，走得愈遠，愈能減少工作、舊事故、舊情人的心思干擾，自己的心理傷害也會愈

少。

二、採用「溝通分析法」

分手時要用健康的方式照顧自己的情緒，處理感情的糾葛，要「互相原諒」、「互相包容」及「你好，他也好」，沒有掛念，「帶走美好的回憶，忘掉不愉快的過去」（如表7-1）。

表7-1　男女感情發展的「溝通分析」類型

當事人A／對方B	他好	他不好
我好	我好，他也好（第1型）	我好，他不好（第3型）
我不好	我不好，他好（第2型）	我不好，他也不好（第4型）

（一）第1型：我好，他也好

尊重對方的選擇，這是海闊天空的健康心態，在尊重對方的前提下，不把自己的價值觀建立在愛情的關係裡。在承認面對愛情挫敗的同時，也知道如何自我療傷，彼此不得已的分手，用健康的方式照顧自己的情緒，並真心相信愛情不是「是非題」，而是彼此「合不合適」的選擇題。

（二）第2型：我不好，他好

一旦分手而陷入「自卑情緒」，一定是我不好，他（她）才不愛我，因此深信自己不值得被愛，淪陷在「失戀的痛苦中」。

（三）第3型：我好，他不好

缺乏反省能力，一味的怪罪對方的不是，把對方的離去解釋成對方惡意的背叛，這一類的反應會以言語、行為、法律讓對方難堪，重則採取「我得不到，別人休想得到」的報復行為。

（四）第4型：我不好，他也不好

常怨人不怨自己，即對「對方憤恨不平」，又對自己「失去自我價值感」，極端者會採取「自傷」或是採取「攻擊對方」，或同歸於盡收場。

三、善用認知結構調整及催眠法

催眠是用來改變「認知」、「肌肉」與「自主神經」的狀態。可以重組「認知、情緒結構」。

（一）認知改變

負面的認知易使人鑽牛角尖，自陷深淵難以自拔，催眠師告訴當事者，你來到一個「很安全」、「無憂無慮」、「有流水聲」、「有鳥叫」的環境中；如此就可以把思緒重新整理一番，或「解離」出思考桎梏。

（二）肌肉放鬆

從頭皮、上額、眉心、雙顴、鼻子、嘴巴、下巴、脖子、肩膀、胸肌、背肌、腹肉、雙手、大腿、小腿、腳底開展放鬆，呈無力狀，全身肌肉的放鬆，每一部位給予30分鐘的抒放，使心理壓力減輕了50%以上。心跳減少20%的跳動，使心理、生理能保持有助於減輕憂傷心情的傷害。

（三）自主神經放鬆

由外在的肌肉放鬆、平和的音樂聲、催眠聲，都可使心跳、血壓下降，並使大腦的「腦神經」、「自主的心肌」、「胃蠕動」等自主神經得到放鬆，而降低焦慮，減少消耗身心能量。

（四）認知結構的調整

由歸納轉為啓發。當事人身心受到感情創傷，主要是「認知結構」的心結解不開，當事人常分析、歸納出可能的原因，而「自責」、「責備他人」；催眠者採用「樂觀」、「幽默」的態度，只要

心情放輕鬆、視野擴大、優點擴張、缺點縮小，使「挫折成為成長的能量」，使「個人智慧不斷的成長、啟發」，產生「好的想像」、「快樂的未來」。治療師必須說：「你的經驗成長」是值得肯定的，只要經驗成長，轉為助力，智慧就已得到啟發。

（五）善用催眠的原理

1. **注意力改變**：音樂與催眠師把當事人的「注意力」引到內心深處的「自主神經」，使自主神經得到放鬆。

2. **強度調整**：由緊張到放鬆，直到整體肌肉放鬆為止，也類似於全身的指壓一般，這是一種心靈的指壓。

3. **得到解離的感覺**：把「快樂」與「痛苦」分開體驗，體驗「那快樂的時光」，使他得到快樂的心境，去取代現有的痛苦情緒，「愛也有收穫，並不是完全的損失」。

4. **經驗的搜尋**：找出個人經驗上的「新意義」，只要找出「愉快的意義」就可以減輕失敗的痛苦。

5. **可以重組現有的認知、情緒結構**：想快樂的事，就沒有不快樂的。

6. **心理狀態是「認知」與「行為」的結合**：催眠師認為「認知」是前輪，「行為」是後輪，認知改變方向，行為也會跟著改變方向。

四、設定多元目標

主要目標消失，如果能夠為自己設定新目標，「次要目標」就比較不容易有失敗上的挫折感。「要成功」、「要挑戰新任務」，就要有失敗的心理準備，如此才不會產生「不成功便成仁」的悲劇。

1. **找出新目標、次要目標**：寄託於未來，只要好好充實自己，至少可以完成次要目標，保有健康智慧。

2. **要有次要目標的進行**：愛情的變數很多難以掌控，去當志工、加

強學術研究、學習新的休閒活動，都可以進而掌控自己的計畫。如此就可以找回新目標、新意義、新的信心。

五、自我激勵法

自我激勵法又稱為「自勵」自強法：

1. 以實際行動證明自己有哪些可以發揮的潛能、專長、興趣，讓自己在人生的旅程中贏得自信、成就感與卓越。
2. 勵志法也可以引用於「各奔前程」、「你走你的陽關道，我過我的獨木橋」，奔向陽光、美景，不必為過去惆悵。
3. 自我激勵：不斷的自我療傷止痛；最好是忘掉過去的傷痕，保有最美麗的回憶。
4. 找有興趣的事情做，亦可提升自我的生命力，如去爬山、旅行、欣賞自然美景，找到生活的樂趣。只要心情快樂起來，其EQ就可以不斷的提升。

六、正向思考法、感恩法

感謝對方曾經愛過我，給予對方深深的祝福，希望彼此未來都能走得更美好！由「恨意」轉變為對對方的「深深感謝」，起於內心的善念，內心就會減輕焦慮、緊張，而得到「自我肯定」、「自我成長」，能感謝別人的人心情都是成熟的。《靜思語》的「知足、感恩、包容、善解」，可說道盡了人際相處的祕訣。

1. 人生難免會陷入困境，是自己的疏忽，只要不斷努力，一定可以迎向光明。
2. 山不轉，人要轉；人不轉，心要轉。
3. 愛情失敗了，但個人實力仍然存在，只待下一個機會。
4. 忍受目前的挫折與苦難，都是要迎接未來的高成就。

七、現實治療法

　　活在過去是沒有意義的，引導到「現在是安全的」，「保持一刻的無憂慮」就會增加一份幸福、快樂感。現在的時間、空間都是你的，可以重新整裝、重新計畫、重新再出發。事件的發生不完全是自己的責任，外在環境、時間、因緣不足所致，我為我此刻的快樂負責。現實治療之應用方式：

1. 擺脫過去後悔、失誤、自我責備的摧殘。
2. 現在的時光、環境、生活方式都是你可以掌控的，因此有努力就會有快樂，有放鬆就可以得到愉快，有淡忘才能擺脫痛苦的回憶。
3. 現實的環境是要依實力、耐力、勇氣去競爭，好好充實自己的實力就是一種快樂。
4. 能幫助自己找到健康、快樂，也是一種EQ、心智的成長。
5. 找出讓自己快樂的祕訣與方法，就可以保持自己的身心健康，身心健康是人生的第一目標及最高的價值。

八、探索自己的多元潛能

鄭照順（2010f）指出提升EQ潛能的方法：

1. **定時的運動**：每天清晨或黃昏能定時的打球、散步，有助於吸收負離子，以平衡身心的健康。尤其在空曠的原野眼視遠方，做做氣功，可以增進心理能量。
2. **均衡的飲食**：身體所需要的四大能量即澱粉、蛋白質、纖維質、維生素，每天要均衡的攝取，否則身體的功能運作會失調。
3. **充足的睡眠**：睡覺之刻是身心得到修護的機會，如晚上十一點至凌晨三點，心血走到膽經、肝經，長期不休息就容易使肝臟無法休息、儲存養料，日久就肝硬化，勞心過度、飲酒過度常患肝臟

疾病。今日大學生常因上網或長期熬夜，致使身心健康品質不斷的下降，也容易造成身心的障礙。

4. **多元潛能的探索**：如果能透過接觸優質的環境，如接近大自然、登山，接近森林、溪流，吸收芬多精、負離子、活性氧，對大腦的運作、肢體的健康、EQ的提升等均有幫助。

【討論題】

1. 分享結交異性朋友，哪些是有效的搭訕方法？

2. 分享談情說愛失敗或成功的經驗，並分析其成敗的原因。

3. 男女分手時，如何做好心理準備？處理分手的「安全措施」有哪些？如何走過「人生的陰影」？心理如何調適？

4. 在情人節前夕，想對心儀的對象表示愛慕之情，表達、溝通的方法有哪些？如果被拒絕，如何有效地處理情緒及調整認知與行為？

本章的部分理論曾載於《高苑學報》，17卷2期，頁100-113，2011年7月。

第八章

自我實現的人格
與培育

✤自我實現的金科玉津✤

自我實現論，提供潛能培育的方向。

（Maslow）

人人可以創造高峰經驗，以增進潛能發展。

（Maslow）

知性、感性、意志力是自我實現的動力。

（許金聲）

登過一座未曾到過的山，就已經創造自己的高峰經驗。

（鄭照順）

第一節　自我實現論對各領域的影響

一、Maslow自我實現論的影響

人本心理學家Maslow在1950年代所提出的「自我實現論」（self-actualization）對於心理學、輔導、教育學、社會學及人格發展產生極廣泛的影響，例如：

（一）在心理學方面的影響

自我實現論被稱爲第三思潮，自我實現與精神分析論的性本能衝動、行爲學派的行爲控制並駕齊驅。Maslow認爲每個人均可以創造高峰經驗，以增進心理的滿足感，人本心理學的影響力甚至超越精神分析、行爲主義的主張。

（二）在輔導學上的影響

人本中心輔導方法，包含眞誠、一致與同理心、人際關懷等技巧，已成爲輔導上的重要方法。

（三）在教育學方面的影響

教育的本質在啓發認知、主動學習、自律、潛能探索、自我超越、夢想實現、大我實現等方向，自我實現論提供潛能培育的方向及潛能發展自我評量的指標。

（四）對社會生活適應的影響

Maslow把人類的基本需求做系統的分類，並提出高低的發展層次，使人知覺生理需求得到滿足後，才會去追求安全、愛與隸屬、自尊及自我實現的需求，也成爲個人一生努力的目標。

二、許金聲對人格發展的研究

Maslow「自我實現論」在1980年代傳入中國，亦對東方社會的人格發展產生影響。許金聲（2008a）對中國大陸人格發展的研究發現：

（一）在改革開放前（1978年前）

中國人普遍追求國家的團結與認同，屬於「歸屬感型人格」的追求。

（二）改革開放（1979～2000年）

中國人追求經濟、生活獨立自主，發展積極進取的精神、平等互利的精神，逐漸產生「自尊型人格」追求，讓自己在社會、國際活得有尊嚴。

（三）申辦奧運成功（2004～2010年）

經濟建設加速發展與世界交流密切，自由民主加速開放，2005年加入WTO，2008年主辦奧運，2010年主辦世博會。民族自信心大增，逐漸形成獨立自主、平等互利、爭強好勝、自我超越的「自我實現型人格」的特質。

楊國樞（2005a）、許金聲（2008b）、鄭照順（2011a），分析個人在追求「自我實現」的理想，會因為不同的價值觀、不同的目標，而有不同的追求層次。許金聲（2008b）認為，如果把個人利益列為個人人生自我實現的最高目標，可能會不夠完美。例如：有些人可能會利用一切社會資源，來完成自己夢想的實現，但卻毀壞了自然資源、破壞社會制度及道德，造成社會及他人的不幸。因此，許金聲（2008a）提出新自我實現論，應增加第六個層次「自我超越」和第七個層次「大我實現」。「自我超越」是指增進個人潛能不斷的發展。「大我實現」是指個人的各種成就，應以造福社會、人類、永續經營為依歸，使「自我的追尋」中增加了正面的意義與價值。像Alfred Nobel設立了諾貝爾獎，對人類做出正面的意義與貢獻。

第二節　研究自我實現論的需要

許金聲（2008c）、鄭照順（2011a），提出「人格因素」是幫助個人自我實現的主要影響因素，因為人格因素具有穩定能持久性等特質。Maslow（1954）提出「自我實現」需求，是否已達到人生的最高目標，值得心理學、教學研究者去反省。Maslow的需求理論充滿著自我需求、自我中心的色彩，因此也被人做不當的應用，導致社會的受害。

壹　自我實現論研究的契機

二十一世紀之初，許多社會衝擊事件及不道德的事件發生，讓人感受社會風氣敗壞，世風日下，例如：2001年9月11日美國遭受恐怖攻擊；台灣於2000至2008年間政府官員貪污事不斷，社會制度被破壞，道德淪落。美國教育部在2001年掀起「品格教育」運動，台灣的民間團體教學者於2008年紛紛提出重振社會核心價值的倫理與品德教育，教育學者對於重視檢討教育改革的缺失，期盼至為殷切。

台灣的社會型態、教育制度，受美國社會、文化、心理理論的影響，也逐漸表現個人主義、自我中心、自我實現的色彩。台灣地區的人民多數對物質的追求、名利的追求成了生活的重心，即為達成Maslow「五大需求」的生活型態，包含：(1)生理上求溫飽；(2)居住上求定所：人人一輩子努力能安居樂業；(3)追求愛與隸屬感：參加各種社交團體，獲得愛的隸屬；(4)增加自尊與榮譽：提升自己的社會地位、經濟地位，以增加自信心；(5)達成自我夢想的實現：如高峰經驗、願景的實現等，這是人一生發展與追尋的方向。目前台灣的社會與教育風氣，漸漸遠離社會道德、人品、品格、自我超越、大我實現、精神境界等精神價值的追尋，而朝向物質主義、自我中心的滿

足，是當代社會現象與教育風氣的憾事。

因此Maslow（1954）提出自我實現需求，是否已達到人生的最高目標？值得心理學、教育研究者去反省。Maslow的需求理論充滿著自我需求、自我中心的色彩。政治、教育、社會領導者如果以自我利益、自我實現為決定方針，可能會忽略社會利益、社會福祉、社會公義、道德與品格及對精神層次的忽視。

許金聲（2008b）對「自我實現論」提出修正，增加了兩個層次，稱為「新自我實現論」：

1. **自我超越**：每個人均可以依據其能力、興趣、潛能、願景、不斷的自我超越，即潛能發展的培育，可以在身體健康、心智鍛鍊、EQ培育、精神智慧上不斷的超越。

2. **大我實現**：教育的結果在增進社會福祉、造福人群，促進社會的永續經營，如培育有道德、有人格、愛與關懷、能感恩、能飲水思源的品格，達成社會和諧、進步與發展。

「新自我實現論」的達成方法，可以透過環境陶冶、人格培育的途徑去達成：

1. **自然環境論者**：盧梭（Rousseau）認為天生自然是好的，一到人手就會變壞；證嚴法師的「人文陶冶方法」，主要在進行人文價值的薰陶，並且身體力行的行善，以培養有品德的人格。

2. **課程與教學**：選出最重要的目標，選擇有價值的教材，經由解釋、範例、示範好行為，可以繁衍人類的智慧及培育優質的人格。

3. **人格教育論者**：許金聲（2008a）提出能夠達成新自我實現的最主要影響因素是人格力量，並指出自我實現的人格包含知性、感性與意志力等特質。

貳　自我實現論研究的目的

吳武典（2009）提出，大學生的心理特質，普遍展現較好的認知能力、學習能力、記憶力、意志力，但如果缺乏品德與對社會的服務熱忱，其對社會的危害性遠大於平庸的學生。自我實現論可以誤用，例如，近年台灣有些政客搜刮全民資源完成充盈個人財庫的「自我實現」，造成國力的衰退、道德墮落、人民的傷痛等無以復加；「自我實現」也可以正面應用，例如企業家王永慶，重視創造社會財富、培育人才、富國裕民，他一生92歲，有77年為台灣的經濟成長、培育人才、發展醫療、創造十萬人的就業機會等做出貢獻。香港的企業家李嘉誠個人資產達九千億台幣，創造二十萬人的就業機會、熱心捐助教育設備，如為北京大學等數十校捐助興建一流的圖書館，對於社會經濟、人才培育，均做出正面的貢獻。比爾·蓋茲其財富蟬聯世界首富達13年之久，退休之後把全部財富捐助慈善基金。每一個人均可以在他的工作領域，做出自我實現的事業，像是教師熱忱培育學子、工人專精的把技術工作做得完美。

自我實現的歷程，不能缺乏對他人的關懷、工作的投入，社會道德、精神層次的提升，因此不斷自我超越、大我實現等，都包含在新自我實現論的追求目標。

自我實現論研究的目的，在於探討人類「自我實現」的歷程中，除了滿足個人基本的需求之外，應兼顧自我超越、大我實現等精神、道德、品格層次的追求。本章所探討的內容包含：(1)探討「自我實現」的人格特質及培育內涵；(2)設計培育「自我實現」的課程；(3)進行培育「自我實現」人格的教學；(4)分析培育「自我實現」人格的教育成果；(5)提出研究發現及建議。

參 自我實現的相關名詞

（一）自我實現

Maslow（1954）根據人類的各種需求，依據生理、心理、精神的需求分為五個層次，包含生理需求、安全需求、愛與隸屬需求、自尊需求及自我實現需求；自我實現（self-actualization）是一個人自身最高的成就表現，Maslow（1970）指出，自我實現是一個人潛能與才能的最高表現與體驗。

（二）自我實現的人格

許金聲（2008b）指出，達成自我實現的因素很多，有環境因素、教育因素及人格因素。自我實現人格的三個要素，是個體具有認知特質、感情特質及意志力特質。個體內部有強大的「自我實現意識」，即形成「自我實現」的人格特質。

（三）自我實現人格的培育

人格的形成是由生涯中的學習、能力、行為、習慣等產生一種穩定的「認知思考、情感態度、行為傾向」特質，稱為人格。許金聲（2008d）、鄭照順（2011a）提出如果能夠了解影響自我實現的人格特質，如認知能力、感情能力、品格能力的內涵，就可以進行自我實現人格特質的課程設計及教學，經由長期的培養，可以培育出自我實現的人格。

（四）高峰經驗

Maslow（1968）提出高峰經驗（peak experience），一個在認知過程、感性過程及意志過程的美好體驗，是從事一種投入的工作，有著前所未有的體悟與成長。

第三節 自我實現人格的內涵及發展

自我實現的思潮發源於人本主義心理學者，由Maslow（1954）首創，經過 Allport（1961）、Rogers（1965）、Coan（1974）、Lovinger（1976）的研究；以及楊國樞（2005a）、許金聲（2008d）等的發展，已發展出新的內涵、意義與價值。

楊國樞（2005a）指出，心理學對一般民眾影響最深遠的莫過於人本心理學家的自我實現論了。西方式的自我實現論，畢竟是根據西方個人主義文化、人本主義的文化所醞釀，個人主義的自我實現論，實則是「個人取向」的自我實現。儒家文化的自我實現，傾向於「集體主義的自我實現」，也是社會取向的自我實現，屬於關係取向、家族取向及他人取向三種層次。楊國樞、陸洛（2005）針對「個人取向」自我實現論，及「社會取向」自我實現論者之心理特徵進行實證性的調查分析比較。

人本主義心理學者的「自我實現人格」（Maslow, 1970），「健康人格」、「理想人格」（Allport, 1961）以及「最佳人格」（Coan, 1974），在追求自我完美的境界其意義相近。

Allport（1961）也提出「理想成熟」的人格特徵應包含：(1)自我的延伸：潛能發展、自信提升、意志力提升；(2)與他人建立溫暖的關係：親密、溫情、包容；(3)自我接納：肯定自己、情緒安全感、情緒穩定；(4)現實的知覺：與外在世界相連續、有現實感；(5)自我客體化：對自己的能力、資源有清楚的了解，並有幽默感；(6)有統整的人生哲學：人生目標、生命安定力量、努力方向、人生意義。

Maslow（1970）的自我實現人格特別重視：(1)愛與隸屬感：愛的精神、社會成長；(2)自我成長：注重個人潛能的提升、人際關係的增進與成長；(3)高層價值的追求：重視心理、智慧、精神的成長；(4)自我超越：個人能力經由不斷的學習、反省、改善、創造而達到自我超

越。(5)高峰經驗：找尋生命中最快樂、最得意、最初接觸的心靈成長體會，如創作、發明、情感的增進、精神的體悟、未來的探索，均可以獲得一種高峰經驗。Maslow（1954）所提的自我實現論經過半個世紀的發展，在東西方有不同的見解與發展，茲就相關文獻描述如下。

壹 自我實現內涵的實證調查

楊國樞（2005a）進行台灣大學生「自我實現觀」的調查，以28位一般大學的研究生為研究對象，其中有2位博士班研究生，26位碩士研究生，研究發現大學生自我實現的內涵如下：

1. **自主的選定目標，並付諸實現**：成為一個獨立自主的人，心理成熟、了解生存的意義，隨心所欲能自律。
2. **不斷努力、榮耀家門**：對家庭做出貢獻，力求上進回報父母養育，自我克制順應期望。
3. **對社會、國家做出貢獻**：修身，齊家，治國，平天下。

此項研究在了解台灣地區大學生對於自我實現的內涵，包含：自主追求理想、心理成熟、關懷家人、兼善天下及了解生命意義等五個指標。

貳 海峽兩岸人民對「自我實現內涵」的了解之調查

西方文化的精神，基於基督教義的延伸，有個人精神、個人尊嚴、個人完美、個人潛能的發揮，又追求個人自由與人權，因此其自我實現的精神傾向「個人取向的自我實現」。

亞洲地區以儒家文化為主的民族，注重倫理、人際和諧、天人合一、獨善其身，又重視兼善天下、濟弱扶傾的精神追求，傾向「社會取向的自我實現」。

　　楊國樞、陸洛（2005）調查台灣地區及大陸地區的大學生、社會人士，共取樣1,064人，其中有547人是「社會取向自我實現者」，有517人是「社會取向自我實理者」，研究發現：

（一）個人取向之自我實現者的心理特徵及相關

　　1. 悅納自己、獨立自主：達 .61。

　　2. 接受他人、尊重他人：達 .72。

　　3. 超世脫俗、忠於自我：達 .61。

　　4. 喜好審美、體驗創意：達 .71。

　　5. 關懷人群、奉獻使命：達 .93。

（二）社會取向之自我實現者的心理特徵及相關

　　1. 實踐忠恕、寬厚待人：達 .82。

　　2. 慎獨正心、崇尚禮義：達 .75。

　　3. 知足感恩、關懷社會：達 .72。

　　4. 自強不息、胸懷世界：達 .90。

　　5. 勤於修身、志聖德行：達 .57。

　　海峽兩岸的人民對於「社會取向自我實現」及「個人取向自我實現」之心理特徵，在認知上均顯得大同小異。年長者比年輕人認同「社會取向的自我實現」，年輕人較認同「個人取向的自我實現」，顯示年輕人比較有個人主義、個人中心的色彩。

　　楊國樞、陸洛（2005）在未來研究的建議認為「自我實現」的課題，應整合心理學、教育學、倫理學、哲學、社會學、人類學者共同合作研究會更完善。

　　以西方的「自我實現論」之觀點，來詮釋每一個人的「自我實現」目標是否已達成並不周全，如能融合東方文化把「社會取向」、「自我超越」、「大我實現」之精神融入人類追求的目標，應會比較理想，因為人們可能同時追求「自我實現」、「自我超越」及「大我

實現」的目標。楊國樞也認為「自我實現」的內涵，值得繼續研究及拓展。自我實現是人類共同追求的生命意義、生命價值的方向，也亟待有志之士繼續的拓展，研究其內涵。

參 大陸學者提出影響「自我實現論」的人格因素

大陸心理學者許金聲（2008a）對Maslow自我實現論，提出更高的人生需求，應包含「自我超越」與「大我實現」，並指出自我實現的人格包含：知性、感性與意志力等特質。

許金聲（2008a）並提出人能夠自我實現的主要影響因素是人格因素，人格因素具有穩定能持久性等特質，這些人格因素，又可分為三種能力特質，有下列人格特質比較容易自我實現：(1)智慧能力：簡稱「知性」人格，包含對大腦結構及功能的了解，學習能力、記憶能力、應用能力、分析評鑑能力、創造力的了解。(2)感情能力：簡稱「感性」人格，包含感動力、想像力、熱忱力、讚美、感恩、關愛、憐憫等能力。(3)品格能力：簡稱「品格」，包含意志力、包容力、讚美、感恩、愛與關懷、責任感、使命感、幽默感、自律、樂觀、正向思考等品格特質。

肆 美國中學生的自我實現目標

Joos（2003）於2002年對美國6萬名高中生進行「成功的意義」及「自我實現」目標的調查，並對70位高中生做深度的訪談。有90%的高中生認為追求「個人的成功人生」是極為重要的；其中有22%的學生認為應把「貢獻社會」列為重要的「自我實現」目標。

Maslow於1960年在美國的調查發現，有24%的中學生認為追求「個人的成功」是極為重要的，有85%的中學生認為能「貢獻社會」是

極重要的，由此可見，「成功人生」、「自我實現」都會因為社會變遷而改變。Joos（2003）調查美國中學生認為「成功的人生」及「自我實現」的目標，包含四個指標：

1. 生涯與工作：工作穩定，有好的發展機會，工作中有成就感與快樂，給予孩子較好的機會，有錢可以幫助生涯發展。
2. 與他人建立關係：與人建立深入友誼，並建立幸福家庭。
3. 自我實現：較多的休閒時間去培養嗜好，探索新事物，發現新潛能，體驗新的價值與意義。
4. 奉獻社會：有機會為社會奉獻，促進社會進步，成為社區的領導典範。

此項研究的目的，在探討自我實現的精義，即在追求幸福感、成就感，經由工作去促進家庭幸福感，幫助他人獲得發展，找到時間去享受生活。這項研究提醒學校教師、教育家們應重視自我實現價值的了解、社會奉獻的價值，及與他人合作創造一個溫馨的社會。未來的學校教育更應重視價值課程及設定「未來目標」的能力，使青少年能順利的進入成年期。

伍　**「自我實現人格發展論」的發展與調查**

Maslow於1954年提出「自我實現」論，在揚棄過去以病人為研究對象所建立的人格理論，從「正常人」去取樣，對人類「潛能的發展」，建立研究的架構，更強調個人責任、自由意志、個人成長追求、實現自我努力的成果，做出一系統的描述。Maslow1954年先提出「需求階層」（hierarchy needs），從生理需求、安全需求、愛與隸屬的需求、自尊的需求到自我實現，Maslow假設當低層的需求滿足之後，才會產生較高一層次的需求。較低層稱為匱乏動機（deficiency

motivation）的需求；頂層的需求則稱為「自我實現」，代表成長動機
（growth motivation）（圖8-1）。

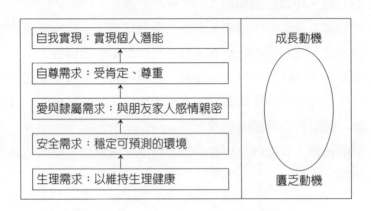

圖8-1　Maslow的自我實現藍圖

　　Maslow（1954）曾以愛因斯坦作為自我實現的例子。愛因斯坦由
德國集中營逃到美國普林斯頓大學擔任教授，他靠的是他的朋友、他
的妻子，還有自由學風，有了安全的環境，有了自由創造的機會，能
夠發揮自己的才能，因此才能自我實現。許金聲（2008a）的調查，楊
振寧、李振道、田長霖、陳省身、吳健雄等傑出科學家，他們為何要
留在美國發展？他們認為美國社會條件好，包含經濟生活無虞、社會
安全自由條件足夠、知識發展受到尊重，使他們可以安全無虞、全心
投入學術研究，創造「自我實現」的理想。

　　Lovinger（1998）提出「自我實現人格發展論」（圖8-2），他認
為人格發展與Piaget（1948）的「認知發展論」、Maslow（1954）的
「需求層次論」及Kohlberg（1970）的「道德認知發展論」有相類似
之處。Lovinger（1976）提出自我實現人格的發展論，是一種「自我發
展」的狀態，表示一種健康、主觀的幸福感，而不是來自社會的價值
判斷。

圖8-2　Lovinger（1998）**自我實現的人格藍圖**

Pfaflenberger（2007）對130位潛能開發的參與者進行SCT測量（Sentence Completion Test, SCT），SCT為1998年Lovinger 所編製的「心理分析人格理論」施測工具，並對30位參與者進行深入的晤談，經過18個月的人格培育課程，其調查研究發現：

1. **人格培育教育**：有助於提升「人格高層次」發展。
2. **人格培育教學**：有助於增進「潛能及價值感」的提升。
3. **人格成長評估的方法**：可以透過深入晤談、討論，對含糊不清的看法做澄清，了解每一種「人格對未來社會意義、價值及發展」

的影響。

4. 透過「不同的策略，不同的活動」提升人格層次：此確實可以提升人格發展的層次，也證明「自我實現」人格培育課程的教學，具有實際效果。

5. 每一發展階段，須設計不同的主題協助發展其潛能：譬如第四、五、六階段的遵守校規、自我覺知、良知的人格，需要用規範效益、個人優點、品格典範來教導學生，才會產生內化效果。

第四節　自我實現論對卓越社會的影響

壹 由自我實現到卓越人生的追求

　　行為主義心理學基礎，建立在動物的實驗研究發現上。Skinner於1930年代由於發現動物有著生理、性驅力的需求，因此很容易引發動物原有的需求，如食物、性、生理、安全驅力，藉此來設計「誘因」、「激勵因子」，去引導與重塑動物與人的行為。

　　人本心理學者Maslow（1954）發現人類與動物不同的地方，除了有共同的「生理需求」外，人類更有「安全需求」、「愛與隸屬需求」、「自尊需求」及「自我實現需求」（見圖8-3）。

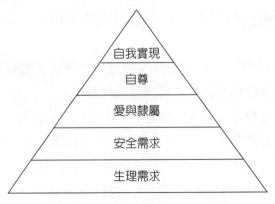

圖8-3　Maslow人類的五大需求

　　Maslow提出人類的五項「需求層次論」，是人類為追求生存發展的內在動機與動力，其發展的原則是：(1)基礎生理需求滿足，才會追求更高一層的需求；(2)人類的需求與動物不同，人類除了生理需求，尚有「心理需求」即安全、愛、隸屬、自尊之心理、社會、地位的需求；(3)人類在達成心理需求後，會再追求自我的特殊成就、自我的經驗、自我潛能的再發展，統稱為「自我實現」需求。

　　1950年代至今的美國社會，正值「資本主義」、「個人主義」的興盛期，自我實現的定義，由每一個人自由認定，因此社會充滿物慾型態「自我夢想」的實現，追求財富豪宅、開大車，也成就了許多巨商富賈，如福特、洛克・菲勒、比爾・蓋茲等大企業家。

　　1960年代「自我實現論」的思想及「資本主義」、「個人主義」、「自由主義」的思潮，也陸續遠播到東方的台灣、大陸、日本、香港、新加坡等地區，人們開始追求富裕的物質享受。豪宅、汽車、電器等是人人自我實現的夢想，於是自然資源如汽油、煤、森林、土地大肆遭受破壞。人類物慾的自我實現的結果，相對造成一些負面的效果，如生態的破壞、自然資源的枯竭、國際經商摩擦日益劇烈。一切的資源、能源、衝突都是為了「個人的自我實現」。

　　二十一世紀「新自我實現論」的心理學者如楊國樞（2005b）、許金聲（2008a）、鄭照順（2011a）等，開始對「自我實現論」提出一些新的看法，應補充與提升自我實現論的內涵，如促進「自我超越」與「大我實現」等，使有助於自我潛能發展、社會和諧、生態平衡的精神層次，達到自我實現。

　　努力為了成就自己之外，更重要的要成就社會、生態、人際間的永續經營與發展。因此「卓越人生」的追求，不只是生理需求、心理需求、自我實現，更在不斷「自我超越」及「大我實現」。我們有智慧、好品格、好環境，即實現「卓越人生」的夢想，必可使人際、社會、國際間更加和諧。

自我追求的「卓越人生」之內涵：

1. **自我知識更加充足**：是「智慧的富有」，不是財富的富有。

2. **自我身心更加健康**：是「健康的富有」，使青春長駐，不是身心的病痛及家人的負擔。

3. **自我愛心熱忱更加付出**：是「愛與熱忱的富有」，有愛可以使人際更精神富足、社會更美麗、自然更受保護。有愛心的社會使「社會更富足」。

4. **自我品格更加提升**：是「精神更富足」、「品德的富有」、「品德的修練」能日日提升，去除貪心、去除懶惰、去除欺詐，必使自己精神與品德更富足。

貳 追求自我實現的卓越大學

成為「卓越大學」的意義，就如同一個學校組織達到「自我實現」、「自我超越」、「大我實現」的境界。因此要成為卓越大學必要有教育理念、人文素養、科技知識、國際視野等，才能建立一個學校的卓越發展體系。

一、卓越大學的中心思想

教育部自2005年開始推動「卓越大學」的發展，其中心思想是：(1)心理學基礎：Maslow心理需求理論，由物質需求、心理需求，到精神需求、自我實現、自我超越及大我實現；(2)教育理念：大學校長如果有「教育理念」，重視「全人教育」、「品格教育」、「核心價值」的追求，都是屬於最高的精神層次；(3)學生競爭力：大學校長如果考慮「學生的競爭力」，可從「硬實力」的學科、技術檢定，到「軟實力」的品德品格、核心文化的培育、體能培育、人際關係培育、社會奉獻精神的培育、創造力的培育、服務態度的培養。

二、由卓越大學的中心思想，轉換成卓越的辦學願景

(一)以明志科技大學為例

以TAKE為卓越理念。

1. T（Technology），重視「技術實務能力」的提升：每個人均要通過專業技術檢定合格，才能成為一位「技術專精」的現場技術人才。

2. A（Attitude），「態度養成」：明志科技大學重紀律、重視勤奮樸實的生活與工作態度，也塑造了企業的文化。

3. K（Knowledge），「注重專業知識」：專精的研究精神，每一個學生不斷追求新知，以提升個人與企業的競爭力。

4. E（Environment），建立「友善的環境」：明志科技大學永遠建構一個適合學習、適合學習者與社區相融合的友善環境，例如：對原住民給予免費的深造，提供生活獎學金、服務獎學金，對於貧困的學生也可以辦理就學貸款免利息，校長對各界的參訪人員均以最熱忱的態度給予導覽，提供資訊與回饋意見，不斷的改善內部的競爭力。

明志科大在培養技術專精、良好敬業態度的技術人才，學校並以人文、精進精神去孕育人才的成長。

(二)以高苑科技大學為例

2006年所提「Best卓越計畫」，由鄭照順（2006）所提起草的計畫方案，Best之內涵如下：

1. 奠定雄厚「學術與技術基礎」（Basic）：重視基本能力的檢定、補救；技術能力的培訓，每年實施本科的基礎實力檢定，並做分組的鼓勵，有「A優質級」、「B實力級」的證書，為社會培養優質人才。

2. 「優質友善的學習環境」（Environment）：學校重視資訊能力

培養，建立分享的教學、學習環境，以達成知識創新、智慧分享、科際整合的知識經濟環境。並重視知識經濟中的「人文素養與創新」，以培育未來創意產業基礎人才。尤其應該建立學校的「核心價值」，例如：全人發展、創新、卓越、優質學習環境、國際視野等。

3. 「探索自我潛能」及「品格能力」（Self-awareness）：從八大智能中找到自己的「優勢智能」、「成功方法」，以建立「學習的信心」，並重視品格、品質、品味等氣質的培育，去提升競爭的潛能。

4. 培育「專門技術人才」（Talent）：技術專業能力的培育是高苑科大辦學的特色，規定每一學生在畢業前夕至少完成一項專業證照的取得，鼓勵研究、發明、專利之成就，可以取代學科成績，並協助各科學生提早入職場實習，進入社區進行「社區服務學習」。

高苑科技大學的Best卓越計畫，從「奠定基礎」提供優質的學習環境、培養「良好品格」、「重視探索潛能」、「發展專業技術」、「重視職場實習」，必使一位大學生能夠完成基本能力，自我超越，而達成「自我實現」及「人性關懷」的理想。

參 知識經濟時代的自我超越及自我實現理想之追尋

Thurow（2001）指出，二十一世紀企業與學校如果沒有「智識研究與創新」、「資訊科技應用」、「顧客導向」、「競爭的速度」、「全球化導向」是很難有競爭力的。知識經濟的基礎建立在知識資訊的創新、資訊科技的應用、顧客中心的服務態度、機構間的策略聯盟、作業流程的整合等。

（一）「智慧資本」取代「財富資本」

以往的三大資本是土地、廠場、資金，今日的資本是看不見的智慧腦力、人才、資訊資本等。

（二）「用創新精神」取代穩定發展

智慧即財富。資訊、整理、分析、歸納、精鍊成智慧與創新，應用於「解決問題」、「預測未來」、「創造財富」、「自我實現」、「自我超越」，用資訊、智慧取代經驗及直覺。

（三）「資訊科技的應用」

資訊時代有網路家族、網路會員，經由網路資訊的服務、手機多功能，創造無數的「資訊智慧財富」，誰能提供更便捷、有效率、有品質的服務，就取得商業機會。

（四）「作業流程的整合」

以增加速度的競爭力，過去的銀行經營領錢、存錢、匯款需要很多人去排隊，把三個人力縮減為授權一人提領，或委由提款機處理，使銀行、學校、企業的經營、行銷，個人因應社會的變遷，如果沒有即時的吸收新知、即時的因應、即時的問題解決，都會被拋在競爭的行列之外。

（五）重視「顧客關係管理」

顧客中心的服務態度，過去的商業經營，把顧客當消費者，知識經濟時代，把顧客當資訊管理系統，了解顧客的需求、特質，提供他需要的資訊與服務。

（六）資源、人才與國際的「整合能力」

透過資訊整合，可以產生智慧；透過資源整合，可以提升競爭力；透過人才整合，可以創造卓越；透過跨校、跨國際、跨機構的「資源整合」、「策略聯盟」，可以發揮資源共享，彼此互補。

（七）「終身學習能力」才能免被淘汰

知識經濟時代重視「腦力」，不斷的探索、發展與創新，即要從

「終身學習」的角度去學習與適應「快速變遷」的社會。學習生活、學習做事、學習與人生活、學習創新發展，發現「生活、工作、人際、創新」的新的藍海，以發揮人類的新潛能。

（八）重視「願景功能」與反省能力

二十一世紀的巨變時代，應重視願景的功能，一個機構的領導者應建構「核心價值」、「團體願景」，使機構成為一個有機體。反省自己的不足、了解缺點、解決叢生的問題，並能每年、每月有所進步及發展特色，以形成競爭力。

（九）「工作意義」取代職位高低

每一項工作只要盡其所能，發揮出工作的功能，即把工作做加價性的發展，則比擔任高級職位而能力不足來得有意義。知識經濟時代強調「心靈價值」的提升，重視工作品質；內在品格的提升，可以創造美好的工作環境、美好的服務品質、主動服務與創新的精神。

（十）「團隊合作」取代個人英雄主義

整合的「人才資源」共同創造新的經營策略，整合「機構資源」共同提升競爭力；整合環境資源再創更大的互補空間。因此個人才力、資源、環境空間有限，需要互補合作、發展，才能創造新的知識經濟領域。

第五節　自我實現的榜樣、典範及其人格特質

自我實現的人格須具有「智慧能力」、「品格能力」及「感性能力」等三種主要特質，茲就近年來自我表現的傑出人物，對其成功的歷程及人格特質做進一步分析，驗證許金聲（2008a）所提的「自我實現人格」理論，以做進一步的推論。在「企業界」的傑出領袖有王永慶、李嘉誠、比爾・蓋茲；在「政治界」的成功領袖有胡志強、歐巴

馬;在「藝術體育界」的成功人物有李安、王建民等,其傑出成就與
具備的「自我實現人格」特質,簡述如表8-1。

表8-1 當代傑出人物其自我實現的人格特質

人格特質\人物	傑出成就	關懷社會	智慧能力	品格能力	感性能力
王永慶	創造2兆元的塑料王國。	建學校、醫院,在大陸建設數千所小學。	追根究柢,重視大目標。失敗,自信實力還在。	勤勞樸實,人格信用長期養成。	苦過才會滿足。台灣是大陸的,大陸也是台灣的。
李嘉誠	創造5兆的綜合產業,含括塑膠、地產、通訊、石油、電力、媒體。	捐助300億元建大學,設大學圖書館及醫療、學術發展基金,設獎學金20億台幣。	好學不倦、知識改變命運。	吃苦耐勞、披星戴月、積極勤奮。	充分準備才有機會。內心的富有才是真快樂。向寬處行。
比爾‧蓋茲	個人資產900億美元,創造微軟公司,連續13年為世界首富。	捐助300億美元救助疾病與貧困的人。	優異的程式設計能力。善於整合精英能力。追求創新、品質與速度。	積極勤奮的人,人生就會大不同。	為人類帶來福祉,賺錢才有意義。
胡志強	英美兩國雙博士,優秀的外交部長、親切的新聞局長、創新的市長。	關懷弱勢、關心市政的藍海策略。	提升城市美學、造景、人文、特產。豐富的創意帶給人民利潤。	效率、清廉的服務、禮貌,政府取得人民信任。	幽默的看自己、看人的缺點。熱忱感人,設市長信箱,每天選10到20封親自打電話。

表8-1（續）

人物＼人格特質	傑出成就	關懷社會	智慧能力	品格能力	感性能力
歐巴馬	肯亞之子。美國哈佛博士、伊利諾州參議員、2008年當選美國總統。	組成堅強財經團隊，預定在兩年內創造250萬個工作機會。2010年9月結束「伊拉克戰爭」。	多邊主義；重對話及合作。重視研發、創業、補助貧困。大家都是共同體。	關懷、同理心與平等。	我們能，我們能夠改變；改變是需要的，這是個好時機。
李安	紐約大學電影所畢業，2006年榮獲奧斯卡最佳導演獎。	從創造題材中了解人生，影響社會，抒發情感，增加了解。	面對挑戰就會有所成長。成功的家庭劇轉爲西方家庭劇。智慧成功可以跨文化轉換。	永不放棄，人生有許多關卡等待去實現。	電影在挑起人的內在感動，友情、愛情、性、思念均在其中。
王建民	創造台灣精神。球速150公里以上。2007年美國大聯盟19場勝投。2008年當選十大傑出青年。	青年人熱忱、勤奮的偶像。建立台灣不屈不撓的精神。	如果這一球投壞了，期待下一個。每一球都要思考及身體調整。	毅力、執著、決心，做好本分，努力不放棄。	熱情的專注，熱忱加勤奮。

壹）「篳路襤褸」的自我實現者──王永慶

　　王永慶（1906～2008）於1954年成立台塑海運，1987年創立長庚大學，1989年創立美洲石化公司，1992年麥寮石化動工，1995年與日本小松電子合作建8吋晶圓廠，1995年創宏達電子。1997年漳州電廠動工，2000年台塑石油生產。2002年寧波石化動工，2003年生產12吋晶圓，2006年交棒給行政中心七人小組，2008年11月於美國視察突然過世，員工約10萬人，年營業額約9,000億元台幣。

一、生平自我實現的事蹟：開創未來的先行者，由堅苦到卓絕

　　王永慶國小五年級時因家境貧困輟學，南下嘉義擔任一家碾米廠送米工人，他能夠精算對方幾口人，約知幾天吃完米，前一天就「主動服務到家」，深受客戶喜歡，使米廠生意興隆五倍，又能打聽客戶領薪的日子登門收帳，建立「客戶檔案」。後來就自己開米店，往上游開批發商，發現競爭力減少，增加利潤，這是他小時候刻苦耐勞，用頭腦所悟出的「自我實現」的成功方法。

二、王永慶「自我實現」人格的整體因素

　　綜合分析，王永慶「自我實現」人格的整體因素包含下列（呂國禎，2008）：

1. 創立「勤勞樸實」的品格及企業文化：王永慶以「勤勞」自勉、勤勞一步工作、勤勞一步思考；又能「樸實」無華，賺錢不浪費，物盡其用、人盡其才，因此績效加倍。
2. 重視「誠信」人格：人的信用是長期累積而成的，與王永慶有長期交往且人格有信用者借錢都不用借據。王永慶稱人要累積個人信用的資產，才可能成大器，因此其人格講誠信，受到員工與社會的景仰。

3. **生活節儉，有才幹者承擔大任，重視管理分析**：王永慶日常起居極為節儉，一滴糖、一滴奶精都要拾起來用。王作榮與王永慶談到國家大事、經濟發展趨勢，他都會叫小孩過來聽，「家庭倫理極為嚴明」，王永慶採用「傳賢不傳子」、「只看戰功不看血緣」的企業經營理念。

4. **有頭腦又富冒險精神**：王永慶做任何工作均善於計算成效、附加價值、服務態度、工作品質、時間效益等，因此一生無論做米販、木材批發、建磚廠均捷足先登，勤奮的人永遠會得到許許多多的機會。

5. **經營策略重視大目標及不怕失敗的精神**：能腳踏實地、追根究柢去達成目標，有了腳踏實地的智慧、能力及良好體能等，如果預估錯誤，「失敗了實力仍然在」，可以很快累積經驗，迎頭趕上，立於不敗之地。

6. **為公司、為社會「培育人才」**：王永慶認為「企業有人才，才能永續經營」。1963年王永慶為了工廠生產、研發行銷人才的迫切需要，成立明志工專培養有核心理念、勤勞樸實、腳踏實地、能吃苦的技術研發人才。每一位進入明志工專的畢業生均能保證就業，即「教、學、用」三合一的育人制度，為公司培養生產勁旅。

7. **關懷大家健康，設立醫院**：王永慶感於台灣醫療資源、醫療設備、醫療人才的不足，其父親因腸絞痛找不到能治病的醫師而有所感慨，於1987年創設長庚醫院。其後設長庚護校、長庚大學，專門培育醫學及護理人才，每年開放50位名額給原住民就讀，自己提撥獎學金供其免學費、免住宿費就讀。

8. **默默行善，希望為大陸蓋萬所學校**：王永慶每年把自己的積蓄提撥一部分為大陸興建學校，目前已在大陸蓋有數百所中小學，其行善常很低調、點滴奉獻。

9. **重視兩岸情感、厚德載物**：北京清華大學校長歐秉林特別作詞稱
   讚王永慶：「能重視民族情感，善用民族智慧」，他的企業理
   念與北京清華大學的校訓「自強不息，厚德載物，行勝於言」的
   校訓，於校園精神上是相通的。他對兩岸的看法是融通的，他說
   「大陸是我們的，台灣也是大陸的」。

10. **苦過才會快樂，由運動培養意志力**：王永慶體驗吃苦之後，才能
    體驗出快樂的美味，王永慶常深夜清晨去送米，起得比別人早，
    工作得比別人多，以吃苦爲樂。其生活起居、養身均做最艱苦的
    培訓，早上三點就起來做運動一小時，再回去睡一會兒，以提升
    工作意志力，不論天候如何，每天跑五千公尺來培養自己的耐
    力。

11. **了解勞資和諧，重視員工福利**：寧可自己吃虧，也要處處爲員工
    福利著想，與衛星工廠互補，自己做不來的工作，就外包給衛星
    工廠做，不仗勢自己的資源去剝削衛星工廠，使人人均能分工合
    作，大家都有發展。

12. **專心經營企業，不搞意識型態；遵守法律，不搞官商勾結**：專注
    於自己的專業、研究、發展、拓展版圖，不與任何一黨跟進，對
    於事業的永續經營理念「追求成功爲樂」、「吃苦爲樂」，其個
    性中時時以追求心中的成就感爲樂。

貳　自我實現者——李嘉誠

一、李嘉誠的生涯與事業發展

　　李嘉誠12歲時因中日戰爭被迫失學，12歲逃到香港。一家六口
人如螻蟻，由廣州梅縣，翻山越嶺走了七天才到香港，12歲的李嘉誠
開始當學徒。14歲時日本又攻占香港，母親帶弟妹回梅縣老家，父子
留在香港，14歲父親肺結核過世，沒有家人來送別，自己面對父親死

亡與埋葬。少年的李嘉誠,勤奮好學想讀書,沒學歷、沒人脈、沒資
金,他想出人頭地,唯一的方法是「自修」。

二、李嘉誠自我實現的智慧特色

李嘉誠從手錶店的學徒做起,因為好學有機會被推選至行政部
門,又善於行銷,他總讓人感覺信實可靠。他的人際技巧是主動關心
對方、誠實介紹自己,了解對方心理、性格,也讓客人了解你的產品
是廉價與好品質的,沒賣出貨品也贏得友誼,他的人脈逐漸展開。其
自我實現的秘訣因素,分析如下:

1. **找出自己的長處**:找出自己的優點,勤快、能力、經驗、善於人
   際關懷,及能欣賞自己、敬愛別人、肯定自己等。李嘉誠找出
   「喜歡自己」、「肯定自己」、「敬愛別人」等因素,才在困境
   中,支持自己走下去。

2. **培養優質的人格**:包括謙卑、刻苦、勤奮、創新、寬容的人格
   等。(1)「做事業」從學習謙卑開始,求人是劣勢、劣勢要謙
   卑,談判由謙卑起跑,要謙卑求教,他才肯說明;(2)有了遠大
   願景,才不會為瑣事之阻擾所困擾;(3)做人更要寬容,有寬容
   雅量,才能了解上司、部屬的苦衷;(4)做事「遇到瓶頸」時,
   學習創新思考、吸收新知,領悟新的靈感,吸收新知是工作創新
   靈感的來源。

3. **時常充電,向積極樂觀的人學習,知識決定自我的命運**:知識經
   濟時代,知識、智慧比別人豐富,才能走在時代的先鋒,他能
   夠把握知識應用於商業上,如:(1)通天文:掌握季節、組織資
   源;(2)通地理:掌握各地物產、運輸管道、消費情況;(3)通三
   教九流:了解各群體、顧客心理、需求。他常向樂觀者學習,樂
   觀者能關心別人、了解別人長處,以創新方法領導群體,邁向成
   功,化解不利的條件,成為有利的條件。

4. **培養完美的個性及增進個人魅力**：李嘉誠認為完美的個性包含誠意、理智、友情、魅力、開朗、關心人等。(1)「誠意」由熱忱、熱心、喜悅等組合而成；(2)「理智」依據明確的道理來進行，面對困難也冷靜應變；(3)「友情」充滿善意體貼、良好人際關係；(4)「魅力」即眼神、內涵、人格的吸引力；(5)常以「發上等願，結中等緣，享下等福」自居。

5. **勤奮敬業，行動決定成就**：李嘉誠說，功成名就並非遠望而不可及，排除相關因素條件，最重要的「自我實現」因素是「勤奮敬業」，今日勤奮敬業的人，是未來成功人士。他是自我實現的典範，比別人早起，比別人晚歸，他稱「披星戴月出門，萬家燈火歸」。

6. **每天過感恩節，取人之長補己之短**：李嘉誠以每天過感恩節的心情來過日子，每天遇到的人，他的優點、他的人格給他的啟示，優點立即學習、缺點立即遠離，在反省中精進自己的心智。

7. **培養好的嗜好、好的習慣，取代不好的嗜好、不好的習慣**：有些人沉溺在聲色場所，即酒、色、財、氣、舞池肉林中難以自拔，因體力消耗過度而英年早逝。如果能結交到好友，休閒時間改去打球、散步、運動、登山、讀書、旅行、聽音樂，將會養成好的嗜好與習慣，如此「潛能」與「智慧」將不斷成長，而改變人生。

8. **建立事業上的人際關係網絡**：主動搭訕、分析朋友類型。人際關係由點、線、面逐步建立成網狀，稱為「人脈」，事業成功的因素，是要有人「樂意跟你工作」，要有人「樂意幫助你」才能成大器。增進人際關係的方法是：(1)熟記對方的姓名；(2)多複習，便能一見如故；(3)向傑出者學習其觀念、優點、做法；(4)主動搭訕，也可以認識各方人物；(5)建立朋友、顧客通訊錄，分析出其專長、嗜好、個性，則可以區分出交友的深淺。

綜合言之，李嘉誠「自我實現」的成功關鍵因素，包含：(1)有優良的品格特質，如勤奮、謙卑、刻苦、寬容；(2)常能自我充實：養成知識、才能超乎尋常，有長遠的眼光，又具有行動力；(3)常能感恩，不抱怨景氣，因此樂觀進取的去克服一些困難，也常能表現「感性」與「自我超越」；(4)能夠培養「好的嗜好」，生命潛能不斷的精進，其體力、腦力均不斷的成長；(5)點滴行善，培養受人敬重、受人信賴的人格特質；(6)小利不拾，大利不會來，求人生意難做，因信任你，自己找上門。

參 網路世界自我實現者──比爾‧蓋茲

一、具有多元智能的天才

比爾‧蓋茲1955年10月25日出生於美國西雅圖，有一位姊姊、一位妹妹，父親是一位德高望重、具有進取心的律師，母親為小學教師。

小學六年級常與父母爭執，父母帶他去看心理醫生，接受轉導，心理醫生與比爾‧蓋茲相處一年後，告訴其父母說：「強迫比爾遵從傳統行為模式，變得更聽話，是徒勞無功的。」他七歲時就閱讀百科全書，對名人傳記、科學研究發明覺得非常有趣。父母親鼓勵他廣泛閱讀，並且獨立思考。比爾在高中參加過戲劇比賽，他能把每一個句子化為影像存在腦中。七年級時在母親的俱樂部第一次接觸電腦，開始對電腦著迷，並經常幫別人設計程式。他與12位湖畔中學的同學，成為電腦軟體的先驅，比爾只追求自己興趣的學科，不在乎沒有興趣學科的成績。

1973年比爾以全資優生的身分，獲得耶魯、普林斯頓、哈佛的入學許可，最後選擇進入哈佛大學。上了大學他被新的要求及激烈的競爭弄得步調大亂，他蹺課一連好幾天在自己的實驗室做計畫，在喜歡

的課表現優異，不會理會那些無法引起興趣的科目。在去經濟系修經濟學時認識了好友巴爾莫（Steve Ballmer），巴爾莫擅長外交及行銷，日後也接任比爾・蓋茲成為微軟的執行長。

　　比爾為何想離開學校，因為他有一個理想，想創立一家電腦軟體公司，那種「時機不能錯過」，1975年他與高中同學，決定要為「個人電腦Altair」發展出一種程式語言，他認為個人電腦將成為未來的主流。他於哈佛大學二年級時，放棄學業，創立「微軟公司」。

二、比爾・蓋茲自我實現的方法

1. **自我實現的生活哲學，重視精神的專注**：「保持焦點，了解你的能力範圍，把時間、精力投注其中，這是成功之鑰」。了解自己的能力潛能所在、專注投入，且樂以忘憂。

2. **市場發展策略，找出「創新的藍海策略」**：比爾・蓋茲創造人類使用個人電腦的「新藍海」，創造出個人電腦時代的「桌面視窗軟體」，傳統的文書、打字、e-mail、編輯、簡報、統計、圖表需要多種機器、多種人力合併處理，並建立E-mail通路。

3. **提升競爭力的策略，創造一切可以創造的機會**：即「創新與速度」，比爾・蓋茲創新的方法，也是一種「自我超越」的方法，他的名言是：「創造一切可以創造的機會。」比爾・蓋茲主動去「創造機會」，推出Word、Excell計算軟體、網頁作業系統Frontpage、e-mail系統等Office軟體，創造人類新的工作方式，創造新時代的生活、工作、商業溝通、表達方式，也為自己創造新的商機。

4. **腦力開發策略，重視優勢智能及多元智能的整合**：善用自己的優勢智能，比爾・蓋茲高中成就測驗達滿分，對電腦軟體設計有興趣，善用自己的專長幫人解決問題，對於不感興趣的科目不在乎其成績。他能夠把「研究」、「創新」、「管理」、「行銷」的

天才結合在一起，因此微軟成為「多元智能」的天才團隊。

5. 領導團隊的魅力策略，只談如何找出缺點：只談如何找出缺點，不歌頌產品的優點。比爾・蓋茲本身具有積極、創新、發展的魅力，領導團隊的秘訣在於「聘請天下英才」、「平起平坐」、「適才適用」、「互相挑戰」以減少錯誤。領導者提出只准許講缺點，大家的潛能才能被發掘。

6. 個人潛能的開發與建立學習組織：比爾・蓋茲是一個工作狂，起初創業階段的前五年，一年只有放一天聖誕節的假，其他時間均投入「速度」、「效率」、「品質」、「服務」的提升。當知識用盡之刻，他會放假兩週專心去吸收最新的研發成果報告，以吸收新的點子。他主持的會議是要大家提出最新閱讀的「新觀點」，找出「產品、經營、管理」的缺點及改善策略，促使大家集體進修學習。

7. 具備自我實現者的三種能力：品格、感性、智慧：比爾・蓋茲具備「創新的智慧」、「感性能力」與「服務的熱忱」等三種能力，是自我實現者的必要條件。分析比爾・蓋茲具備下列自我實現者的人格特質：(1)品格能力：誠信、勇氣、謙遜、執著、堅忍、挑戰、踏實、責任感、使命感。(2)感性能力：熱情、禮儀、友誼、傾聽、愛與關懷。(3)智慧能力：機遇、創造、才智、博學、潛能、多元智能、自我超越。

第六節　自我實現的課程設計與教學實施

自我實現的人格培育之研究，係參考許金聲（2008a）、鄭照順（2011a）、Pfaflenberger（2007）、Joos（2003）等所提出培養自我實現人格的途徑的三個指標，包含「知性」、「感性」、「人格」，作為培育「自我實現人格」之設計的重要參考，及進行教學主題的設

計，以作爲教學實施的依據。

壹 課程設計的內容

Maslow（1954）認爲「自我實現」是一種最高層次的目標，也是一種內在需求與動力。許金聲（2008a）指出個人最高目標，不只在個人「理想、夢想」的實現，更重要的是「自我超越」與「大我實現」。

一、課程設計的內容

本研究旨在培育「自我實現」的人格，依據許金聲（2008a）、鄭照順（2011a）、Joos（2003）及Pfaflenberger（2007）的研究發現，自我實現的人格包含：

1. **認知能力**：即對大腦的結構與功能、多元智能、智慧能力、記憶方法，認知的層次論，包含理解、記憶、應用、分析、評鑑及創造與層次有所了解。
2. **感性能力**：即對感情表達、想像力、熱忱、愛與關懷、讚美、幽默、感恩、EQ等能力有所了解。
3. **品格能力**：即對意志力、耐力、積極勤奮、責任感、使命感、自律、誠信等能力有所了解。

二、自我實現課程設計的主題

進入二十一世紀，許金聲（2008a）、鄭照順（2011）認爲人格需要提升到「自我超越」與「大我實現」的層次，因此本研究所提出的「自我實現」人格培育的主題包含：「自我實現與知性」、「自我實現與感性」、「自我實現與品格」，本研究將採用下列「自我實現」人格培育的教學主題，如表8-2所示。

表8-2　自我實現的人格、增進方法與主要目標

自我實現的人格 單元、主題	增進的方法	主要目標
一、認知能力 1.大腦結構與功能。 2.記憶能力。 3.認知層次論。	1.了解多元智能。 2.了解有效記憶的方法。 3.了解自己的認知階段。	自我超越 1.了解優勢知能。 2.豐富智慧及工作能力。 3.發展學習成就感。
二、感性能力 1.讚美。 2.幽默。 3.舞蹈、文學、音樂。	1.學習如何讚美別人。 2.學習如何製造幽默，幽默自己和別人的技巧。 3.由歌唱啓發感性。	高峰經驗 1.幫助別人發展潛能、增進愉快情緒。 2.促進人際情誼。 3.增進心情愉悅。
三、品格能力 1.積極勤奮。 2.意志力。 3.使命感。	1.勤奮是成功的方法。 2.意志力是成功的力量。 3.使命感是自發的力量。	大我實現 1.幫助自己與別人高成就。 2.堅持目標、努力不懈。 3.達成理想與願景。

貳　「自我實現人格」培育的教學實施

一、教學實施

　　2009年於實驗班實施六個單元之「自我實現」人格的培育課程，採取課堂上的「融入課程」，每單元4小時，共24個小時。品格領袖社團，則採取戶外的「充實課程」。

二、教學活動的流程

　　1.上課前先實施「自我實現人格」培育的前測。

2. 暖身活動：以科學研究、時事、歌唱、典範人物、金科玉律等，
作為教學的暖身活動。

3. 自我實現人格培育課程的主題：規劃多元智能、學習的記憶方
法、讚美、幽默、意志力、積極勤奮等六單元。

▲自我實現的品格社團——探索自我超越

▲培養自然智能——探索花蓮海岸山脈

三、教學實驗結果與討論

經由四週「自我實現人格」的培育教學，並進行教學成果的自我評量，以及教師對具有「自我實現人格」特質者的觀察與晤談，將資料分析如表8-3。

表8-3　一般生與資優生對「知性、感性與品格」的學習結果之比較

身分＼項目	知性	感性	品格	合計
一般生（融入式教學）	19.7	20.4	19.8	59.9
資優生（充實式教學）	23.3	24.5	23.8	71.6
T-test	$p < 0.01**$	$p > 0.05$	$p < 0.05*$	$p < 0.5*$

*$p < 0.05$有顯著差異；**$p < 0.01$有很顯著差異。

從表8-3一般可以發現經由「自我實現」人格的培育教學，發現資優生、普通生在「品格」能力之差異達$p < 0.05$，「知性」能力達$p < 0.01$。由此可以證明資優生的「充實式」教學，優於一般生的融入教學。

從表8-4可以發現經由「自我實現」人格的培育教學，發現實驗後與實驗前在「知性能力」、「品格能力」、「感性能力」的差異均達$p < 0.01$。由此可以證明「自我實現」人格的培育教學，對品格培育有明顯的效果。

表8-4　實驗前與實驗後對「知性、感性與品格」的學習結果之比較

身分＼項目	知性	感性	品格	合計
實驗前	13.8	15.1	16.5	45.4
實驗後	19.4	20.1	20.2	59.7
T-test	$p < 0.01**$	$p < 0.01**$	$p < 0.01**$	$p < 0.01**$

**$p < 0.01$有很顯著差異。

參 研究發現及建議

一、研究發現

透過文獻分析，「自我實現人格培育」的教學，以及對「資優生」的深入晤談及個案研究，我們將提出下列結論，並做成相關的建議。

1. 「自我實現論」的研究，建立在健康人格的基礎上：因此有助於了解個人自我實現、自我超越、潛能發展的歷程；亦可以幫助探索個人潛能及促進個人潛能充分發揮，以達到自我實現。

2. 影響自我實現最重要的因素是人格因素：包含知性能力、感性能力、品格能力等三種要素。

3. 自我實現人格的發展，呈現階層性發展：(1)初期階段：發展個人的天性、投射人格、合作人格；(2)中期階段：發展遵守校規、自我覺知、發展良知人格；(3)高階階段：發展包容人格、自律人格及兼善的人格。

4. 自我實現受到東西文化的影響，形成「個人取向的自我實現」及「社會取向的自我實現」：西方人比較傾向注重「個人取向的自我實現」；東方人比較傾向注重「社會取向的自我實現」。

5. 傑出的領袖均表現具有自我實現的人格特質：例如比爾・蓋茲重視「與速度、創意競賽」；王永慶主張「勤勞樸實」；歐巴馬強調「yes we can」；郭台銘提出「有使命感，可以不畏風寒」；胡志強重視「做人、做事重視氣質，不必緊張分分過生活」；李嘉誠的人生修養為「發上等願，結中等緣，享下等福」。上述傑出領袖，均表現具備有知性、感性及品格的特質。

6. 經由教學培育，對自我實現的認知、態度、行為表現有顯著效果：培育自我實現人格的教學，對大學學生認知能力、品格能力的增進效果最佳，其次是感性能力。

7. 自我實現人格培育的方式與效果：採用社團的充實式教學，優於在班級所採用的融入教學。

8. 需要透過觀察記錄、晤談：比較能夠深入了解學生自我實現的人格特質，及個人知性、感性、品格能力成長與進步的情況。

二、研究建議

根據上述研究發現，提出下列建議：

1. **在人格的培育方面，應重視生理滿足、心理及精神需求的提升**：例如安全需求、愛的需求、自尊需求、自我實現、自我超越、大我實現等。

2. **在學校的教育政策上，應提倡潛能探索的教育**：學校不只在傳遞知識，更要創造知識，因此如何激發「個人潛能」的發展，以促進「自我實現」，是一項長遠的教育政策。

3. **大學應進行「自我實現人格」培育課程與教學的研究**：「自我實現」課程是一種「潛能開發」的專門領域，有需要結合心理學者、教育學者、教師、人類學家、醫師、社會學家等，共同研發課程與教學。

4. **了解影響自我實現人格的相關因素**：例如，知性能力、感性能力、品格能力的影響及追蹤，以及如何培養自律人格、包容人格、兼善人格等，做繼續的研究與實施。

5. **從自我實現的典範人物中，探討其人格特質，做深入分析，以啟發追隨者**：了解其成功的人格因素，包含知性能力、感性能力及品格能力等，以協助個人發展潛能，開展成功的人生與事業，並為社會帶來貢獻。

6. **自我實現人格的培育，可以透過社團的充實教學或班級的融入教學實施**：將可增進其品格能力、感性能力及認知能力，以增進個人潛能的發展。

7. **應發展自我實現人格特質的自我評量表、觀察量表**：以了解自我實現，知性、感性及品格能力發展情況，使有助於了解個人自我實現的人格特質。

8. **應整合東西方的核心價值及理想**：以幫助「自我取向的自我實現」及「社會取向的自我實現」價值的整合，並於學校教育中，及早實施價值教育、教育理想、人生哲學、人格教育等，以不斷提升「自我實現」的價值層次。

【討論題】

1. 分享個人「自我實現」的高峰經驗帶給你的啟示。
2. 「大我實現」的人格特質有哪些？並請舉實例說明之。
3. 可以從哪些途徑探索「個人潛能」及達成「自我超越」、「大我實現」的境界？

本章曾載於《高苑學報》，17卷1期，頁165-175，2011年3月。

第九章

音樂治療、藝術治療
在輔導之應用

【主題一：音樂治療的理論與應用】

❧音樂治療的金科玉律❧

詩以興志，樂以娛情。

（古諺）

美聲與美樂是天使的聲音。

（英諺）

有樂聲、美景，將使生活更浪漫、放鬆。

（Knill）

美的音樂與歌聲可以慰藉受創傷的心靈。

（黃友棣）

第一節　音樂治療的緣起

古諺云：「詩以興志，樂以娛情」，詩與樂的結合可以激發情感與意志。1940年代正值二次世界大戰期間，許多具有思鄉症及面對戰爭恐懼症的士兵，用藥並無法治療思鄉與恐懼的情緒，心理學家開始研發「音樂治療」以轉移、解離思鄉驚恐的情緒，音樂治療的重要性已受心理醫學的肯定。1960年代美國，1970年代日本、英國、加拿大、德國等國，陸續成立「音樂治療學會」，對音樂治療的會員給予授證與專業成長之輔導。

台灣南部地區的大學，對音樂治療的應用有初步研究成果者，有成功大學、台南科技大學、高苑科技大學等校，成功大學於2005年將音樂治療應用於「醫院接受開刀與生產的個案」，個案感受可以減輕緊張與壓力達80%（林梅鳳，2008）；2006年筆者任職高苑科技大學輔導中心主任時，開始著手規劃充實「音樂治療」教材設備，及辦理「音樂治療工作坊」、「音樂治療教師種子班研習」，期盼把音樂治療納入正式的「輔導方法」，於2008年正式培訓合格的音樂治療輔導老師。台灣把音樂治療應用於「心理治療」的時間，大約比先進國家晚了半個世紀。

第二節　音樂治療的功能

Prinsley（1995）、莊婕筠（2004）、謝汝光（2007）、林梅鳳（2008）、鄭照順（2007）、韓承捷（2008a），對音樂治療的功能，提出一些實證性的研究，發現音樂治療主要的功能包含如下：

一、心理功能

心理調整、調節緊張情緒、紓解心理壓力、減少衝動，達成心

理的和諧。心理產生正向的互動、產生愉快的情緒、引發出愉悅的心情，焦慮緊張得到紓解。例如，有心理創傷的傷者，可以得到放鬆；懷孕的婦女，可以調節心情，有助於胎教。

二、生理功能

可調整心跳得到平衡、呼吸得到均勻、內分泌順暢、血壓可以下降、疼痛可以降低、忍痛能力可以增加、幫助胃腸蠕動、眼球運動得到平緩、自律神經焦慮緊張得到舒緩，心律、脈搏、呼吸節奏等得到微調，肌肉收縮也得到緩和。

三、增進感情功能

音樂可以激發心情開朗、熱情提升，因此有助於友誼的提升、心情的共鳴，有音樂、歌聲的辦公室、家庭、運動場、教室等，都會提高和諧、合作的氣氛。軍隊善用音樂來提升士氣，面對艱鉅任務的挑戰；公司善用音樂可以放鬆辦公的心情，提升工作效率；在學校實施心理輔導，也可以運用音樂拉近彼此的距離，增加互動與共鳴。每一個人喜歡的音樂不同，可以互相欣賞彼此帶來的樂曲，音樂治療的社會功能即在調和心理距離、增加情境的溫暖與幫助心胸開朗。

四、增進學習潛能之功能

當心情得到放鬆時，創造能力、思考能力自然會提升，整個身心得到放鬆，潛能就得到發展。緊張壓力會傷害大腦的海馬體，即短期記憶中心容易受創傷，因此考試時腦內一片空白，平時多聽放鬆的音樂，可以活化腦細胞，對記憶力、學習力、創造力有幫助。當個案所選的音樂有放鬆大腦功能時，大腦的潛能就會得到發展。

傾聽音樂時，如果能夠冥想「自然風光」，得到「自然景象」的想像，可使大腦處於休息、舒放的環境，音樂便可以提升大腦的想像

力，達到放鬆功能與增加創造潛能。

五、為心理障礙提供處方

　　心理輔導中心可以為各種心理障礙設計合適的治療音樂，對情緒緊張、失眠、憂鬱的患者有幫助。在醫院可以為開刀的患者、疼痛性個案、將生產的婦女，給予優美的音樂處方，以減少焦慮、放鬆心情及解除壓力與痛苦。

第三節　音樂治療的流派

　　音樂治療的流派，係指因應各項情境需求，所形成的音樂治療領域與音樂治療的風格。韓承捷（2008a）、鄭照順（2007）針對樂器與音波對個案實施音樂治療，提出一些相似的療法，稱為「樂器、音波功能學派」。林梅鳳（2008）對音樂治療提出音樂的意義、音樂的興趣、音樂的想像力、音樂的偶劇操作，來增加心理的體驗功能，稱為「音樂想像詮釋學派」。Hubner（1987）把音樂與生理頻率互動的效果做成「醫學共振音樂」稱為「音樂生理共振學派」。其中林梅鳳（2008）詮釋音樂治療對於在等待開刀的病患，可以有效減少壓力與恐懼，有很明顯的幫助。青少年喜歡較快的節奏，要配合其需求作為前曲及配合個性的需求進行音樂治療；先用熟悉的音樂節奏，再引入節奏緩慢的音樂才易奏效。

壹）樂器、音波功能學派

　　每一種樂器所發出的「音頻高低」不同，與「身體共振的部位」也不同；每一種聲音的速度、節奏不同也會對大腦、心情、內分泌產生不同的影響（鄭照順，2007；韓承捷，2008a）。

一、各種樂器與聲音的功能

鄭照順（2010c）、韓承捷（2008b）、陳瑞昌（2010）等，經過多年之實證研究發現，各種樂器與聲音的功能如下：

1. **小提琴聲**：音頻較高，可以共振大腦，使大腦得到放鬆，舒壓解悶；低沉的小提琴聲，對減低憂鬱、苦悶有明顯的效果。例如，小提琴的〈幽默曲〉、〈月光曲〉、〈天鵝〉等。

2. **鋼琴聲**：鋼琴節奏較明顯，具有節奏性，對混亂的情緒有穩定、均衡作用，有減少心理煩悶的功能，並能紓解心臟、胸口的壓力與苦悶。鋼琴的彈奏曲，如果有流暢節奏，對紓解壓力有幫助，對調節自律神經有明顯的效果。例如：〈小星星變奏曲〉、〈快樂頌〉、〈月光奏鳴曲〉、〈小夜曲〉、〈春之歌〉等。

3. **小提琴與鋼琴的協奏曲**：由於高音小提琴所共振出高昂和諧的樂曲，對放鬆大腦、增加大腦能量有許多幫助，自然可以增進腦力、增進大腦血液流量，也達成提升「記憶力」的功能。大腦得到放鬆，創造力、潛能跟著不斷成長，配合鋼琴的穩定節奏，可以得到安定的情緒感。例如：穆特所演奏的〈一號協奏曲〉。

4. **大提琴的協奏曲**：大提琴的低沉共鳴聲，常會與胃部的細胞共振，對午後的休息、紓解壓力有許多幫助。大提琴聲對幫助胃的放鬆，增加消化功能有幫助。例如：馬友友的〈天鵝〉組曲。

5. **豎琴聲的協奏曲**：豎琴有明確沉穩的節奏，使人感受到和諧、沉穩，使心靈、心情很快得到沉澱與舒暢。豎琴是最早的大型共鳴樂器，發明於2500年前的希臘，為哲學家、文學家們沉思時，於午後快樂時光必備的樂聲。有助於文學、哲學思考，以及創造力、思考力、情緒調節的功能，更能增加心靈平和的氣氛及友誼的增進。例如：豎琴〈似曾相似〉。

6. **自然的溪流聲**：自然的流水聲、鳥聲的協奏曲，有助於心靈的抒

放，與自然的情景、想像融合，得到自然與人合一的沉穩、放鬆、紓解壓力的功能。每一個流水聲都是流暢、自然的樂曲，有助於壓力抒放，像是我們走到「自然的懷抱」一樣的抒放，心靈得到解脫。例如：〈落磯山脈組曲〉。

7. **海水與協奏曲的交織**：海潮的力量能激發心靈的澎湃、思考的激發，退潮聲又能使心田得到放鬆，加上悠揚的樂聲，能激發出內心的想像，而達到體驗海洋寬闊感，加大思考的空間及心胸的擴大，對於面對任何問題都增加「包容力」、「想像力」與「意志力」。海浪聲、悠揚樂聲，確實可以擴大我們內在的包容力、想像力與心靈的抒放。例如：〈太平洋組曲〉。

8. **音樂加上靜坐，以及腹式呼吸**：鄭照順（2010c）指出音樂的節奏加上靜坐的「全身放鬆」，就可以調節內分泌，使內分泌更加暢旺，而得到養顏、美容，愉快、紓解情緒的效果。提肩時吸氣，放肩時吐氣，也可排解胸悶的壓力，達到身體放鬆的功能。音樂的節奏加上吸氣時，採腹式吸氣六至八秒再提肛三秒，吐氣放鬆肛門稱為「腹式呼吸法」，就有助於「提升精力」；如果將每分鐘的「呼吸次數」降到16以下，可以提升深層的呼吸功能，有助於增加身體供氧量，而使身心更活絡。一般人的呼吸一分鐘在16次以上，均是胸式呼吸，10次以下好似在睡眠狀態，又無法提升「體內能量」。配合音樂做深長的呼吸，對放鬆、舒壓、增加內分泌有所助益，也可提升健康的品質。

9. **樂聲與內臟**：陳瑞昌（2010a）從中醫學角度提出樂聲與內臟有調節功能，例如(1)小提琴：有助於疏肝，解鬱悶；(2)長笛：有助於柔肝，去鬱症；(3)水聲：有助於疏通腎氣，提升精氣；(4)鋼琴聲：有助於強肺，增加心情穩定、思考力及果斷力；(5)海浪聲：可以提升腎水功能；(6)鼓聲：可以增加身體能量、勇氣與戰鬥力。

二、音樂治療的體驗與評量

　　韓承捷（2008b）提出「音樂治療的體驗法」，每一個人根據「音樂治療的效果」做出評分，0～10分由自己評定，鄭照順（2007）做出下列體驗及案例說明：

1. **水聲、鳥聲、海聲**──體驗：有效果；等級為+9分（美國自然音樂）。

2. **外太空磁波、太空氣流聲**──體驗：沒效果；等級為0分（太空磁波音樂）。

3. **鳥聲＋長笛聲**──體驗：有效果；等級為+10分（美國音樂治療CD）。

4. **豎琴聲**──旋律柔和，緩慢、流暢、明確。體驗：有效果；等級為+10分（豎琴曲〈似曾相似〉）。

5. **鋼琴聲、協奏曲**──體驗：有效果，等級為+9分（德布西的協奏曲）。

6. **雙簧管聲**──緩慢、悠揚，可以帶出心理平衡的情緒，等級為+10分（〈夢幻曲〉）。

7. **小提琴聲**──舒緩、和諧、悠揚。體驗：有效果；等級為+10分（〈幽默曲〉）。

8. **醫學共振音樂**──腦空、好像自己不存在。體驗：有能量及舒壓，因為聲音連續性，不會中斷，使身體持續放鬆，此與一般音樂大不同之處；等級為+10分（RRR-106，舒眠音樂）。

貳 音樂想像詮釋學派

　　林梅鳳（2008）強調音樂的基本功能：(1)「放鬆效果」：旋律合乎穩定、慢速、重複旋律，即可達到放鬆效果；(2)「愉悅舒適的刺

激」：音樂是一種愉悅、舒適的刺激，提升愉悅感；(3)「降低肌肉強度」：降低痛苦知覺、減輕焦慮；(4)「改變意識的狀態」：音樂加上引導想像，可以體驗到一個喜歡去的地方，使自己感受到有安全感；(5)「生理的放鬆」效果：可降低心跳、呼吸、代謝率、氧氣代謝、肌肉骨骼張力；(6)透過音樂知覺，導引出情感經驗：對心臟病患、燒傷病患、肺阻塞病患、疼痛病患、癌末病患等都有一些幫助。

鄭照順（2010c）、林梅鳳（2008）、蔡東杰（2008），提出「音樂治療」的機轉包含下列幾種原理：

1. 「共鳴原理」：「共鳴原理」是指心境與音樂、詞藻的意境產生共鳴。音樂的節奏、音樂的意義，能夠與當事人當時的心情有所共鳴。音樂的頻率與聆聽者，有心理狀態的共鳴及相符合之處，而達到共振的效果，有助於「情感的共鳴」，如同找到良師益友一樣的快樂。例如：心情愉快時聆聽〈愛之喜〉之樂聲，共鳴著喜悅者的心田，使其心情更加愉快；午後時刻，人們的慵懶與疲憊，聽馬友友的〈天鵝〉，也可紓解旅人的勞累，午後的沉悶的情緒，心理得到共振，身體會開始抒放、自在，減少焦慮、緊張。

2. 「以毒攻毒原理」：當事人當時的哀傷情緒、苦悶，需要一些悲涼的音樂，去紓解自己苦悶的心聲。譬如，悲傷苦悶時，聽到低沉哀怨的音樂，可以共振，得到壓力的紓解。當我們心理封閉時，如果能聽聽低沉的「小提琴」聲，或低沉、哀怨的弦樂，可以傾訴自我心裡的孤獨、焦慮、緊張、苦悶等壓抑情緒。例如：長笛的〈秋之組曲〉。

3. 「情緒調節原理」：調節心情的節奏，使達於和諧。音樂可以使心理節奏改變，可以變得放鬆，也可以變得緊張、變得悠然。個人因孤單、困惑、挫折事件、痛苦回憶時，會引發內在的固著，迷惑不知如何因應。當閉上眼睛隨著自己喜歡的心情音樂，載

沉、載浮，如漫遊般，如漂浮般。如：輕音樂〈女人香〉，長笛聲〈相思薰衣草〉音樂等，可以陪伴自己度過美好孤獨的旅程、孤獨的夜晚及困惑的時刻。〈相思薰衣草〉的曲子，亦可應用於團體治療。由紛亂的心情轉化到和諧與節奏感，例如：巴里島〈祕境音樂〉、〈女人香〉等音樂可以把苦悶轉為快樂的想像。

4. 「意識的轉換原理」：即「音樂與情境結合原理」，音樂與美景結合，可以達成「意識的轉換」，達到最大的思考空間。運用音樂的旋律，治療師引導個案「規律的深呼吸」、「閉上眼睛」想像到一個自己「喜歡去的地方」躺下欣賞美景，或到達「未去過的地方」。應用「想像」達到「意識的轉換」或「慾望的投射」，使能紓解當前的壓力，並得到慾望的滿足。調整腦波，增加α波，例如：日本α波音樂（催眠治療用）。

5. 「解離原理」：即「轉移原理」，經由音樂的啟發，使痛苦離開、快樂進來，產生心情的轉換；增加δ波，經由音樂走到另外的「新境界」、「回憶快樂的事」。轉移注意力減輕疼痛、手術時的等待，癌症患者如果能給予三次深呼吸，及12分鐘的意識轉換，聽著水聲、鳥聲的音樂，漫步在森林之中，有意識想像，有音樂陪伴漫步或度假，可以紓解焦慮與緊張。深度憂鬱症者，主要常離不開悲傷的情境，心理治療師可以運用音樂治療，幫助患者走向快樂的花園祕境，遠離壓力源。例如：〈洛磯山脈組曲〉、〈太平洋組曲〉（心理治療用）。

6. 「異質性原理」：音樂的聲音、音波、意境與個案的心情、心的旋律不一時，需要引導者加以詮釋與引導，使個案的心理、認知，事先做心理準備，以達成帶動、引導的方向，譬如：悲傷者聆聽〈春天的歌〉，引導他轉到「快樂的童年」、「快樂的事件」、「提升愉悅的情緒」，打開了塵封的往事，「留下美好的回憶」，就可以轉換不愉快的情緒（催眠治療用）。

7. 「音樂的多元整合原理」：音樂是一種頻率，想像力是一種能量，加上光能，可增加音樂治療的效果。如果音樂加上圖畫、風景、光能，與生命意義、生命價值、生命理想相結合，將可增加音樂治療的持久影響力。治療師應提出「引導想像詞」，當事人也可分享自由自在及產生快樂情緒的新意義（心理治療用）。

8. 「互動式的音樂心理劇原理」：在愉快的音樂下，寄託木偶說出心聲的音樂。心理劇有木偶的相遇描述他們的心情轉變，編成劇本，音樂的節奏可以使人專注與愉快，並增加想像的空間。當一個人放鬆四肢時，以木偶來描述自己的心情，對方也同樣去呼應，是否會得到愉快的共鳴，都值得去體驗。音樂治療也可以轉換成一種放鬆、想像、意義性的劇本（心理治療用）。

參　音樂生理共振學派

一、微宇宙共振音樂治療理論

修伯納（Hubner, 1987）成立微宇宙音樂實驗室去找和諧的聲波，來調節生理的節奏。以音樂刺激「自律神經」，使情緒、壓力很快得到平衡，同時沒有副作用，為心理治療上的一個重要發現。交感神經的興奮，是為了應付外界的挑戰，當身體遇到劇痛、寒冷、壓力時，使血管收縮、血壓上升、心跳加快的調節機制，是生物為了適應各種不同的環境、求取生存繁衍的重要系統。副交感神經的興奮，一方面拮抗交感系統，節省不必要的精力，一方面分泌腺體，蠕動腸胃，提供能量合成或吸收，養精蓄銳，儲備能源，休養生息。

醫學上使用的治療途徑，包含三種要素：(1)藥物治療：針對生理症狀給予藥的刺激，達到恢復生理功能的效果，可能是刺激內分泌、增加免疫能力，或是調節胃酸；(2)食物治療：食物可以提供生理上所需的能量，以增加免疫能力，營養足夠也要有好的心情才容易被吸

收、轉爲身體的能量；(3)情緒與心理治療：人體壓力緊張下，常使生理機能損害，音樂與心理治療正可以彌補醫療、食療上的不足。

二、醫療上的基本原理

微宇宙共振音樂經過醫學的臨床實驗，提出可應用於醫療的處方，其醫療上的基本原理包含：

1. 音樂可促進「自律神經」系統的平衡。

2. 「和諧的音樂聲」會影響大腦的皮質活動。

3. 音樂幫助身體的放鬆，可導致個體內在的穩定並產生愉悅的心情。

4. 音樂與大腦的共振，可以幫助降低心跳頻率、呼吸、血壓，因此也降低焦慮。

5. 音樂有助於患者「解脫心靈的束縛」，以及幫助「壓力釋放」。

6. 音樂共振的頻率效果低於60拍／分，可使精神鬆弛；高於60拍／分可以激發興奮、激動，或易怒、暴躁等情緒。

7. 醫學共振音樂包含的三要素：放鬆（relaxation）、娛樂（recreation）、活化（rejuvenation），身心放鬆，社會友善、寬容；心情愉快，就容易幽默與有創意，生理活化，潛能就會發展。

8. 微宇宙音樂的特質，包含「宇宙的諧和律」、「日、月、星辰」、「季節的節奏」、「身體的節奏」、「內分泌的節奏」去調和。例如：早上腎上腺素上升，人特別有精神與活力；秋冬氣弱就應進補，補外氣的不足；婦女生產後就應補身體的虛弱。微宇宙音樂注重「天、地、人的立體的互動效果」，引導身體放鬆並釋放「α波」、「θ波」及「δ波」，以達到放鬆、開悟之效果。又以「低周波」的zeta波穿透DNA，提升免疫力的效果，對於啓發智慧亦帶來卓越效果。

9. 微宇宙樂之使用方法：「清晨時」使用耳機聆聽，採坐或臥的姿勢，以提出「維生能量」；「午睡時」戴上耳機聆聽，可得到「放鬆效果」；「就寢時」注重重播，由音樂引入夢鄉，使「自律神經」得到放鬆。如果不舒服超過三分鐘時，需要做音樂調整；沒有感覺時，也需要做音樂調整。

10. 醫學共振音樂有18種處方，在輔導上常用的處方有：

   (1) 常見的失眠，使用「RRR 106」，使腦進入「δ波」，進入沉睡狀態，效果比服用安眠藥有效。（心理壓力）

   (2) 紓解壓力音樂，用「RRR 932」，舒緩壓力，使身心達到平衡。放鬆心情，壓力造成肩膀緊繃時，用音樂「RRR931」，可讓全身放鬆。（心理壓力）

   (3) 憂鬱症時，使用「RRR 921」，產生激勵，調整腦波為α波，可消除焦慮、緊張，勇敢面對問題，提升生命力與活力，有助於找到人生目標及方向，勇敢面對生命的挑戰。（憂鬱疾病）

   (4) 焦慮緊張時，使用「RRR 951」，產生α波，效果優於鎮定劑。（心理壓力）

   (5) 嚴重的頭痛，使用「RRR 133」，可以產生腦嗎啡，啟動抗氧化，腦波共振達zeta波，紓解頭痛，優於吃偏頭痛劑。

   (6) 增加記憶力，活化腦細胞，可使用「RRR 935」，增強學習力、創造力、靈感，及活化前額葉功能。（學習力）

   (7) 增加學習力要使用「RRR 101」，使精、氣、神統一，不分心才能有效的學習，提升學習精神，增進意志力及行動力。（學習力）

   (8) 增進團隊和諧，使用「RRR 102」，紓解人際間的摩擦壓力，增加互相接納的氣氛，增進團體、家庭份子間的向心力。

綜合言之，Hubner之音樂治療處方主要包含「心理壓力」、「憂鬱疾病」、「學習力」、「內分泌」的調節音樂，正式於德國醫院作為治療處方。

第四節　音樂治療實施的步驟

音樂治療的過程與一般的心理治療過程類似，必須具備：(1)完整的計畫；(2)進行科學的程序與評量；(3)了解個案的問題與身心需求；(4)設計與提供適合個案的「音樂素材」及「音樂經驗」，並做平時觀察與記錄；(5)以實驗研究的態度評估其治療成效；(6)在治療過程若有新發現，應詳細記錄進步情形與評估，與專業小組討論治療的成果；(7)以個案最高福祉為念。

一、邵特的觀點

邵特（Thaut, 1999）提出音樂治療應包含五大步驟：

1. 當事人主動申請求助或導師的協助轉介。
2. 衡鑑診斷當事者症狀與需求。
3. 針對症狀提出治療計畫。
4. 對治療成果做記錄。
5. 評鑑具體成效及待補足之處，含資源、人力、輔導項目的不足。
   治療過程如果未配合心理輔導，也應列入檢討。

二、韓舍的觀點

韓舍（Hanser, 1999）對音樂治療的步驟，提出較詳盡的步驟包含下列：

1. 轉介進入音樂治療，或個案申請進行音樂治療。
2. 建立關係：與當事人建立好的互動關係。

3. 衡鑑。

4. 目標與行為設定。

5. 臨床觀察。

6. 提出音樂治療策略及計畫。

7. 計畫之執行。

8. 成果的評鑑與結案。

三、吳幸如的觀點

吳幸如和黃創華（2006）對音樂治療提出較完整的八大步驟：

1. 了解轉介的問題。

2. 建立治療的關係。

3. 觀察與衡鑑。

4. 設立治療的目標。

5. 訂定與執行治療計畫。

6. 歷程監控與記錄。

7. 治療成效評估。

8. 結案與追蹤。

四、林梅鳳的觀點

林梅鳳（2008）於成功大學醫院進行臨床的護理音樂治療，所採用的「音樂治療」流程包含：

1. **音樂的前奏曲**：採音樂芬多精組曲，當作前奏曲。

2. **音樂與放鬆引導的結合**：採用「意識轉換法」、「身體放鬆的方法」，隨著音樂想像自己到了喜歡去的地方，或走入森林接觸溪流，具體的圖像化，確定自己探索的方向。在很舒適的地方躺下，全身放空、放鬆，沒有一點負擔。

3. **音樂聆聽的方法**：「個別治療」時，針對個人喜歡的音樂，由熟

悉感興趣的曲目開始，以減少排斥感，再加入放鬆、舒緩的曲目，引導進入想像、放鬆，使「身心得到平衡」、「痛苦得到解離」，使個案懂得如何去調節自己的情緒。「團體治療」時，針對團體的同質性，設計普遍能接受的曲子，互相分享音樂治療的心得與感受，放鬆壓力、提升愉悅以增強免疫能力。

4. 整合的歷程：個案及治療師提出聆聽過程、心得的敘述、生活的連結、解脫的愉快感，進行心得分享與文字記錄。

第五節　音樂治療在心理障礙之應用

大學生常要面對課業與學習不適應的壓力、人際關係壓力、感情壓力、家庭經濟壓力、性向興趣不合壓力、生涯規劃問題困擾等，及身心上常見到的憂鬱症、意志消沉、學習障礙、焦慮症、躁鬱症、失眠症障礙等。

韓承捷（2008a）、林梅鳳（2008）、鄭照順（2010c）等認為，音樂治療對於焦慮、緊張、壓力、失眠、憂鬱症、躁鬱症等相關「情緒調節」的治療特別有其效果。以及提升學習力、創造力、增進記憶力等亦多有明顯的幫助。因此就大學生面對「情緒壓力」、「憂鬱症」及增進「學習潛能」，提出音樂治療的設計與進行方法如下。

壹 緊張、焦慮、壓力障礙者

焦慮、緊張者容易消耗體內大量能量，生理症狀上，會破壞消化系統造成胃潰瘍、記憶衰退、食慾不振、失眠等。

一、準備歷程

當一個學生身心焦慮到諮商室求助時的「準備歷程」：

（一）安排環境、建立關係與了解

1. 安排很安全舒服的環境，讓其休息與沉澱心情。

2. 輔導者自我介紹，表示熱忱、親切、友善、信任的歡迎。

3. 了解當事人最近有哪些事情不順？有誰支持？哪些是重要壓力來源？

4. 了解當事人最近的情緒如何？何時會緊張？是否知道如何放鬆？

5. 進入「非認知」、「非行為」、「非思慮的探索」、「非改變」、「非意義」、「非激勵」的音樂治療過程，以減輕身心能量的消耗。

6. 說明放鬆的方法有很多，像是音樂、運動、氣功、接近大自然等。會放鬆，問題會自然出現豁然而解的方法；會放鬆，會愈成功。

（二）假設當事人願意選擇「音樂放鬆法」

進行「音樂治療」設計，每次要有評量表，提供一至五張音樂CD供當事人選擇。

1. 你常聽什麼音樂？多選的選項包括像是「熱門」、「爵士」、「流行音樂」、「古典音樂」、「沒特別偏好」。

2. 我從你的興趣音樂開始，你可嘗試聽三種音樂，每首至少五分鐘，每五分鐘後你自評一下音樂對情緒的影響：

   (1) 流行音樂，或個人興趣音樂：自評分數1～10分。（自評量治療效果）

   (2) 流水與鳥聲音樂：治療音樂，自評分數1～10分。（自評量治療效果）

   (3) 低沉小提琴音樂：如〈幽默曲〉，自評分數1～10分。（自評量治療效果）

   (4) 醫學共振音樂：紓解壓力音樂，用「RRR 932」舒緩壓力。（自評量治療效果）

(5) 鋼琴節奏：理查克萊德門二十五週年鋼琴曲或凱文・柯恩的〈幸福藍天〉曲。（自評量治療效果）

3. 必須留五分鐘寫評量表、心得分享及記錄；聽到「自己喜歡的音樂」，可持續聽完，但至少要選擇兩種不同音樂做比較及事後評量。

二、焦慮情緒的「音樂治療」功能

1. 幫助當事人做「自主性選擇」：找出個人的音樂興趣與情緒調整方法。
2. 引導情緒「平穩」、「沉澱」：讓情緒穩定下來，不再惡化。
3. 引導情緒「共鳴」：讓情緒得到共鳴、紓解、釋放壓力。
4. 聽音樂使其進入夢鄉：音樂引導其「α波」出現，大腦可以釋放「腦嗎啡」，使全身得到放鬆及愉快。
5. 調整當事人的心理節奏：勿太快速思考與行動，使用節奏明朗的鋼琴聲，幫助調節其心理節奏。

貳 憂鬱症的障礙者

憂鬱症患者，大多是長期壓力、環境不適應、生活作息失調、飲食失衡、感情受到挫折、腦內內分泌失調、缺乏家人支持等產生的一種精神狀態，有意志消沉、悶悶不樂、腦內一片空白、缺乏食慾等現象。

一、準備歷程

當一個學生有憂鬱症狀到輔導室求助時的「準備歷程」：

（一）安排環境、建立關係與了解

1. 提供舒適的諮商環境。

2.與當事人建立熱忱、親切、友善、信任的關係。

3.了解當事人目前生活中的「心理障礙」。

4.有心理支持、藥物治療及音樂治療，讓當事者選擇自我調整情緒低落的方法。

（二）假設當事人願意選擇「音樂解離法」

進行「憂鬱症的音樂治療」設計，設計五張音樂CD，供當事者選擇及自我評量：

1.你聽什麼音樂？多選題選項包括「流行」、「熱門」、「爵士」、「古典」、「沒特別偏好」。

2.從個人比較有興趣的音樂CD開始聆聽。

(1) 流行音樂：自選一至二張CD，須做音樂治療效果評量。（1～10分）

(2) 醫學共振音樂：憂鬱症者，可以選用治療憂鬱症的「RRR 921」音樂、失眠音樂「RRR 106」。協助調整到「α波」，消除一些疑慮、煩惱，分泌腦嗎啡，增加心情愉快感。找到「明確目標」、「明確方向」，勇敢面對人生的挑戰。須做音樂治療效果評量。（1～10分）

(3) 分泌快樂腦嗎啡：「RRR 932」，減去肩膀的緊繃；低吟的小提琴，如〈幽默曲〉等，可以「共鳴」其低潮的情緒，使心中苦悶得到紓解。

(4) 低吟的長笛：如〈秋之組曲〉，由哀怨長笛聲，共鳴悲傷的情緒。

(5) 太平洋組曲：海洋聲、海潮聲等悠揚音樂聲，至少聽完20分鐘，將意識與海洋空間想像相結合，音樂治療效果評量，填寫心得分享與紀錄。

二、憂鬱症音樂治療的功能

1. 使當事者獲得「哀傷、憂鬱、苦悶的共鳴」：以減少傷痛之傷害。
2. 使當事者獲得「情緒的解離」：立即得到「解脫」之感。
3. 補充「腦內α波能量」：使當事者補充腦內維他命，使增加愉快感、放鬆感，而能重新訂定人生目標、人生方向，勇敢向前邁進。

參 學習障礙：注意力不集中，思考力不足

今日大學生面臨許多類型的學科，大腦記憶體不足、早年學習資源匱乏者、文化貧乏者、學科基礎能力不足者，因學習大量資訊，需要分類、歸納、分析、整理，並迅速進入「短期記憶」；經由長時間練習應用，再進入「長期記憶」。這種資訊處理過程常「感受到壓力」，就會反應於生理現象，諸如頭痛、偏頭痛、失眠、消化不良、腦筋一片空白等現象發生。學習障礙、注意力不集中、思考力、記憶力不足現象的輔導方法：

（一）安排輔導環境、建立關係，深入了解問題

1. 提供合適的輔導環境。
2. 與當事人建立熱忱、親切、友善、信任的關係。
3. 了解個案近年來在學習方法、生理健康、心理因素、環境因素等，哪些因素正影響著「學習的成效」。
4. 有「認知」、「行為」、「情緒」、「音樂」治療，哪些方法可以改善「學習的心情」，增加學習效率、增加記憶力等。

（二）假設當事人選擇了「音樂治療」

治療師的音樂治療計畫可做下列安排，讓個案聆聽下列音樂，哪

些是有助於提升腦的能量。

1. **聽有興趣的流行音樂**：進行學習效果評估。（1～10分）

2. 腦力開發音樂：聆聽穆特〈小提琴協奏曲〉，進行學習效果評估。（1～10分）

3. 腦力開發音樂：聆聽莫札特〈小星星協奏曲〉，進行學習效果評估。（1～10分）

4. **醫學共振音樂RRR128**：增加「專注力」、「記憶力」、右腦「聯想力」，進行學習效果評估。（1～10分）

5. **醫學共振音樂RRR935**：增加「創造力」、「寫作能力」、「思考的靈感」，進行學習效果評估。（1～10分）

6. **醫學共振音樂RRR941**：改善「學習遲緩」，提升「學習」與專注力，改善「過動與自閉」情況，進行學習效果評估。（1～10分）

7. **醫學共振音樂RRR101**：增加「意志力 」、「行動力」、「活力」，達到身心靈的統合，幫助「精神力」無法集中之學生，有提升學習精神、精力之效果。

（三）注意力集中、記憶力衰退之「音樂治療」功能分析

1. 應用小提琴高頻率，達到大腦的放鬆，使大腦血液量增加，得到較多的營養而提升記憶力、思考能力。

2. 應用大腦共振音樂，增加大腦的活力與能量，使有助於活化大腦細胞，增加學習效率。

3. 將身心靈的分散，整合其身心靈的愉悅，達到提升「意志力」、「行動力」，使能克服艱困的學習困境。

綜合言之，音樂對生理、心理、情緒、學習、記憶，已證實會帶來一些微調與影響。因此善用音樂治療：(1)可以改善焦慮、緊張的情緒；(2)可以幫助憂鬱症者走出心情幽暗的低潮；(3)可以幫助學習遭遇

困惑、學習效率不佳者,提升學習力、記憶力與創造力。學校輔導工作者如果能善用音樂治療,可造福更多的師生,因為音樂治療可以不用吃藥,經由正確指導後可以自行自我輔導,音樂治療將是未來重要的輔導策略。

【主題二：藝術治療篇】

藝術治療的金科玉律

繪畫，即在描述自己的潛意識。

（佛洛伊德）

藝術治療，可以幫助心靈及深層意識的釋放。

（Malchiodi）

美感，可以釋放自己的壓抑及放鬆緊張情緒。

（鄭照順）

繪畫在呈現自己的心靈結構。

（榮格）

第六節　藝術治療的意義

　　藝術治療（art therapy）的意義，是一種透過藝術創作的心理治療。在美國等先進國家運用藝術治療於心理困擾、心理創傷、情緒不穩定之治療已相當普遍，並且具有明顯的治療效果。藝術治療是結合「藝術」與「心理」的一種專業治療，鄭照順（2010e）探討相關文獻，從1950到2010年發現，目前有兩種學術發展的趨向：

（一）以藝術欣賞、藝術接觸作為心理治療（art psycho-therapy）

　　此派學者認為藝術創作是從潛意識流露出來的一種象徵符號，必須再透過語言的詮釋與分享，才會有治療效果；此派類似於藝術的潛意識分析，從佛洛伊德、榮格、Naumberg的理論發展出來。

（二）藝術的創作過程，就是治療（art as therapy）

　　當一個人專注於藝術創作時，其生理、心理都會產生變化，其血壓、脈搏、腦波都在改變，肌肉也能放鬆，情緒得以紓解，整合跨時空的想像，彩繪自己心情的顏色，表達了被壓抑的潛意識，使身心靈得到統整與壓力釋放。因此藝術的創作過程是一種治療，藝術的欣賞、接觸過程也是一種治療；此派類似於「身心放鬆心理學」，為Levick、Jone、呂素貞、鄭照順等的主張。

壹　相關學者對藝術治療之看法

　　從1950至2010年探討藝術治療相關學者有Naumberg（1958）、Levick（1967）、陸雅青（2005）、范瓊方（2008）、鄭照順（2010e）等，討論藝術治療的意義如下：

　　1. Naumberg（1958）認為，藝術治療是一種透過藝術形式，而使個人潛意識自由的釋放與呈現，被稱為「潛意識的藝術」學說。

　　2. Levick（1967）認為，藝術治療是以創造活動，及帶有「精神

徵候」（neurotic symptom）的藥方，協助病患在疾病未惡化之前，可以成功地強化個案的防禦機制，而且與治療師達成一種抽象的、圖像的治療關係。

3. Jone（1975）認爲，藝術治療具有三種功能與向度：(1)分析性的藝術治療：經由自由聯想、覺知，把潛意識誘發出來；(2)功能性藝術治療：當事者心中有束縛、壓力，用圖畫把它呈現，就能把束縛、壓力解開來。解不開時，治療者給予支持、肯定，使產生自信；(3)業餘性藝術治療：從參與學習繪畫，創造出各種表達的方式。

4. 美國藝術治療協會於1997年提出，藝術治療提供非語言的表達及溝通機會，其中有兩種主要的取向：(1)「藝術即治療」，創造的過程可以增加自我覺察能力；(2)運用藝術治療成爲心理治療的工具，「創作的作品」及「作品的聯想」，可以幫助當事者得到心情壓力的紓解（賴念華譯，2002）。

5. 陸雅青（2005）指出，「治療取向的藝術教育」的意義是：(1)透過藝術拓展其溝通的範圍，老師要正確的回饋，以增加其藝術經驗；(2)藉由藝術與視覺形式，進行語言溝通；(3)情緒困擾的同學，都能自由自在的在創作中獲得情感的平衡；(4)藝術治療師，只有鼓勵盡全力的詮釋內心的潛意識流，因此沒有批評，以增加感受力、想像力，達到心靈的自然療癒效果，被稱爲「藝術教育治療」學說。

6. 范瓊方（2008）指出，藝術治療的意義、過程與功能：(1)是個體透過藝術活動，去了解心靈深處的自我對談、心理運作，學習如何自我成長、如何找到生命意義的過程；(2)藝術治療的過程，包含「晤談」、「建立良好關係」、根據個案特質設計「合適的藝術形式的活動」，讓個案來表達情感、紓解情緒的管道，以協助個案在藝術作用，以得到宣洩情緒或昇華的作用；(3)藝

術治療的功用，在提升自我覺察力、自我認知與獨特性的肯定，並與心靈最深處自我對談，以觀看自己的心理運作、心理狀況，尋求如何自我成長。

7. 鄭照順（2010c）指出，欣賞自然的美景、人的美貌、喜悅的表情、快樂的情境中美的感受等，均可以釋放自己的壓抑情緒及放鬆身心壓力。鼓勵當事人透過藝術、美感的接觸，去釋放自己的壓力情緒、潛意識，使其得到身心的平衡，及增進自己心理的復原力，以達到心理治療的效果，此派又稱為「藝術欣賞治療」學說，可以區分個人欣賞美的類型，其探索內心被壓抑的情緒以及得到情緒的抒放。

貳 廣義的藝術治療

廣義的藝術治療的範疇，包含音樂治療、舞蹈治療及藝術創作治療等三個領域。

一、音樂治療

Gilroy（1992）提出「音樂治療」也是藝術治療的一環，透過音樂治療，可以使個案與治療者建立更親密放鬆的關係。由於心理隔閡的打開，可以使心靈交流更深入，而達成心理治療的任務。

二、舞蹈治療

Payne（1992）指出「舞蹈治療」也是藝術治療的一環，舞蹈是一種肢體活動的非語言溝通，可以探索其內在的動機與情緒；當事者可以經由舞蹈去找到情緒發洩的出口，並能平衡自己內在的情緒。舞蹈治療過程治療者要提供一個環境，讓當事者感到安全、放鬆感，並能自我認識、充分的非語言溝通，以促進身心的平衡、放鬆，而達成治

療的目的。

三、藝術創作治療

Waller（1990）指出：「藝術治療，是個案對藝術創作的過程與想像，從藝術創作中去引導出潛意識的感覺，使成爲意識的型態，並呈現具體的眞實圖畫，以豐富後設思考，增進藝術符號的內涵。」

Sanderson（2007）提出：「藝術治療」，是應用藝術媒材，去自我表達及反映內在的感覺，經由藝術治療師的協助，透過實作的成果，可以幫助自我改變及自我成長。治療者與被治療者之間的關係是非常重要的。

綜合言之，藝術治療的意義是：(1)將藝術與心理治療相結合的一種心理治療方法。(2)鼓勵當事人，透過藝術去釋放自己的壓力情緒、潛意識，使其得到身心的平衡，及增進自己心理的復原力。(3)藝術即治療，創造的過程可以增加自我覺察能力；藝術活動的反省，可以與自己的心靈深處對談，進一步了解心理運作過程，也可以啓發如何自我成長、如何找到生命意義的過程，而達到消除心理困擾與心理創傷的效果。

第七節　藝術治療方法的特徵

藝術治療包含多種重要的「藝術層面」的特質，包含創造性、意象、象徵、隱喻、非語言溝通、個案與治療者的關係及治療的目標等特質。Sanderson（2007）提出藝術治療的特徵如下：

一、創造力

創造力是藝術治療的核心，不同時間、不同心情所畫出來的圖畫一定不同，如同佛洛伊德所說：「白日夢、幻想，都是挫折，不能

達成願望，是不快樂的掩飾與期待。」經由畫圖，可以把潛意識轉為意識，並把意識轉為圖像，使自己更清楚了解自己的期待、自己的心像、自己的障礙所在，經由圖畫的表達及與藝術治療師的溝通、分享，可以使自己心情、苦悶得到紓解的窗口，及自我的了解、自我的肯定，並可以走出心理的障礙。Sanderson（2007）對「創造力」的心理功能之看法：

1. 創造力的價值是一種心理健康的指標，如果失去創造力，生活中將會知覺自己生活之貧乏。

2. 創造力是一種想像力的成果表現，對每一個個體都是獨特的成長，創造力也可以了解心智的成長障礙。

3. 創造力是幫助想像力，從抽象到具體誕生的過程。

4. 創造力包含兩種類型，第一種是「心理學的創造」，把人的意識及環境因素做出合理的呈現；第二種是「幻覺性的創造」，在表現人深層的潛意識、創傷、被扭曲的意識，因為作畫可以使破碎或創傷得以重建及復原。

二、意象、象徵、隱喻

1. **意象**：從圖形的整合就成為一種「意象」，即圖畫的整體意義，這種意象可能表達一個對象，也可能表達一個事件。意象是代表一個人對內在對象、目標、事件的認識與了解。意象也是一種有意識與認知的思考。

2. **象徵和隱喻**：是另外一種核心概念，它反映一種想法、內在的深層意義，如同文學作品般，可能有一連串的故事，也可能是一種心理的障礙，或者是一種希望達成而未實現的目標。「象徵性」的圖畫只提供一點點的輪廓，它並沒有給予清楚的形體，因此需要當事者加以解釋，才能獲知其畫圖的意思。

「隱喻」就如同藝術的文學、哲學作品，這一幅圖有其極深刻的

意義與啓示，每一個人放在他面前的一張照片、一句名言、一個紀念品、一張圖畫，均可說出一段故事，這就是隱喻。「隱喻」也反映了個人內在的「心理結構」、「生命哲學」、「生命意義」等，一張畫、一張照片如果能讓當事者說出它對自己「生命意義與啓發性」，就可以得到深遠的意義與治療效果。

三、藝術為媒介，提升生命意義

圖畫、音樂、舞蹈等都可以透過非語言的溝通方式，提升意象、隱喻、想像的「啓發」，使大腦不必去分析、歸納而得到放鬆，如此也拉近個案與治療師之間的距離。由於個案與治療師以「藝術作品」為媒介，並透過語言的解釋及其對生命的意義與啓示，使雙方都得到對生命成長、阻礙、困境的深刻了解。諮商者一再肯定個案的陳述與表達，個案的心理困境就可以得到共鳴與紓解，因此藝術治療是很有效的心理治療方式之一。

四、治療的目標給予肯定，情緒一定會好轉

藝術治療的目標，是由藝術治療師與個案共同協調同意所訂定。藝術治療師應表達他並不是在做「矯正」，而是：(1)幫助個案如何去體驗「負面情緒」，這些「負面情緒」的根源是什麼？讓當事者體驗負面情緒的「根源」。可能是自己自尊心太強、責任心太重、好勝心太強，致使自己悶悶不樂，如果能放下自責、放下高標準，給自己的努力肯定，情緒可能會好轉，自己好好休息，好好獎勵自己；(2)幫助個案了解圖畫中隱喻的啓示；(3)幫助個案了解自己是獨特的，不可失去信心；(4)畫圖過程的治療，給當事者再教育「自我肯定」，自我「獨特的價值」；(5)幫助當事者體會「心情低潮的根源」，如何排除壓力源，而不是被壓力源追著跑，重新建構自己的想法、態度與行為。

第八節　藝術治療的價值

英國藝術治療協會（BAAT）於1964年成立，其成立的目的是為藝術治療的心理輔導者與教師，給予專業資格的審查、鑑定專業人員的心理分析知識與藝術治療技巧。美國藝術治療協會（AATA）是在1969年成立，目前有4,750位會員。在1970年加入「藝術治療協會」的訓練課程，主要探討使用「藝術治療與自我潛能」發展的關係，及自我實現的觀念。最初入會資格，多數是藝術教師、心理輔導者、特教人員等，採取人本主義的培育課程。1980年與美國國家健康服務處（NHS）合作，發展「藝術治療課程」，幫助進行就業治療及提升心理健康的適應。在學生輔導上採用心理動態分析，以了解學生過去潛意識的障礙，幫助獲得好的學習適應，並突破心理障礙。「學校的藝術治療」通常採用心理分析模式，在美國的校園逐漸盛行與推廣。呂素貞（2008）也指出藝術治療可以普遍用於學校的個案輔導、醫院病患的情緒壓力紓解及溝通品質的提升。

一、藝術治療在學校個案輔導上的價值

1. 提供個案紓解潛意識壓力、心理困境的管道。
2. 由自由創作中，可以把潛意識具體化。
3. 將圖畫自由聯想與解釋、分享，就可以紓解潛意識壓力及對困境的檢視。
4. 輔導者可以對「兒童困境」提供一些資源、支持，使當事者不再對困境、創傷有恐懼失落與哀傷。
5. 圖畫創作過程，可以幫助個案放鬆投入、知覺意識具體統合、降低心理防衛，讓「壓抑的情緒」、「壓抑的潛意識」浮現，使輔導者個案及早找出心理的困境、焦慮或障礙。
6. 藝術創作過程，輔導者也可以善用「個人的獨特性」去肯定個

案，使其產生自信心與快樂感。

7. 藝術創作過程後的「分享」與「肯定」，是與個案「建立治療關係」的有效方法。

8. 藝術治療常用「心像思考」，比較有機會去探索過去、現在、未來及潛意識的內容，以利當事人「重新建構情緒與認知」；有助於當事者長期的心情穩定，減少目標方向的迷失感。

二、藝術治療對個案心理輔導的價值

1. 鼓勵個案畫出自己的感覺、感動、心情，於創作過程中可以專注、減輕痛苦的壓力。

2. 經由藝術的創作，可以使「潛意識具體化」，使個案體會出「困境」的根源，有利於輔導者、醫師的協助、支持，走出困境。

3. 創作過程，每個月至少畫一張，可以記錄個案的心路歷程。

4. 作品是一種語言，可以幫助醫生、輔導者了解個案的心境。

5. 個案如果願意分享其意義，可以促進深層的了解與溝通。

6. 藝術的創作，加上音樂的旋律，可以紓解個案的心理壓力與緊張，有了藝術與音樂的調和，病情會得到快速的改善。

第九節　藝術治療的過程

壹 藝術治療的成功關鍵因素

呂素貞（2008）個人經歷九年的「視覺藝術治療」經驗，感受到藝術治療難以傳授給他人，但治療師的態度、治療的過程，卻影響治療的成效。提出藝術治療成功的重要關鍵如下：

一、對媒材的要求

1. 紙張：藝術創作基本的配備是需要的，無論是A4或B4之紙張，應該明確的決定。實施的空間小，可以採用用A4紙，當事者比較容易完成。

2. 蠟筆：要求一盒完整12色的蠟筆，或12色以上的蠟筆較適宜，不能用殘存的蠟筆來取代，因為每一種顏色可以代表一種心情或意義。蠟筆要擦拭乾淨，表示一種認真的態度。兩人共用一盒也是不對的，因為會彼此干擾。

二、對治療「空間」的態度要求

藝術治療師要創造治療情境，這治療的情境包含：

1. 空間的安全與穩定：參與人員不能隨意進出或走動，不能對參與活動的人猛拍照。

2. 治療過程：是寧靜的心靈分享，不能有人拍照、錄影，因為治療過程是互動的參與，保持空間的安全、穩定，心靈的活潑與沉潛才會發生。

三、對藝術「創作活動」歷程的態度

創作活動是否順利，有賴充分「準備媒材」，用心創造「安全空間」。不當的語言會阻礙「創作的流暢」，也會破壞治療的力量，讓個案自動滑入「創作的世界」。隨著創作活動，周遭的聲音、夥伴、引導者逐漸消失，獨自走入「圖像的世界」，走入他內在的「小宇宙」，產生「美感的經驗」是無法言喻的，要對創作過程「高度的信任」才會產生效果。

四、「藝術治療」實施的技巧

呂素貞（2008）實施藝術治療採用的引導技巧，包含下列：

1.閉上眼睛，「左手」拿一枝畫筆，隨音樂的節奏，畫出你的感覺。（五分鐘）

2.閉上眼睛，「右手」拿一枝畫筆，隨音樂的節奏，畫出你的感覺。（五分鐘）

3.閉上眼睛，「雙手」各拿一枝畫筆，隨音樂節奏，畫出你的感覺。（五分鐘）

4.事後給予五分鐘修補圖畫，並與旁邊的人分享（各五分鐘），說出這一張畫的意義，以找出自己的潛意識，告訴自己與別人自己的美麗回憶或哀傷記憶是什麼。

5.兩人共同想一個主題，如：身心健康的人「熱心」、「微笑」，共同作畫，有微笑的大嘴、微笑的雙眼，有愛心，有鑽石項鏈、有大耳朵等，共同創作是一種「合作成就」。

6.引導把「合作的圖」撕成兩片，你會不會難過？會不會痛心？如何貼上再去「彌補缺憾」，這就是「心理創傷」不容易治療之處。

7.閉上眼睛，著手揮灑「曼陀羅的圓形圖」，隨著音樂，由低到高、由上到下，類似「飛翔」與「滋潤」的意象感，來調節自己的心情與想像。

五、對作品的態度

藝術治療最獨特與最美好的部分，是作品可以被看見、被觸摸、被保存、被回味，是其他心理治療方法所無法達成的。

藝術治療的結束期，其重要性不亞於開始，要用生命的樂曲、生命的故事、舒緩的音調、快樂的氣氛，如美的旋律、美的詩篇作收

尾，使當事人感受到「冬天的來臨，春天必然不遠矣」，是治療者給個案的持續支持與鼓勵感。

藝術治療在結束的時候，個案會帶著他的作品回去，這一趟治療旅程，會激發多少情緒的驚濤駭浪、狂風暴雨、多少喜悅、多少幻夢、多少寄託、多少期待，作品象徵「生命成長」蛻變的殼，每一件作品都是汗水、血淚的見證。在成長痛苦中，淬鍊出來的「智慧之珠」如包容、感恩、釋懷、放下、使命感等，使自己了解「自己才是生命的建築師」，每一個人都要往心靈深處找尋「生命的能量與智慧」。

呂素貞（2008）指出，有人以爲個案只要「說出問題」一切問題都可以「被解決」，然而現實中治療者先自我捫心自問，要承認許多問題是「自我無法解決的」，例如：車禍痛失愛子、慘遭性侵害、意外失明、愛人遠離、父母死亡、妻離子散等，我們只能幫助個案與無法改變的事實共處，找到生存能量繼續活下去。在治療的過程「全心全意陪伴」、「穩定的關懷支持」、「無條件的接納」、「傾聽」，因爲創傷的心靈需要時間去復原，沒有捷徑。

六、對人的了解

鄭照順（2010e）認爲，每一個人均有心理障礙，人有志同道合性及隱藏秘密特性；人有自省能力，也有墮落的慾求，人有迷失性，每個人都有障礙難解的問題。

藝術治療要能夠發揮效果，就是自我浮現潛意識，自我知道認知與行爲的執著之處。治療師要給予安全、信任的氣氛，任何一張畫都「無分好壞」、「沒有對錯」，只要呈現自己的本性、順著本性去說出「一段故事」、「一段體驗」、「一片期許」、「深藏的意義」就可以跨越「心理障礙」的藩籬。

藝術治療的內容與實施方法，不必去「套問」、不必去「責

備」、不必去「反省」，而是藉著「圖畫」，說出畫中故事的喜悅、悲傷、困境、期待等，就可以平靜與復原許多「哀傷的情懷」；也可能會寫下「釋懷的發展軌跡」與過去哀傷的紀錄，畢竟藝術治療的任務在「療傷止痛」，因為有釋放心中壓力，傷痛會逐漸療癒。

貳　藝術治療的功能

一、藝術可以滋潤生命

藝術的內容形式很多，包含繪畫、攝影、陶藝等創作，只要是合乎美的事物，就會開啓人自在快樂的泉源。蔣勳（2007）提出美的覺醒、美的感覺，可以經由下面引導：

1. **視覺的美**：美景、美的畫、美的庭園、運動之美、靜態之美、美的影片、美的照片、藝術性的寫眞集。

2. **聽覺的美**：美的音樂、美的語言、幽默的故事、好話、讚美的話。

3. **味覺的美**：美食、美味、酸、甜、苦、澀之滋味。

4. **嗅覺的美**：香氣、清淡、清新的空氣、芬多精之清香、香水、鮮花之香。

5. **觸覺的美**：柔順、輕盈、渾厚、雄壯有力，輕柔的觸覺，可以使人放鬆。

6. **多元的美**：觸發出多種美的感覺，譬如：美人、美言、善良又多藝；美好的風光下有優美音樂，有美食，有良言，有清新空氣，眞是美不勝收。

二、藝術可以調節心靈

蔣勳（2008）、鄭照順（2007），指出藝術之美是美的一種，藝術具有多元功能：

1. **壁上的藝術**：家中的庭園與壁畫，用以調劑心靈、調和環境。例如，掛出山水畫，以補足室內美景的不足。

2. **平衡的心靈枯竭**：使失去平衡的心靈，找到自然美景、圖畫、美的照片等，可以使心靈增加一些活力，使枯竭的心靈得到平衡。每天下班時刻，總感覺精疲力盡、心煩氣躁，到大自然的野外走一走，心情馬上得到「自然美景」的能量，很快恢復身體的能量。

3. **增加心理能量**：大腦失去能量時，如能在空氣好的大自然、夕陽下散步，便能增加身體的能量，美景映入眼簾，也可以取代一些課業上或上班時苦悶、不愉快的情景。

4. **美感會產生快樂嗎啡**：看到美女、俊男、美的事物會多停留幾秒，會帶來好心情，因為美感會促動心靈，產生「生物化學」作用，使人精神活力提升。藝術化的寫真集，一樣可以帶來心靈思緒的放鬆感，即腦內產生快樂嗎啡。

5. **美感將可以成為推動生命成長的動力**：欣賞藝術之美、大自然之美、快樂的想像、快樂與美的心境、美的期待等，都是美的動力；美的動力可以成為生命成長的動力；我們到世界各地去欣賞美景，拍下美景、寫下美的感受，就會啟發靈感；我們做事的態度追求完美，就會創造出卓越的境界。

綜合言之，美感與藝術治療的基本原理包含：(1)經由知覺的、情緒的、想像的調節等，使個體產生愉快、平靜，增加身體能量、取代負面想像等機制，自然就會改善個體的身心健康。(2)個體的身體、思考、情緒，若身體能量充滿美感的流動，就可以使生命多姿多采。

第十節　藝術治療的心理學基礎與個案分析

Sanderson（2007）指出，繪畫、藝術作品，是一個人表現創意、思考、語言、潛意識、情緒、創傷、低潮、心理障礙等綜合產物，要以心理治療的理論，去分析個體的「心理與行為」，才能逐步了解自己。Sanderson以精神分析論、人本主義、心理社會發展論為基礎，進行藝術治療的心理分析，以幫助當事人獲得身心的平衡與健康。

壹　心理分析與心理動力基礎

精神分析大師佛洛伊德的重要主張：人類90%的想法、痛苦、哀傷均潛藏於「潛意識」。Sanderson（2007）認為，繪圖是藝術潛意識的重要通路。圖畫是一種抽象的語言，如同夢境、困惑、目標、嚮往、壓抑的「具體化」。心理動力理論在說明人的心理動力，受到驅力、慾望、目標、理想及外在吸引力所驅使。譬如，一位好朋友喜歡爬山，你的內在意志就會被他所吸引，也會模仿他的優點加以學習。個人訂定一個「明確的目標」就會集中時間、精神去達成，藝術治療的精神分析，可參考表9-1。

表9-1　藝術治療的心理動力分析法

心理取向	心理動力的方向
1.心理分析	探索潛意識並分析。
2.與往事連結	過去行為，如何影響現在成就。
3.移情	注意個案與治療者間的移情、變化，是正向還是負向。
4.未來發揮	現在行為，如何影響未來。
5.內省	經由內在洞察，可以達成有效的治療。

　　個案所畫的圖畫，其中有人物、房子、山水、陽光、景物、表情等，都表示他快樂或悲傷的心境、意境或想像。例如，印象派畫家畢沙羅（Pissaro）所畫的〈窗外景致〉，繪著五隻雞，一隻兔子，在庭園中自由自在，太太理也不理，因為太太生氣五個小孩都跟著爸爸去學畫畫，只有一個小孩是自由的小白兔，獨自去闖天下。畢沙羅的畫風顯示他是一個熱愛大自然、快樂、探索大自然樂趣的畫家。

　　米勒（Millet）的大作有〈拾穗〉、〈晚禱〉，均顯現出他深刻的宗教情懷，如珍惜、感恩、合作、和諧、憐憫的意境。兩位畫家都背負家庭極大的經濟負擔，專注的吸收「自然的能量」、「宗教的意境」去創作，「專注投入」都是心理健康的特質。

貳 人本主義的基礎

　　Sanderson（2007）、鄭照順（2010e）指出，藝術治療的過程，如果能夠融入「人本主義」精神脈絡，將有助於個體潛能發展，幫助如何脫困、改善認知與態度，追求生命的價值。

藝術治療與人本主義的關聯

　　藝術治療與人本主義的理論關聯如下：

1. 人本中心的治療法：Rogers提出，輔導過程如果能夠先同理、再說理，無條件的關懷、真誠一致，其自我潛能就會不斷發展。
2. 完形治療法：Perls提出，治療者要協助個案了解，在整個情境中的意義價值以及如何從「情境中脫困」。
3. 溝通分析治療法：Berne提出，人的溝通錯誤常是陷入「我不好，他也不好」。心理治療師如果能夠引導「他好，我也好」的思考方法，自然兩得意，因此陷入困境時，如果能彼此改善態度、改變環境、改善認知等，均可以發展出得意的效果。

4. **自我實現的治療法**：Maslow所提出人類的「五大需求」，人如果朝向追尋高峰經驗、自我潛能發展，自我實現的目標自然可以達成。

5. **存在主義的治療**：May提出生命的最高目標，就是追求生命的存在，有自我的存在一切才會有意義，事情才會有進展。

Sanderson（2007）指出藝術治療的人本精神，如表9-2。

表9-2　藝術治療的人本精神

人本心理取向	人本精神的內涵
1.自我實現	盡自己的責任、最大努力，以追求「自我實現」。
2.全人格	做一個全人格的我、表裡如一的我，減少虛偽的自我，即有多少實力，做多少事。
3.探索優點及缺點	幫助個案認識自己的優點及弱點，自己可能有自私、諂媚、高傲、善吹噓的弱點，所以沒有朋友；自己也可能有一些不為人知的優點。
4.強化健康	身體不佳，自然心情低落；心情低落，也會影響身體健康。
5.成功體驗	提供一些成功的學習經驗。
6.調整自我	包含情緒、認知、困擾、環境等的微調，哪一個會有具體成效。

參　「心理發展論」基礎

Sanderson（2007）、Waller（1990），整合Piaget的認知發展論、Erikson的心理社會發展論、Gardner的美學直線論，及Swamwick的螺旋美學模式，描述上述四種理論，對藝術治療帶來的影響。

（一）認知發展論

Piaget提出：

1. **知覺期**：其智能的發展而經由活動、感覺去了解意義。

2. **運作前期**：於兒童期，兒童由符號及玩具的遊戲，而知道其意義，並不能思考其前因後果。

3. **具體運思期**：開始透過邏輯及符號的學習，去了解其相關性，約於小學的後期。

4. **形式運作期**：於青少年期、成人期，開始運用邏輯思考，並學得抽象推理的能力。

（二）心理社會論

Erikson指出，人生發展可分為八個階段，每一個階段均有其任務與危機。

1. **信賴與不信賴**：於1歲間，其任務是建立與父母的信賴，危機是不受信賴。

2. **自動與害羞**：於2歲間，其任務是建立生活上的自動習慣，危機是害羞。

3. **主動與內疚**：3至6歲間，其任務是建立主動學習習慣，危機是受責罵。

4. **勤勉與自卑**：在7至10歲間，其任務是勤奮及受肯定，危機是不受肯定。

5. **自我認同與認同困惑**：在11至20歲間，其任務在於建立自我認同，危機是得不到認同。

6. **親密與孤獨**：青年後期、成人期，其任務是找到親密伴侶，危機是找不到親密伴侶。

7. **生育與停滯**：孩子生育期，其任務為生育子女，危機是事業與子女均無發展。

8. **圓滿與絕望**：老年期，事業、子女、健康、經濟、功德均有成，危機是窮困潦倒。

上述八個發展階段，未達成階段性任務，表示「發展危機」。

（三）Gardner的直線美學模式

1. **前符號期**：0至1歲，採用知覺發展去繪圖，用手腳去塗鴉，感覺新奇。
2. **符號使用期**：2至7歲，探索及擴大使用符號，重視美感及熟悉文化藝術的特徵與符號。
3. **較晚的唯美發展期**：兒童後期、青年期、成人期等，美感技巧的發展經驗增加，已熟悉美感的操作，美感能力提升。

（四）Swamwick的螺旋美學模式

1. **實物期**：0至4歲，重視「實物操作」的學習方式去產生智能。
2. **模仿期**：5至9歲，重視模仿模式去學習表達。
3. **想像期**：10至15歲，以想像、推測的形式進行學習。
4. **後設認知期**：15歲至成人期，重視思考、內省、自我精進、追求核心價值、追求卓越，做事情有計畫、有步驟的達成。

綜合言之，心理發展展現階段性發展目標，每一個目標，可以具體化、藝術化、偶像化，促進心靈的充實，如表9-3。

表9-3　藝術治療與發展論

認知發展取向	認知發展的內涵
1.重視開發階段	做出最大的努力，未達成階段性任務，表示「發展落後」。
2.了解停滯	鼓勵、支持其前進，譬如個案已進入大學階段，還停留在實物操作，表示心智已經落後。
3.階段目標	輔導認同正確的偶像。以增加自勵行為及自我的動力。目標化、偶像化可增加心靈的充實與健康。
4.諮商的過程	由藝術治療的諮商中：(1)探討個案追尋的目標與其核心價值；(2)了解個案停留的階段，鼓勵、支持前進；(3)鼓勵個案擴充藝術修養，增加美的感受、美的放鬆能力等，幫助個案增加「心理復原力」。

綜合言之，藝術治療是以精神分析論、人本主義、心理社會發展論為基礎，進行心理的治療，以幫助當事人獲得身心的平衡與健康。(1)精神分析：提供藝術與個人潛意識的連結，以釋放出日積月累壓抑的情緒；(2)人本主義：鼓勵做一個全人格的我，減少虛偽的對待自己；藝術治療與人本結合，重視個案去了解自己的優點及缺點，自己可能是自私、諂媚、高傲、吹噓；自己也有一些優點不為人知，以藝術、情境、美景為媒介，促進了彼此心理深入的交流，可以增進心理健康；(3)心理社會發展論：藝術治療者應了解個案停滯的階段，鼓勵、支持前進。從個案作畫的侷限內容，鼓勵個案去擴充視野，擴充個案的視野與心胸，也可以幫助個案增加心理復原力。

個案分析

（一）個案一

有一位個案阿杜，就讀醫學院，有一次因為身體受傷被送到開刀房，當被麻醉後，驚醒時四周無人，呼喊無人回應，驚嚇過度，造成「幽室恐懼症」。每次一個人進入電梯，就會產生恐懼與沒有安全感。

1. 案情分析：當個案驚嚇過度時，個案大腦空間區受到過度驚嚇的創傷，已經留下陰影區。因此進入幽室就會產生驚恐。
2. 藝術治療的方法：(1)與當事人建立良好關係，並且達到受信任的程度；(2)用音樂去放鬆當事者的心情；(3)給予一盒彩色筆，讓他自由的揮灑；(4)細述自己「快樂」與「恐懼」的時間與空間各一項；(5)治療師幫助個案把恐懼的強度「具體化」、「程度化」（1～10分）；(6)當個體遭遇到恐懼情緒，如何有效的解離，找出「轉化的媒介」？如果能找到美景、好友、音樂相伴的安全感時，創傷會慢慢消除。

（二）個案二

有一位個案阿明，擔任機構的一級主管，由於才華出眾卻又鋒芒太露，受到同事的暗算與排擠，心情鬱悶，整整一年受到委屈無數。

1. **案情分析**：當個案陷入憂鬱情緒時，多數是孤立無援，受委屈的事情如果無法申冤，會雪上加霜。

2. **藝術治療的方法**：(1)與當事人建立信任關係；(2)與個案分享委屈與痛苦及問題解決方法；(3)帶當事人接近大自然，進行心靈的洗滌，及大聲喊出「啊」聲，以傾吐心裡的垃圾，可以紓解「肝鬱」；(4)自然即藝術，音樂即藝術，加上肢體的觸覺「赤腳接觸地面」、「身體陽離子電流的釋放」，規律調息深呼吸，以劍道的提劍法做「任脈」的深度吸氣，及「督脈」的完整吐氣法，釋放心理受傷害的負面情緒，可以在放鬆的氣氛中「逐步增加自然能量」，也增加自然的免疫力；任督二脈的深呼吸法，可以預防人的駝背與抑悶。(5)大自然就是藝術的空間，青山綠水就是治療的元素與能量，人常望著夕陽美景、享受清泉、輕拂微風等，就是一種藝術治療；因此心靈受創傷的人，常接觸自然、山林、夕陽，深刻體驗「自然之美」，常能減輕憂鬱的傷害。

【討論題】

1. 分享個人「音樂欣賞」、「音樂治療」的經驗，帶給個人的感受與益處。

2. 如何善用「音樂治療」調整失眠、憂鬱情緒及增進讀書效率？

3. 分享個人「藝術欣賞」、「藝術治療」的經驗，帶給個人的感受與益處。

4. 如何善用「藝術治療」調整自己的情緒，以增進讀書效率、消除身心疲憊及提升身心能量？

　　本章曾載於2011年通識課程與教學實務研討會論文集，頁124-138。

第十章

大學生網路心理
與輔導

網路心理的金科玉津

網路把人類的千里眼、順風耳、即時服務等化為真實。

（比爾·蓋茲）

過度使用網路，像是貪圖不止的慾求，將在網路葬送
自己的生命。

（Abou Jaoude）

網路也可成為一種犯罪工具，讓人掉入貪慾、詆毀、
攻擊中，它不輸一團軍隊。

（鄭照順）

第一節 網路心理概論

　　二十一世紀由於資訊科技的日新月異，而被比喻爲第四次工業革命，當今生活的型態充滿電子商務、網路經濟、網路社群、線上學習、線上團隊、視訊電話、net、online、網路聊天室的活動等，已形成網路的社會、網路的時代。我們的學習、生活、工作、人際互動、娛樂以及購物等，都已經離不開網路，網路的功能愈來愈強大，形成不可抗拒的影響力，迅速地進入社會的各個領域。網際網路已成爲大學生學習、交往、休閒的新生活方式與空間，它對大學生的生活、學習、人際、休閒及身心健康帶來莫大的影響。

　　根據富邦文教基金會（2010）所發表的「青少年媒體使用行爲研究調查」中發現，青少年認爲生活中不可以缺少手機者占67.6%；不能沒有網路者占57.3%；而中學生每週休閒活動時數爲34.26小時，每天上網平均4.8小時。其中「上網休閒」或「玩電腦打電動」的時間每週就高達12.27小時，顯然青少年的休閒趨勢已經逐漸傾向電腦及網路。

　　網際網路的興起，近年來已經成爲諸多領域探討的話題，因爲網路所影響的層面，不只是就技術層面可以完全加以解釋，它已涉及到整個社會結構的重大改變，包括：社會性、政治性、經濟層面、犯罪面，以及個人人格特質的轉變。當然，這個高速改變的社會，有可能會改變了原有的社會關係與社會結構，例如常見的現象：(1)網友的觀感，因爲大量的資訊傳播，有時會影響政治決策、經濟行銷、社會改革的快速轉變；(2)由於網路的發達，人的聯繫有立即性、隱密性、視覺性等，使人的虛擬交往更方便，而在現實生活中的人際關係，反而變得淡薄；(3)網路虛擬社群的「無政府狀態」程度的大小，直接反映在社群使用者的人格特質上；(4)由於網路具迅速性、虛擬性、隱密性，而人類的慾望無窮，因此孕育出一種新的「人格特質」，稱爲「網路社會的人格特質」，具有立即滿足性格、慾望無窮性格、隱藏

性格、視覺型性格、網路社群性格、人際孤單性格等。

網路心理學，是一個新興的名詞。通常是指以心理學理論為基礎，觀察、分析、實驗研究為方法，研究網際網路相關情景下，人類的心理、行為及規律性的一門心理學。至目前為止，網路心理學仍處在形成階段。網路心理學的研究領域主要包含：網際網路使用對人的認知、情感、意志、行為、人格、潛能、記憶、學習、社會適應性、生活適應、心理健康等心理特徵的影響。

網路世界人類心理與行為新模式

網路心理學的理論和方法，源於行為主義的增強論、人本主義的需求理論、心理分析的逃避壓力論、社會學習論、犯罪心理學、人格心理學、社會心理學、心理衛生等。鄭照順（2011b）、連廷嘉（2010）、王智弘（2009），探討和研究人類在網路世界「心理與行為的新模式」：

1. **以電腦為師的學習內容，常比學校上課還豐富**：人與電腦的溝通和「學習方式」，比實體世界更豐富與多元，網路的出現，在幫助人類傳達訊息，因為進入.net、email、聊天室、照片、影音、便利copy、便利homework等，比實際的溝通更豐富與多元，也讓學習的方式更多元化，青少年常「以電腦為師」。

2. **網路休閒活動，常取代戶外休閒**：網路有非常豐富的知識、娛樂、交友的休閒虛擬空間，網路有廣闊的活動場域，因此在新世代中，網路休閒已逐漸取代戶外休閒活動。

3. **網路新行為常超越倫理與法律所規範**：網路中「溝通的訊息」傳遞無國界與虛擬性，難以用倫理與法律所規範，由於全球網路透過衛星的傳送已經相連接，因此政府很難用公權力做思想的限制與倫理的審查，資訊傳遞已經無國界，形成一個虛擬的社群，造就「無國界的社群」。

4. **網路孕育各種「正向功能」與「負向發展」的行為**：網路的益處無限廣闊，可以幫助學習、商業交易、行政的管理、生活便利等，形成「網路萬事通」的行為型態；也可以匿名誹謗、惡意攻擊、網路入侵等，製造犯罪手法，形成「網路暴力」行為型態。

5. **網路生活的情緒特質，常使人類生活更加緊張**：網路行為的特質包含迅速性、虛擬性、匿名性，使「社會腳步更加快速」；網路傳播的快速性、多元性，使公眾人物、政府機構、一般民眾更加緊張；雖有快速的滿足，也容易產生「資訊焦慮性格」。

6. **網路上癮症候群，逐漸在網路時代蔓延**：上網常對身心健康造成影響，因為網路有著無窮的誘惑與增強功能，使人容易被吸引、被滿足，因此容易上癮，造成身心的傷害，形成「網路成癮族群」的生活特徵。

第二節　網路溝通的特性

鄭照順（2011b）、連廷嘉（2010）、王智弘（2009）、段鑫星（2008a），分析網路為何如此吸引人？網路溝通的魅力如下所述。

壹 網路溝通的魅力

為什麼網路溝通這麼吸引人？因為網路帶給人類的方便性，幾乎無所不能、無所不在，它能滿足大學生各種心理、認知、娛樂、人際互動、遊戲、休閒、購物等需求。網路世界具有多元的功能及魅力，也改變人類的生活方式。

1. **千里若在眼前，立即實現**：從msn、Skype、Facebook提出問題、網路上相會，網友立刻給予回答，分享經驗、交換心得、傳達訊息，亦可以面對面溝通，使人感覺「千里若在眼前」，達到

立即實現的效果。

2. **網路交友，解決孤單寂寞**：大學生心靈空虛之時，會上交友網站、聊天室，去找尋志同道合的網路夥伴，進行人際交流及發展出虛幻的人際關係，可以化解苦悶、化解孤獨及人際幻想等的心理人際滿足感；網路交友亦可跨出地域、學校、國際的限制，擴大自己的人際網絡。

3. **網路遊戲，激勵不斷**：網路遊戲公司設計了許多令人著迷的遊戲軟體，使一群愛好者可以建立遊戲團體，約時間一起上線、團體比賽、闖關遊戲等，使參加遊戲者很難離開網路遊戲。

4. **網路搜尋，解答問題**：經由網路搜尋引擎可以查到論文主題、交通時刻表、地圖、新聞、工作機會，也可以增加學習資訊、工作資訊、生活資訊，以解決生活與學習的問題，因此人人愛上網。

5. **收發信件，與友人聯繫**：大學生幾乎天天要上網收發信件，須留意許多色情、廣告信件伺機進入你的信箱，如不做選擇與取捨，將會浪費許多寶貴的時光。

6. **購物網站，具便利性**：「秀才不出門，能購天下物」，網路購物也成為大學生購物的捷徑，可以滿足購物的快樂，且刷卡即可付費；大學生透過網路的高效率服務，不小心也容易變成購物狂。

貳 網路溝通的特性

鄭照順（2011b）、連廷嘉（2010）、王智弘（2009）、段鑫星（2008a），進一步分析網路溝通的特性如下：

1. **開放性與全球性**：訊息、文件、圖片，透過網站的管理、網路流通，就具有開放性。有些訊息只限制用戶使用就稱為「顧客服務網」，網路可以跨越國界，分享全球性的新聞、商業、資訊，因此網路溝通亦具有「全球性」特質。

2. **真實性與虛擬性**：網路的溝通，取代過去經由郵差傳達人們思想、感情、訊息的真實性功能，但太多的活動均透過網路，就會形成虛擬、虛無的世界。例如：網路家族、網路愛情、網路學校，它是一個想像的家庭、想像的愛情、想像的學校，在現實世界並不一定存在。

3. **平等性與隱密性**：網路的人際互動關係具有平等性，不必受到人文、禮俗的約束，直接可以與對方立即溝通、回應。亦可以表達意見，而不表示自己的身分，因此具有隱密特性。

4. **便捷與高效率性**：只要身邊有電腦與網路，就可以進行通訊、視訊，傳達文件，進行商務往來，對方也可以針對需求詢問問題，做立即回應與解答，因此網路的商務行政，亦具有高效率的特性。

5. **多樣化與多功能性**：網路可進行多樣化、個別化、個性化溝通。多樣化的溝通方式、多樣化的訊息、專業的主題資訊，就可以達到滿足當事人獨特的需求，以產生「獨特的功能」，如學術主題、政治問題、醫學主題、教育主題之論文式溝通，就是一種獨特功能的溝通，也形成多功能的資訊系統。

6. **普遍性、專業性與特色性**：人類對報紙、食、衣、住、行、育、樂的消費性需求的依賴已經是天天不可少，因此產生「新聞網」、「消費網」、「教育網」、「旅遊網」、「購物網」、「交友網」、「遊戲網」等綜合性的網路行銷網，也有學術性網站、醫療網路、青少年教育網站、心理治療網站等，提供專門人士之資訊需求。有一定的專業人士在此交換訊息，大學生有BBS校園網站，也提供一群關注大學校園問題的同學分享學習心得與探討教育或時事等各樣問題。

綜合言之，網路溝通的時代來臨，具有開放性、虛幻性、身分隱

密性、多樣性、便捷性等溝通性質。也考驗行政管理者的智慧，去研判訊息的眞假性、價值性、功能性、專業性，以做正確的回應，網路時代的校園、社會環境，已打破官僚封閉的社會，人人有平等的發言權，網路散播又是迅速且無遠弗屆，因此網路溝通也引發了網路倫理的新議題。

第三節　網路帶給大學生的正面與負面影響

壹　學者對大學生使用網路的影響調查

段鑫星（2008a）、鄭照順（2011b）認爲網路對大學生帶來學習和生活的方便，但也帶來一些負面的影響。

一、大陸地區的調查

段鑫星（2008a）調查網路帶給北京地區大學生的正面與負面影響，如表10-1：

表10-1　網路帶給北京地區大學生的正負面影響

網路之益處	網路之消極影響
1.加入個人興趣團體，產生更好的人際關係。 2.產生群體歸屬感：增強自我接納。 3.擴大知識獲取途徑。 4.豐富知識學習的內容。 5.成爲大學生重要的學習工具。 6.擴展大學生學習能力。	1.社會實質互動減少。 2.幸福感降低。 3.孤獨感、憂鬱增加。 4.主流價值受到衝擊，轉向網路流言。 5.網路行爲易失去倫理與道德。 6.大學生身心健康受到威脅。

二、台灣地區的調查

鄭照順（2011b）調查台灣地區1,250位大學生網路行為，發現網路的使用對大學生認知、心理行為、人際方面的正面影響，並包含許多負面影響，如表10-2所示：

表10-2　台灣地區網路的使用對大學生的正負面影響

正面影響	負面影響
1.認知方面：增加學習廣度，知識來源已跨越學校、社會與國界。 2.心理方面：增加人際互動廣度，立即回應、立刻回饋的心理滿足感。 3.行為方面：不必出門，立刻與網友見面；不必上街立刻可以採購；不必出門寄信，立刻可以寫信給好友。 4.人際方面：可以建立虛擬的網路社團、分享情感的需求、獲得感情的支持。 5.自我成長方面：有網路的消息版、新聞網，不出門即可知道天下事。 6.視覺娛樂方面：網路上可看影片、youtube，聽音樂、看電影等，去探索未知的世界，滿足內在的慾望與需求。	1.網路上的成癮：投入過多時間，會造成一些負面影響。影響身體健康。 2.影響人際正常交往：不想與人面對面交談、溝通，形成孤立孤僻性格。 3.把虛擬的網路社會視為真實：誤以為人死可以再生，錯誤的價值觀與判斷力。 4.片段知識的流通，造成淺薄見識：網路資訊常是片段，不能深入、內省，也易產生淺薄的認知或以訛傳訛。 5.網路的快速心理滿足，也容易造成社會適應的困難：社會是現實、競爭的實體，並不容易立即獲得滿足。 6.網路的性傳播、盜取別人資訊：使人容易用網路去滿足生理需求、攻擊需求；從網路入侵別人電腦，或傳播不實言論，造成網路犯罪。

貳 談網路的健康教育方法

關於大學生經常過度使用網路，心理輔導人員有必要做「網路健康」的輔導措施。王智弘（2009）、鄭照順（2011b）提出網路使用的健康教育措施如下：

1. **正確的網路認知**：應該重視時間管理、休閒管理。
2. **網路道德認知規範**：網路造謠、攻擊行為的約束與處罰。
3. **健康的生活規劃與實踐**：應該重視「作息時間表與實踐」。
4. **網路環境的控制與改善**：電腦放置於公開場所。
5. **網路正向建設的心理諮詢**：提供網路成癮的諮詢單位。
6. **網路成癮的心理輔導**：心理焦慮的排除方法，以登山、戶外活動做取代。
7. **網路心理教育**：引導重視實質的人際交往、社會服務。

參 「網路成癮」個案的心理輔導策略

大學校園應該於心理衛生課程及早實施「網路使用」的保健教育，提供預防性的心理輔導方法。

段鑫星（2008a）、鄭照順（2011b）提出預防「網路成癮」的諮詢與輔導策略如下：

1. **認知性網路輔導策略**：了解網路的「正面」與「負面」價值。
2. **採用現實治療方法**：重視現在的「時間價值」、「現實的重要」，以避免拖延及浪費時間，培養自覺力、責任感、抉擇力。
3. **提供人際互動環境**：學校需要有正當休閒、娛樂的場所，如體育館、籃球場、表演場所、聊天室等，並成立各種社團，以增加人際互動，鼓勵各種人際交流活動。
4. **網路法律責任輔導**：輔導網路規範、法律責任及品格教育等。

5. **家庭網路環境輔導**：家庭電腦放置位置應於公開場所，受到適當
管理及限定使用規則。

6. **以健康的休閒活動，替代網路的吸引**：安排適當的休閒活動，取
代網路活動，並做網路預約與使用記錄。

由上述網路使用的健康教育及網路心理輔導措施，可減輕網路使
用的負面影響。

第四節　大學生的網路心理行為特徵

大學生生活的重心，包含專業的知識學習、通識博雅教育的接
觸、人生目標理想的追尋與自我實現、愛情生活的嘗試，及社團活
動、校際活動、學術活動的參與等。到了二十一世紀進入「網路時
代」，專業知識的來源多數可以由網路獲得資訊，包含博雅教育、人
生夢想、男女交往、休閒活動、資訊交流、購物等，均可以在網路的
操作中，解決大多數的問題。

壹 大學生著迷於網路的原因

根據鄭照順（2008b）的調查，台灣南部650位大學生，平均每天
上網約4.5小時，也就把主要的休閒時間均花在網路上，網路為何這麼
令人著迷呢？主要原因包括：

1. **網路可以與「認知及學習」結合**：多數人需要上網去完成作業。

2. **網路可以與「情慾需求」結合**：網路可以滿足心理需求，追求心
理渴望的情色影片、照片等的滿足。

3. **網路可以與「生活休閒需求」結合**：網路可以提供購物、電玩遊
戲、影音欣賞等需求。

4. **網路可以與「人際交流」結合**：網路可以幫助滿足交友需求。

5. 網路可以與「商業行銷」結合：網路可以幫助開設行銷網站，進行商業交易。

6. 網路可以與「工作與服務」相結合：網路有助於專業工作的推展及服務資訊的提供。

貳 大學生對網路需求的特徵

鄭照順（2011b）進一步分析台灣地區大學生的網路心理與行為需求與特徵如下：

一、好奇心理與拓展視野需要

1. 為何想上網，網路上有許多新奇的知識，可以啟發新的智慧。

2. 為何想上網查詢，這裡是「資訊百貨公司」，可以查到自己所需要的資訊。

3. 這些資訊有助於個人的專業成長，或擴展學習的視野。

二、透過網路達到吸收新知、行銷及資訊垃圾的管理

新聞記者、行銷界、教育界、企業界，都想利用大眾傳播來吸收新知與行銷。大學生一上網馬上會收到不同的新資訊傳播，大學生可以把網路行銷的「新知」與「垃圾」做有效的處理，以幫助提升自己的學習品質。反之，如果「資訊超載」，把自己的時間、精神全部消耗殆盡，也會影響主要的學習目標，因此要做好資訊垃圾的管理。

三、善用學術網站、遠距教學，有助於專業成長

1. 有些學生能夠善用專門的學術網站、遠距教學，幫助專業成長及探索新知。

2. 學術網站、遠距教學方面的學術網站逐漸發展中，因此EMBA的

課程，可以透過非同步的網路教學、互動與分享，有助於專業的
成長。

四、網路傳送資訊與滿足人際交流的需求

1. 每一個人希望透過媒體、資訊與人交流、分享，使自己在人群
   中，不再孤立與孤獨。
2. Skype、msn視訊交流有立即的聲音、現場視訊對話，可以滿足
   人際交往的需求。
3. 網路的通訊e-mail、Skype工具等，有保留性、文件傳送、資訊
   交換等功能，可以成為人際交流的最好工具，也可以滿足多元的
   心理需求。

五、網路可以滿足生活、休閒上的需求

1. 網路遊戲、網路購物、網路行銷，都運用心理學的增強原理，遊
   戲軟體中的闖關，讓年輕人日以繼夜的堅守在電腦前與魔獸決
   鬥，使自我成為大勇士，在網路的「大勇士」，可能是現實世界
   的「病貓」。
2. 網路購物以超低廉的機票、服裝、電器行銷，且可以分期付款，
   來滿足大學生立即享受，享受完再付款的心理增強行為模式。

六、完成課業及對外聯繫窗口的需求

學校透過網路發通知，學生要透過網路選課、交作業、申請獎學
金等，因此要在「網路時代」裡生存，天天需要定時去收信，以及對
各項學校通知，均要用網路做回應，因此網路收信回應成了學生每天
不可缺少的活動。

七、網路具開放性，安全與道德性受重視

1. 網路的色情視覺享受，可以躲避警政的監督，減少心理的壓力負擔；網路的BBS留言可以隱藏身分，發洩心理的不滿。

2. 2008年日本一位國小學生於網路散播同學的壞話，被同學發現後把他殺死，網路的道德、倫理應該受到規範。

3. 網路可以自由自在的發表自己的作品，建構自己理想的行銷及知識系統。

綜合言之，大學生的網路心理、行為需求與特徵包括：(1)好奇心理與拓展視野需要；(2)資訊行銷與處理垃圾資訊的需要；(3)善用學術網站、遠距教學，幫助專業成長；(4)網路交流與滿足人際交往的需求；(5)滿足生活、休閒上的需求；(6)完成課業與對外聯繫窗口的需求；(7)網路的隱密與網路道德受重視。

第五節　網路成癮的診斷

網路成癮個案的主要特徵，為每天持續接觸網路遊戲達六小時以上，並維持半年以上者（Young, 1996）。周倩（1999）認為網路成癮，是一種重複使用網路所造成心理慢性或週期性的著迷狀態，並產生一股難以抗拒再度使用的慾望，同時在網路使用時間方面有耐受、難克制、難戒斷等現象，對於上網所帶來的快感，產生心理及生理依賴。

壹 網路成癮是心理上的依賴

柯志鴻（2005）、Young（1998）指出，所謂「網路成癮」是指因

爲過度使用網路，而對網路產生一種心理上的依賴，並且持續增加上網時間，無法克制使用網路的衝動，及伴隨著耐受性、難克制、難戒斷等現象，產生一種類似菸癮、酒癮、藥癮、毒癮、賭癮等現象的上癮行爲。

1. **耐受性**：指的是隨著網路經驗的增加，當事者必須透過更多的網路內容，或更長的上網時間才能得到原先所得到的上網樂趣之滿足。

2. **難克制**：是一種難以自拔的上網渴望與衝動，在想到或看到電腦時，會產生想要上網的慾求或衝動；上網之後難以脫離電腦或網路時，精神較爲振奮；渴求能有更多時間留在網路上。

3. **難戒斷**：是指如果突然被迫離開電腦，容易出現受挫的情緒反應，如情緒低落、生氣、空虛感、心神不寧、坐立不安等反應。

貳 網路成癮的標準

Young（1998）提出八項判別「網路成癮」的標準，要合乎五項或五項以上答「是」，即可判定網路成癮：

1. 我會全神貫注於網際網路上的活動，並且在下線後仍繼續想著上網時的情形。

2. 我覺得要花更多時間在線上，才能得到滿足。

3. 我多次想控制或停止使用網路不成。

4. 當我企圖減少或停止使用網路，會覺得沮喪、心情低落或是脾氣易躁。

5. 我花費在網路上的時間，比原先預計的時間還要長。

6. 我會爲了上網，而甘冒重要的人際關係、工作、教育或工作機會的損失。

7. 我曾向家人、朋友或他人說謊，以隱瞞我涉入網路的程度。

8. 我上網是為了逃避問題，或試著釋放一些情緒，例如：無助、罪惡感、焦慮或沮喪。

參 網路成癮的診斷準則

柯志鴻（2005）提出網路成癮疾患診斷準則，在以下九項中符合六項以上者即為成癮。

1. 整天想著有關網路的活動，隨時想上網。
2. 多次無法控制「上網的衝動」。
3. 耐受性需要更長的上網時間才能滿足。
4. 戒斷症狀包含：(1)幾天沒有上網，會出現「情緒低落、焦慮」、「焦躁不安、無聊」；(2)「想辦法上網」來解除心理上述的痛苦。
5. 使用網路的時間，「超過自己原先的期待」。
6. 持續的想要將網路活動停止或減少，有「多次失敗」的經驗。
7. 耗費大量的時間在網路的活動上或離開網路上。
8. 竭盡所能來獲得上網的機會。
9. 知道網路已對自己造成生理或心理的問題，仍持續上網。

肆 網路成癮的初期診斷法

鄭照順（2011b）歸納Young（2008）、柯志鴻（2005）及王智弘（2009）等學者的看法，提出如何診斷大學生網路成癮的初期特徵，可以採取「網路認知晤談法」及「網路成癮自我診斷法」去進行網路成癮程度的診斷，及心理諮詢之參考（參見本章附錄）。

一、網路認知晤談法

經由網路時代的「新行為模式」深入晤談，去了解大學生對網路的認知與行為現況：

1. 以電腦為師，學習內容比上課豐富：具「正、負面效果」有哪些？個人的實踐情形。

2. 網路休閒活動，常取代真實的戶外活動。「負面效果」有哪些？個人的實踐情形。

3. 網路新行為常超越倫理與道德規範。「負面效果」有哪些？個人的實踐情形。

4. 善於使用網路者、正向的教育、商業功能也可以被負面使用。「正、負面效果」有哪些？個人的實踐情形。

5. 網路所產生的生活步調，使得我們更加緊張、焦慮。「負面行為」有哪些？個人的實踐情形。

6. 網路成癮症候群逐漸蔓延，「個人是否受到波及」，個人的實踐情形。

7. 是否以電腦為保母？能不能「斷奶」，定時關閉電腦？

二、網路成癮的自我診斷方法

1. **時間上**：整天想上網，上網時間在5～6小時以上。

2. **主控能力**：無法控制上網的「衝動」，不上網心情就緊張不安。

3. **滿足的時間**：使用網路時間「不斷增加」，才會滿足。

4. **戒除難度**：想戒除上網但多次失敗。

5. **渴望程度**：盡量找機會上網、渴望不能滿足挫折感。

6. **生活障礙**：網路造成學習、生活、健康、人際損害。

7. **超預期的慾望**：網路使用「時間」超過自己的預期，慾望超過預期。

第六節 網路成癮的輔導與管理策略

　　網路成癮應從小學開始預防，愈早沉迷於網路，就會愈難以根治。治療網路成癮的方法也因人而異，2009年5月於四川成都，一位國中生網路成癮送去「強制治療」的非醫療機構，給予網路青少年強制隔絕、體罰，而使原本網路沉迷的少年體力不支而死亡，父母傷心欲絕。在學校的教育制度中，可以設計從班級討論、家庭中討論「網路的好處與壞處」著手，使青少年善用網路好處，迴避網路的壞處。在家庭教育方面，父母應關心青少年的休閒生活、戶外體育休閒活動，不可偏廢，鼓勵青少年多參加戶外活動，並重視家庭使用網路的環境，為增進青少年身心健康及減少網路沉迷的傷害，可以採取下列輔導措施：

壹 認知性的輔導策略

　　了解網路的負面效果，例如上網看過多的A片，足以傷害身心健康；過久的使用網路，容易傷害身心。誤用網路會妨礙健康、妨礙學習、妨礙思考能力等。學校在「網路成癮」的認知輔導方法上，可採取以下做法：

1. **製作網路成癮宣導海報**：提醒正確的認知。
2. **網路成癮預防方法討論會**：全班共同討論、檢討，以提醒自己。
3. **辦理全校性網路輔導講座**：如何利用好網站吸收知識？如何迴避色情網路、賭博網站、購物網站的誘惑？
4. **訂定網路使用時間限制**：一天收信的時間、上網查資料、網路聊天室不能超過一小時。對於不好的信件、不好的網路朋友，均採不予回應為原則。

▲ 網路成癮已成為心理輔導新的焦點

貳　行為改變技術

培養良好嗜好，去取代不好的嗜好。例如：

1. 交好友，增進知識、經驗、資源，取代電腦依賴。

2. 常運動、爬山、旅行，就可以減少接觸電腦。

3. 常讀書，例如參加研討會，可以分享不同的新知識、新經驗，取代電腦依賴。

4. 人的腦力、體力、耐心、內省力、人際能力，都是要經由不斷的「人際互動」，不斷的「鍛鍊」才能成長，沉浸在電腦前過久，體力、腦力、人際能力、溝通能力都會衰退。

5. 好的生活環境，可以陶冶好的行為，家庭中宜多設計休閒活動，去取代沉浸在電腦的活動。

參 現實治療法

不去悔恨過去的流失，也不去討論未來的好與壞。把過去的光陰當「自己支出」，現在的時間當「現金」，未來的承諾當「信用卡」，此刻的時間有四小時的休閒時間，相當於400元現金，可以買入健康、買入智慧，也可以消費在網路上。現實治療重視「善用光陰」、「培養自覺力」、「責任感」、「價值抉擇」及「自我控制能力」。每一件工作對自己均有不同的意義、價值，因此現實生活中須選擇有意義、有價值的事件先去完成。

肆 重視人際的實質交流策略

Rogers的「人際關係治療」重視真誠、一致的同理心、無條件的支持，可以使人際產生信任、信賴感。網路社群可以把有共同興趣者加入一個共同社群，增加彼此的認同感，畢竟網路是一個「虛擬社群」，過分依賴網路反而使自己的孤獨感、失落感、認同感增加，而幸福感減少，應輔導走向「實質的人際互動」。

心理輔導者首先要給當事人積極的關懷支持、同理心，協助問題解決，以取得當事人的信任感。由人際的「心理支持」、「資訊支持」、「陪伴支持」、「物質支持」與互動分享中，去建立「實體的人際互動」，由網路的虛擬世界走向實體的行動支持世界，才能幫助當事人重建社會的適應能力。

伍 網路成癮的諮商策略

王智弘（2009）對網路成癮提出「單元諮商歷程」，亦即對網路成癮的當事人，在進行諮商時必須採取下列歷程：

1. **建立諮商關係**：使用眞誠、關懷、同理心建立諮商關係，對非自願求助者要能「化解抗拒」，透過自然分享討論網路經驗及當前處境，有助於進入當事人的「情緒經驗」，並建立治療關係。

2. **肯定當事人求助的行爲**：求助、面對問題是進步的契機，輔導者幫助當事人建立「自我價值」、「正向信念」去面對過去的困境，每一點進步均給予支持與肯定。

3. **鼓勵養成不要過度依賴網路的習慣**：由於心理、生理上的貪求，導致上網行爲過失，減少上網的「心理動機」，就可化解行爲與情緒的困擾，例如：(1)人沒上網，朋友跑不掉；(2)不上網更不會傷害自己；(3)一切是自己壞的習慣、壞的動機、自己製造壓力等所形成的行爲後果。

陸　家庭網路環境輔導與管理策略

　　每一位父母應用心規劃網路的使用環境，把電腦的使用規劃在一個可以觀察的地方，以便就近觀察上網情形。父母應訂定網路使用規則，上網超過半小時應該勸止，鼓勵去運動或去念書、聽音樂，或安排其他活動，以減輕因上網而傷害眼睛、體力、精神等。

　　家庭網路輔導的策略：

1. **訂定使用時機**：作業完成，可以上網半小時。上網以收信爲主，每週有七小時可以上網，自行調整使用時段。

2. **訂定網路獎懲規則**：對於網路能夠自我約束使用時間者，給予獎勵金，反之扣除獎勵金。

3. **從事健康的休閒活動**：父母引導子女從事騎腳踏車、戶外郊遊、運動、登山等活動，以阻斷網路的依賴。

4. **公用的電腦室**：設在一個全家可共同使用、可以觀察的場所。

柒 針對個案的「上網特性」提出適當的輔導策略

網路的偏差行為是長時間沉溺網站，尋找色情、購物、遊戲、聊天、搜尋等五大類型的網站，使自己很難走出迷障。其重要的心理作用要「充分了解其心理動機」，才能有效輔導其走出困境，例如：

1. **沉迷網路色情影片**：採用轉移興趣法，鼓勵參加運動、登山、旅行。
2. **沉迷網路遊戲**：父母可以引導去打球、騎單車、爬山，改變休閒嗜好。
3. **沉迷於msn、Skype**：約定使用時間每天半小時，超時給予提醒，以免時間大量流失。
4. **沉迷於網購**：每月有固定的零用錢購物，不提供信用卡的申請。
5. **網路的好奇心**：好奇心理常形成一種驅力，鼓勵「適時善用」、「限時使用」，才不會使生活作息紊亂。
6. **網路有「逃避現實」的心理作用**：網路遊戲的積分，可以使人成王；使他了解「得獎」是一個虛擬的陷阱，勿被引誘。
7. **網路的發洩**：網路上的留言，不當的攻擊仍負有法律責任。

捌 網路道德與法律責任的輔導

青少年思慮不成熟，常想用洩憤的方法去污辱對方，例如：「入侵別人電腦」偷取資料，「於網站張貼別人的裸照」、「宣傳別人隱私或造謠」如此均會觸犯法律。有大學生惡意傳播教授的謠言，而遭到法律的制裁。

網路的使用，資訊來源應能分辨是非，勿造成人身攻擊，或造成別人身心的傷害。因此網路的道德倫理、法律責任，也是網路輔導的重要一環。

玖 自律、積極自我，網路中成才的輔導

　　網路可以成癮，也可以「網路成才」、「網路成名」，在網路的探索中，不要失去自己「專業能力」的培養、「專業興趣」的深化，以比爾・蓋茲為例，他想創造一優質的「網路文書」整合系統，研發網路文書系統，而改變了我們的辦公環境與生活，比爾・蓋茲在網路成才，並把網路智慧成果與全世界分享。楊致遠是yahoo.com網站的創始人，他創造一個「網路資訊行銷」公司，提供人類生活旅遊、新聞行銷的交換平台，也因「網路而成名」。大學生宜先設定「人生目標」，再去創造網路的優勢，並善於管理自己的時間、體力，不虛耗於網路之中，而是從網路之中獲取身心健康的訊息，並努力實踐，促使自己的身心更加健康，以獲得健康的網路生活。

拾 建立網路三級預防機制

　　柯慧貞（2006）、鄭照順（2011b）提出網路三級預防機制：

1. **初級預防層次**：(1)建立網路使用的健康環境；(2)對學生、老師、家長提供網路成癮、網路心理健康與網路安全之輔導知能研習課程與文宣。

2. **次級預防層次**：對學生網路成癮心理健康問題，進行轉介輔導，輔導專業人員針對已發生網路成癮問題之學生加以協助，以期早期處理，避免問題之持續惡化。

3. **三級預防層次**：三級預防的重點在避免網路成癮問題於校園中擴散與蔓延，為避免問題之擴散及蔓延，應以系統的觀點，針對個別學生所發生之網路成癮的心理健康問題進行追蹤之外，並對於學校組織系統及家庭居住環境等，加以檢討與調整。

綜合言之，網路成癮的輔導策略，包含學校教育單位、家庭的父母、個人自律能力的培養等。其基本的網路成癮輔導策略包含：(1)認知上網優缺點討論；(2)現實時間管理使用法；(3)實體人際交流技巧法；(4)家庭網路環境管理法；(5)青少年心理需求引導法；(6)整合式生命意義的成長諮商法；(7)網路使用倫理；(8)自律與積極自我管理策略；(9)三級預防策略。

【討論題】

1. 分享個人「網路生活」的樂趣與迷失經驗帶給個人的啟示。
2. 「網路成癮」的特徵有哪些？將帶給自己「身心的傷害」有哪些？
3. 如果自己有「網路成癮」徵候，哪些是可以自救的方法？

本章作者為鄭照順、鄒浮安，係由鄭照順主筆，鄒浮安同意出版，曾載於2011年通識課程與教學實務研討會論文集，頁107-123。

【附錄】

網路成癮評量表

問　　題	幾乎不曾	偶爾	常常	幾乎常常	總是如此
1. 你會發現上網時間超過原先預計的時間嗎？	☐	☐	☐	☐	☐
2. 你會放下該完成或執行的事，而將時間用來上網嗎？	☐	☐	☐	☐	☐
3. 你對上網的興奮感或期待遠勝於其他人際互動嗎？	☐	☐	☐	☐	☐
4. 你會在網路上結交新朋友嗎？	☐	☐	☐	☐	☐
5. 你會因為上網，而被他人抱怨或指責嗎？	☐	☐	☐	☐	☐
6. 你會因為上網，而上學或上班遲到早退或缺勤嗎？	☐	☐	☐	☐	☐
7. 你會不自主的檢查電子郵件信箱嗎？	☐	☐	☐	☐	☐
8. 你會因為上網而使工作表現失常，或成績退步嗎？	☐	☐	☐	☐	☐
9. 當有人問你上網做些什麼時，會有所防衛或隱瞞嗎？	☐	☐	☐	☐	☐
10. 你會上網尋求情感支持或社交慰藉嗎？	☐	☐	☐	☐	☐
11. 你會迫不及待的提前上網，或一有機會就上網嗎？	☐	☐	☐	☐	☐
12. 你會覺得少了網路，人生是黑白的嗎？	☐	☐	☐	☐	☐
13. 若有人在你上網時打擾你，你會憤怒嗎？	☐	☐	☐	☐	☐
14. 你會因為上網，而犧牲晚上的睡眠嗎？	☐	☐	☐	☐	☐
15. 你會在離線時，仍然對網路活動的內容念念不忘嗎？	☐	☐	☐	☐	☐
16. 當你上網時，會一再延長自己上網的時間嗎？	☐	☐	☐	☐	☐
17. 你曾嘗試縮減上網時間或不上網卻失敗的經驗嗎？	☐	☐	☐	☐	☐
18. 你會試著隱瞞自己的上網時數嗎？	☐	☐	☐	☐	☐
19. 你會選擇把時間花在網路上而不想出門嗎？	☐	☐	☐	☐	☐
20. 你會因為沒上網而心情鬱悶、易怒或心神不寧嗎？	☐	☐	☐	☐	☐

資料來源：王智弘（2009），p. 110

請回答最常上網的原因是（可複選或自行填寫，如找資料、網路遊戲、聊天室交友、收發電子郵件）：

計分：

請將每題的分數相加（幾乎不曾1分、偶爾2分、常常3分、幾乎常常4分、總是如此5分），所得的總分就是你的「網路偏好指數」。

結果分析：

1. 正常級（20～49分）：你是屬於正常的上網行為，雖然有時候你會花了些時間在網路上消磨，但還有自我控制的能力。
2. 預警級（50～79分）：你正遭遇到因網路而引起的問題，雖然並非到了積重難返的地步，還是應該正視網路帶給你人生的衝擊。最好要有警覺，並改變上網習慣。
3. 危險級（80～100分）：你的網路使用情形已經成為嚴重的生活問題，你應該評估網路帶來的影響，並且找出病態性網路使用的根源。你或許已經成為成癮者，恐怕需要很強的自制力才能使你回復常態。建議你趕快找專家協助。

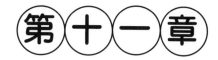

第十一章

天然災害、危機
事件與心理諮詢

危機事件的金科玉津

天有不測風雲，人有旦夕禍福。

（諺語）

愛才能溶解天災的遺憾，愛才能弭平人禍的傷痕。

（證嚴法師）

跨越悲傷情緒，重拾信心，才能展望未來。

（鄭照順）

第一節　天然災害所帶來的身心傷害

老子說：「天地不仁，以萬物為芻狗。」人類誤以為人定勝天、科學萬能，企圖征服自然、改變自然。地球的人口數，自1945年二次世界大戰以來已暴增50%，達67億人左右。人類為了求生存，違反自然生態、自然倫理的事件不斷發生。諸如大量砍伐森林、大量開挖石油、盜採河川砂石、大量破壞山林種植經濟作物及開闢山坡地興建房屋等，一經颱風豪雨的侵襲，馬上造成河川淤塞、水災及土石流，可能造成人員生命、財產、心理的重大創傷。天然重大災害來臨時，不只生命要獲得救護，更需要心理的安慰與心理諮詢的復建。

心理諮詢（counseling）係對於當事人在心理、情緒、認知、生活中之迷惑與困境，用心理學的方法、原理、認知，協助當事人走出困境，增加身心健康的復原，以及得到更好的發展的歷程。

心理諮詢不是一個靜止的存在，而是一個動態的關注過程，在這個過程中，心理諮詢師不斷改變策略，從來訪者的「獨特需求」，以「來訪者的角度」看待事物，創造性的走入來訪者的內心世界中，使其認識自己的長處、美德與弱點。心理諮詢師需要有足夠的專業知識、經驗、方法才能有效的協助來訪者，早日度過心理危機。

壹　天然災害恆常發生

人類缺乏自然倫理行為及缺乏保護自然資源的觀念，將加重環境的惡化。人類尚無法預測的天然災害是地震、海嘯的發生，在天搖地動、瞬間海水的席捲，數十秒之間房屋夷為平地，人員傷亡、財產化為烏有，造成難以補償撫平的哀痛。由於人類不斷的開鑿地下資源，加上地殼的變動，及工業污染對氣候造成影響等，近十年（2001至2011年間）地球常有地震、海嘯及溫室效應等現象發生；氣候不佳常

有颶風、颱風、豪雨、極端炎熱與酷寒發生，因此天災頻傳。人的禍福與人類的「自然倫理」行為有關，人類如果能夠愛護大自然，不大量的破壞山林，土石流自然會減少，河川可以通暢；房子不建在危險的山坡斷層，建材安全係數提高，地震摧毀房子的機率也會比較低。

回顧近十年國際間的「天然災害」有：

1. 1999年土耳其828大地震，死亡人數達3萬多人。
2. 1999年台灣921大地震，死亡人數達2,600多人。
3. 2005年美國的820卡翠納颶風，死亡人數達3千人。
4. 2007年印尼1225大海嘯，死亡人數達2萬多人。
5. 2008年5月大陸四川大地震，死亡人數5萬多人。
6. 2009年台灣88水災，死亡人數達700多人。
7. 2010年海地的114大地震，死亡人數達12萬人。
8. 2010年8月俄羅斯，由於熱氣流影響，17個州大火肆虐，導致52人死亡，超過3,500人無家可歸，全國減少糧食達25%。
9. 2011年日本311宮城縣九級地震及海嘯，死亡人數2萬7千多人。

貳 天然災害的特性

從上述「天然災害」的發生現象，均來自地殼本身的大變動，水量、風量的巨大變化，加上人為的山林、河川破壞，因此釀成重大的天然災害。歸納天然災害對人類生命、財產的破壞特性，包含下列特性。

一、突發性

二十世紀人類的科學文明是突飛猛進，但對地震仍然不能有準確的預測。突發性對人類帶來的傷害，無法預告、無法準備，只好聽天由命，當災害來臨時讓人措手不及，只能做事後的補償。

二、巨變性

地震、洪水來襲，房屋可以夷爲平地，山川可以走位，滄海可以變爲桑田，良田可以化爲烏有，人員可能會遭遇活埋、傷殘、流走、淹沒等。這麼大的巨變，讓人感受到個人力量是渺小的，個人、社會、國家因面對巨變須與外援的力量、資源團體相結合，因此人類更應謙卑、內省及重視「自然倫理」。

三、多元破壞性

當地震、洪水奪走了居民的生命，造成殘廢、死亡，如果能夠倖存，但造成的缺憾卻難以復原與補償。個人一生努力蓋的房子，瞬間化爲烏有，親人好友的生離死別均在一瞬間，會產生心理、心靈永久的傷痛，產生「心理的創傷」。地震、海嘯、土石流、洪水等的多元破壞性，包含行政支援、物質資源、生命死亡、殘廢、危急救援等的突然中斷。生命難以喚回，家庭功能、物質建設、財產損失、心靈建設、災後創傷等，都不是短時間可以復原的。

第二節　天然災害對身心的影響

天然災害的發生，會對當事人的身心造成傷害及帶來身心重大的影響。

壹　天然災害所產生的「身心創傷」現象

林萬億（2000）、林清文（2000）指出，天然災害發生，涉入其中的受害者死亡、殘障、家屬、目擊者、救災人員，因涉入的程度不同有一些不同的反應，這些反應包含「生理」、「認知」、「情緒」

及「行為」上的反應與症狀（見表 11-1）。

表11-1　地震災害對當事人身心的傷害

身心反應類型	身心傷害現象
心理與情緒	驚嚇、痛哭、沮喪、悲傷、失落、無助感、焦慮、壓抑、落寞感、易怒、害怕、煩惱、哀怨、自憐或數種情緒起伏。
認知	對未來無望、悲觀、對亡者有自責罪惡感、覺得沒人能幫忙我、思考能力變遲鈍、關閉與人溝通、對任何事情失去興趣。
生理	麻木、手足無措、失眠、作惡夢、頭昏、整天想睡、心跳加快、發抖、易出汗、胃口不好、常想上廁所、口乾、偏頭痛。
行為	失控、人際冷漠、足不出戶、孤獨、什麼都不想做、注意力不集中、易起衝突、不想上班工作、想罵人、對聲光敏感、缺乏耐心、不能回想災難人物、出現依賴行為。

貳　自然災害對「身心創傷」現象的實證調查

Erikson（1994）對美國維吉尼亞州Greek地區的洪水災民，面對洪水災難產生的心理「個體創傷」（individual trauma），其定義為一種超乎想像的心理、精神打擊，帶著殘忍、野蠻的力量突然打破一個人的防衛，因此人們無法有效的面對它。

Bolton（1986）提出災難的「集體傷害」，指出原來的社會資源與人際支持，由於災難來臨，幾乎破壞了災民日常生活中的所有工作活動與連結。人民可能遠離家園及所有支持系統，而造成工作中斷或失業；對小孩來說，可能因失去朋友及學校關係，心理的疲憊、失恃而產生易怒、易焦慮及家庭衝突等心理狀態。

　　林清文（2000）實證調查，921災震地區600位中小學師生的「身心、認知及行為反應」的現象，以及國外的相關調查，分析如表11-2至表11-5。

表11-2　天然災害對個體「生理」傷害現象

身體部位	生理反應的現象
大 腦 區	瞳孔放大、腦波變化、偏頭痛、頭昏、眼花。
心 血 管	血管收縮、增加葡萄糖進入血液、血壓上升、白血球進入血液、分泌更多紅血球。
肌 膚	肩、背、頸繃緊；肌肉拉緊；易出汗；喉嚨緊縮；臉部、手心冒汗；手、腳濕冷；皮膚變熱。
臟 腑	心跳加快、頻尿、呼吸加快、胃腸打結、胃口不好、胸部悶。
生理倦怠	易疲倦、發抖、新陳代謝加速、失去食慾、整天嗜睡、失眠。

表11-3　天然災害對個體「心理」傷害現象

心理反應項目	心理反應的現象
情 緒	容易發怒、心理緊張、情緒不穩定、嘮叨。
理性思考	容易發怒、無法思考、無力感、呆坐。
精神心理	苦悶、沒有希望、憂鬱、精神分裂。

表11-4　天然災害對個體「認知心理」傷害現象

認知反應項目	認知心理反應的現象
記憶力	認知記憶力減退、記憶力衰退、失去回想能力。
認知力	失去學習力、失去分析歸納能力、呆滯無法思考、失去創造力。
無助感	覺得上蒼不公平、覺得自己很不幸、對未來悲觀、覺得失望無助、對親人有罪惡感、對人生無望想死、覺得無人可依靠、前程茫然無助。

表11-5　天然災害對個體「行為反應」傷害現象

行為反應項目	行為反應的現象
注 意 力	上課注意力不集中、不能回想地震的事。
敏 感 度	對聲光高度敏感、對批評敏感。
攻 擊	易與人衝突，想罵人、打人。
自 閉	不想上學上班、出現依賴的行為、不想談地震的事、不想與人往來、不想接受別人的幫助，對事、對人缺乏耐心。

綜合言之，天然災害的發生，必然會對個體的生理、心理、認知及行為帶來重大的影響，短則數週、數個月才能平息，長期則三至五年甚至更久才能恢復正常。

第三節　天然災害的救援組織及心理救援方式

人們面對天然災難來臨時，優先要成立「救援組織」及規劃「心理救援方式」。

壹　天然災難所需的「救難組織」架構

個人面對天然災難來臨，如果僅以個人的能力去復原，比較難以達成，心理復原與重建是一個長期的過程，需要一個較高層次的行政救援管理、物質資源管理及心理健康系統加以統合，才能有效的進行救災、建設與心理健康復原的工作，應建立救援組織，如表11-6。

表11-6　天然災害的「救援組織」架構

系統組織	執行工作
緊急救援組織與重建組織	1.政府系統：調查災情、增加行政資源、急難救助，軍隊、工程、醫療之支援。 2.外援系統：整合各地救援組織進入災區救援。 3.長久性的重建組織：後續領導各項復健。
物質管理與發送組織	1.行政系統：發放救難食物、生活起居物品。 2.統合捐贈物質資源管理及徵信：調動物質、醫療資源，各鄰、里組成一個「後勤支援庫」。
醫療、心理衛生組織	1.醫療組織：由醫生與護理人員組成。 2.心理衛生組織：心理輔導人員，認養各地傷患，進行心理輔導與心理復健。 3.整合編組：包含醫師、心理師、社工師、護理師為一個工作小組，成立災區服務中心，主動出訪各村落。

　　天然災害的發生，如果僅依賴個人、原來的社會或行政系統均難以因應。如果能成立「天然災難危急救難組織」，有效的投入人力資源、物力資源、醫療資源、心理衛生資源等，則可以拯救危險與急難的生命，協助災民得到棲身之地，幫助復原災民的心理健康。

貳 生命、物質及心理救援方式

　　天然災害的「心理衛生」工作，包含對死者、殘廢者、受傷者、參與救援人員等，提供身心健康的救援、心理諮詢、心理預防工作，這一序列的心理建設工作，仍依據壓力與因應理論、心理諮詢理論、社會支持系統理論、行政救援系統組織等，來建構「災害的心理衛生」、「災害的心理諮詢」理論與實務。

　　自然災害壓力的心理救援方式，吳英璋（2000）、蕭仁釗（2000）、林清文（2000）、鄭照順（2010i）、謝臥龍（2011）等，

提出「災難壓力的因應模式」；當巨大的天然災害來臨，屋毀、人亡、殘廢或殘存等影像浮現之刻，當事人第一時間所需要的是生命、生存的救助，接著是心理情緒的撫慰鼓勵，再接著是社會資源的整合，以繼續能獨立生活維持生計，這一切的演變過程，都超越一般的壓力因應方法，如「問題解決法」、「情緒解決法」、「間接解決法」、「直接解決法」、「情緒調節法」、「社會支持法」等。

因此台灣近年歷經921大地震及88水災的重大天然災害，已建構出有系統的「生命、物質及心理」救援方式，如下述：

一、生命拯救方式

災難發生的第一刻就是要投入醫療、熱食、乾糧的救助：

1. 工程人員的搶救開挖，挖出活埋、受困人員為第一要務。
2. 重大災難立刻要空投食物、機械設備。
3. 要有緊急動員命令、緊急行政決策、慈善團體的合作才容易達成目標。

台灣1999年在921地震的因應模式，中央有緊急命令軍隊及民間、國際的投入救援，是一個成功的災難因應模式。2008年中國大陸512地震時採用「生命拯救模式」，去面對天然災害的搶救，由於醫療設備不足，許多學生被截肢，產生許多後遺症，也應特別警惕。2009年88水災，由於入夜山崩，房舍、人員遭活埋，死亡600多人，需先投入醫療、食物救援。

二、心理情緒救援方式

災難發生的第一時間，在搶救生命，注重醫療、居所、溫飽之重大關鍵事務，二至三天後緊接著要面對親人死亡、自己的受傷、殘障、家庭結構的毀損，開始悲從心中湧起。因此需要：

1. 心理輔導人員介入「陪伴」、「接納其情緒」。

2. 輔導人員要多傾聽災民的身心反應，引導表達心中的創痛，包容不斷的哭泣、留意他的行為。

3. 提供關心，被拒絕不要介意，但要過一會兒來探視。

4. 有不適情況要立刻就醫，如有心理症狀宜轉介給心理專業人員協助。

5. 此刻的心理失落感會發生，因為災民無能為力而常自責，災區的心理協助是進行評估與監控。

6. 主動協助災民打理一些瑣事，也可以使災民有「療傷止痛」的時間。

7. 災區心理復健是一個長期的協助、自助過程。

8. 心理的輔導瑣事，包含生命意義、心理建設、生計發展、疑問解答、子女教育、急難救助金申請等相關問題的諮詢。

三、行政救援支援方式：「物質資源」支援方式

當天然災害超過個人、地方政府、民間組織所能承擔時，應由中央政府整合全國、國際資源加入救援工作，包含下列事項：

1. 臨時屋的協助：由公益團體及政府投入興建。

2. 低利貸款、慰助金的發放：政府立刻協助經濟關懷。

3. 個人及家人的補助生活費，以工代賑。

4. 各項問題解決諮詢、心理諮商計畫。

5. 清除廢棄物：讓災民參與重建工作並獲得經濟來源。

6. 修復公共財產：道路、橋樑、建物。

7. 緊急保護、搜尋、救援、清除危險。

8. 修復水資源、電力。

9. 緊急運送大量傷患及照護：運送到安全的地方居住及照護。

10. 搜尋及救援。

11. 緊急運輸各項救援物資。

12. 緊急物資的管理與分配。

13. 全村無居所者：提供軍營、學校操場為臨時居所，並給予生活及心理輔導。88水災時刻，國軍營區成了收容所，大學投入心理認養，帶給災民安定感。

四、衛生與心理重建的方式

生理的傷害需要醫療人員直接的醫療救助，心理的創傷首需教師、心理輔導人員、社工人員、精神科醫師及護理人員協助做心理建設，才能逐步協助走過心理的困惑與哀傷；心理重建時間比較漫長，約需二至三年。

1. **教師角色**：立刻協助陪伴兒童分享情緒、寫出心聲、表達感受，形成班級的「創傷輔導」，協助學生培養正向、積極、樂觀的人生觀，早日走出困境，設計有效的「心理復健課程」，於朝會、班會中集體實施。

2. **心理輔導人員**：對高危險群人員，給予心理輔導、陪伴的教育與心理重建。依照災民的需求，設駐點的協助與關懷，並做「心理復健」的心理建設。

3. **社會工作師**：實地調查災民的生活困難及了解社會資源，協助家庭復原、整合服務系統。

4. **精神科醫師**：心理病患的精神狀態評估、轉介及治療。

5. **護理人員**：對生活、心理疾患做醫病上的助理人員，以協助病患早日康復。

6. **心理重建、文化重建**：均需要長期的投入心理、文化建設才能復原。

第四節　天然災害的心理諮詢 與心理救援實務

天然災民所面對的重大問題，包含生命搶救、生計延續、心理重建等，需要有效的計畫與行動才能解決問題。

壹 天然災害的心理諮詢步驟

災民所面對的重大問題包含生命搶救、生計延續、心理重建等三項重要議題。吳英璋（2009）、蕭仁釗（2000）、鄭照順（2010i）、謝臥龍（2011），提出「心理救援」的實施步驟，包含下列（如圖11-1）。

1. **建立信賴關係**：心理輔導員進入災區與倖存者要建立主動關心、服務、協助的積極關係。

2. **提供立即的心理與資訊服務**：(1)提供災民「生活的安全感」：要增加心理、身體的安全感，幫忙找到一個可以「休養的場所」；(2)協助處理「不穩定的情緒」：鼓勵當事人，災難已經過去，心理保持鎮定、冷靜，不久就會康復；(3)提供災民「所需要的幫助與資訊」：災民在慌亂之刻不知如何與外界聯絡、取得新知，盡量給予協助；(4)協助災民處理災後「心理衝擊的現象」與「心理調適方法」。

3. **身心健康環境的促進，協助死傷之處理**：心理環境包含：(1)增加「掌控感」：環境的安全與安適；(2)減少「不確定感」：提供可靠的現況訊息；(3)滿足「急切心理需求」：滿足個別的心理需求；(4)減低「孤單無助感」：促進友誼、朋友、袍澤的情誼；(5)協助處理喪葬事宜；(6)對創傷反應的協助。

4. **協助建立「支持網路」**：盡快協助倖存者與其社會支持網絡建立

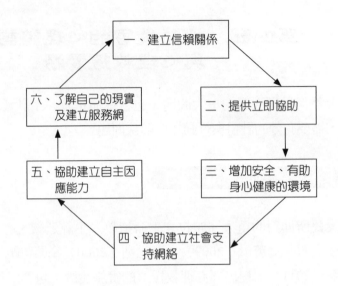

圖11-1　心理諮詢與心理救助流程圖

資料來源：吳英璋（2009）

　　連結，包括家庭成員、朋友、同學、鄰居、社區資源，政府相關的心理、社會、醫療機構相連結，與災難救助的資源團體及早建立連結，個體有了「社會支持網絡」才能得到心理、物質、資訊、陪伴等資源，以幫助早日恢復生理健康和心理的復原。

5. **協助災民自立，投入重建**：初期階段，協助倖存者恢復，表現有效的因應生活、起居的能力；第二階段，鼓勵倖存者投入建立家園、協助鄰居重建、社區重建的自助、自主因應能力，政府單位以工代賑方式，協助倖存者發揮個人的潛能與因應能力，能照顧好自己，並能協助其他災民恢復信心、生產力。

6. **了解心理諮詢人員的限制，成立長久服務組織**：心理諮詢人員本身也因為時間、精力、體力、專業上的限制，將可以提供的「時間、專業能力」事先公布，如果超越自己的「體力、專業、時間」範圍，也需要求助同仁團體成員的交互支援。因此，心理諮

詢援助單位需要成立「團隊組織」及「服務網絡」，建構一個持續性的服務團隊，這個團隊如果是一個學校團體、心理衛生組織來長期支援，才會發揮出具體效果。

貳 災區倖存者的生理、心理、社會的諮詢需求

台灣88水災倖存的災民，心理的驚恐、失落、無助，謝臥龍及鄭照順等於2009年深入重災區，提出「心靈救援方式」，災區心理輔導員首要任務是接觸災區的倖存者及其家庭，與他們建立情感上的聯繫，增進對倖存者情感上的支持，使他們壓抑的情緒得到紓解、放鬆，進而幫助他們了解災後身心可能產生的變化，認識災難的傷害性，減弱災難對他們身心負面的影響，並協助逐步恢復健康。初期心理的撫慰、安慰先人，啓發後人繼續奮鬥，採取災民喜歡的「心靈輔導」方式爲宜。有宗教輔導、傳統文化祈福、心理情緒的探索與輔導。

災民基本的需要是生理、心理及社會安全的諮詢，王文忠（2008）提出「心理、生理、社會諮詢」內涵架構圖，如圖11-2。

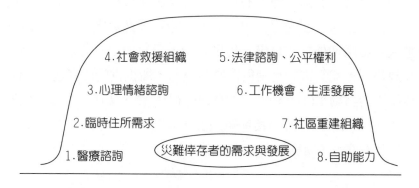

圖11-2　災難倖存者的生理、心理、社會諮詢內涵

　　救災人員首先要了解災民所需要的「生理、心理、社會諮詢」項目，包含：

1. **健康醫療的諮詢**：健康、醫療的協助與諮詢。

2. **心理的諮詢**：心理焦慮、失落、創傷程度、自我創傷、傷害的了解、危險訊號的了解、心理需求與協助、心理危機與輔導、心理危機與支持。在學校的心理輔導方面可以進行「班級減壓」、「哀傷輔導」、「音樂治療」、「情緒自我檢視」。

3. **社會性、法律性、生涯性諮詢**：一場災難來臨，個人的經濟、工作、房屋均受損，需要社會救助，因此需要整合社會工作者、法律顧問、生涯發展師等的協助，以幫助個人在社會能夠有機會重新站起來。

4. **成立長期性「社區救援組織」**：以長期提供災民諮詢，包含生態、經濟、文化性的救援協助。

　　當一個社區的生存系統被破壞之後，需要有一個扶持系統來協助再站起來，未來遭遇災難的救助模式，王文忠（2008）提出「社區援助組織」如圖11-3。

　　綜合言之，災區生理、心理、社會諮詢系統與組織，在平時就應建立一個「災難應變的聯合組織」。一遭遇天然災害，在數小時內就能進入災區處理傷亡、驚嚇，提供食物、避難所之緊急需要。因此政府應建構「天然災害的諮詢與復原組織」，所提供的服務包含：(1)醫療與衛生的諮詢；(2)心理創傷的諮詢：(3)社會、法律及生涯發展的諮詢；(4)成立長期性「社區援助組織」，以對弱勢團體、失業、流離失所、高危險群等，繼續提供各項復原工作。

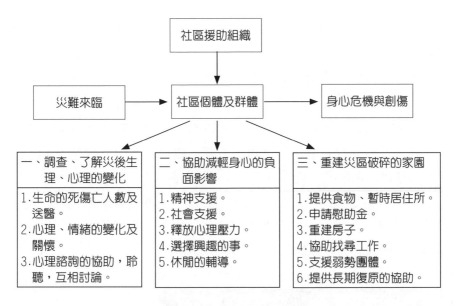

圖11-3　社區援助組織

資料來源：王文忠（2008）

第五節　台灣天然災害心理重建的模式

　　台灣地處地震帶、颱風地帶，可以說天然災害不斷，近五十年來最大的天然災害有1959年的「87水災」、1999年的「921大地震」、2009年的「88水災」等，分析近五十年來台灣天然災害心理重建的模式如下。

壹 87水災忽略正式心理重建，藉精神信仰療傷止痛

　　1959年的87水災，連下三天雨，又遭山洪暴發，中南部13縣市農田淹沒1,360平方公里，房屋倒塌4萬5千多間，死亡及失蹤1,667人，電訊、交通全部中斷，損失約37億台幣，占全國總收入的12%。

當時的物質重建方式，總統發布「緊急動員命令」，投入軍隊救援，興建鐵路、公路、橋樑，發行「建設公債」，由政府借款救助災民及公共建設，當時人民驚慌失措，自力救濟投靠親友，形成三股「自我救濟的移民潮」：(1)有數百人往台東、花蓮移民農墾，今日太麻里、六十石山、赤科山之居民，多數來自雲嘉一帶的移民；(2)數千人移往台北縣（今新北市）三重、新莊、蘆洲、泰山一帶謀生；(3)數千人移往高雄市前鎮、鳳山五甲、小港地區謀生。

87水災對農民的心理傷害至鉅，心理、生理、經濟的重創，是靠著「精神與宗教信仰」來自我療傷止痛。因此「民間的廟宇」香火持續鼎盛，成為心靈依靠的駐所。

貳 921大地震重視「心理專業復健模式」

1999年9月21日於台灣中部發生7.6級地震，死亡2,665人，房屋全倒塌5萬1千多間，5萬3千多間房屋半倒，學校210校被震垮，波及台北「東星大樓」倒塌死亡87人，新莊「博士的家」倒塌死亡45人等，損失2,700億，占全國總收入的3.3%。政府與民間面對921大地震採取下列因應與心理復健方式：

一、生命、行政、物質的救援與重建方式

由總統發布「緊急動員令」指揮軍隊、行政系統、民間力量、國際資源等，全力投入拯救傷患、重建交通、重建家園，政府編列特別預算1,350億賑災與建設。筆者於2002年深入災區學校調查，被震垮的學校有210所，其中108所由民間及企業團體認養重建；慈濟文化基金會認養60所學校的重建，在兩年的時間完成80%的重建工程，令人敬佩，投入約100億的經費；民間團體對救災的貢獻，功不可沒。此外21個國家的38支救援隊伍也投入災區進行生命的搶救。

二、心理專業的重建模式

由台大、彰師大、台師大、台中教育大學、高雄師大、中原大學等數所大學組成「心理復健團隊」有師生數百人，投入地震災區的心理重建長達五年。吳英璋（2009）對921地震災民的心理專業復健方式，採用「心理專業復健模式」的心理重建方式，進行「主動關懷」、「建立信賴關係」、「提供立即的心理諮詢」、「建立支持網路」及「提升身心健康的環境」等行動；並鼓勵災民投入重建，「建立長久的心理衛生服務單位」等。專業的心理重建方式，對災民身心健康的恢復有重大的貢獻，多數人在災後三至五年間均能正常地工作與恢復健康的心理狀態。但921事件至今已十多年，有兩百多人仍未走出「災民避難屋」。

參 88水災建立「心理、文化、族群、性別」整合的復健模式

2009年88水災一天降雨2,000毫米，造成中南部山區海拔1,000公尺地區及沿海地區嚴重受創。高雄縣小林村遭活埋，死亡人數688人，橋樑沖斷20座，財物損失約97億。88水災採用下列方式因應與復健方式：

一、生命、行政、物質、安置的救援與重建

88水災之發生，無立即預警時間救援，致使小林村的滅頂無法立即救援，行政院於8月26日頒布「88水災重建條例」提供各項救援的法令依據。發放救助金10億元，建立軍人投入救災列為首要任務的救災方式，將生命、安置、家庭重建列為首要，給予災民「以工代賑」協助建設家園。由政府出資，於災後兩週年時，建設完成永久居三千戶供災民免費使用。

二、強調「心理、文化、族群、性別」的心理復健模式

謝臥龍（2011）投入88水災的心理重建兩年來，認為對以往921地震，大學教授所採用的「心理專業復健方式」去轉導原住民心理重建並不合宜。鄭照順與謝臥龍（2011）於小林村的災後檢討，謝臥龍提出「心理復健」的綜合看法：

1. **應重視心理，兼顧文化、族群、性別的復健新模式**：專家的思考模式並不適合原住民的心理需求，因此復健方式宜考慮「災民的心靈需求」、「族群特質」、「性別創傷」，找出他們所希望的心理復健方式，比較合宜。例如：災民希望用安置祖靈儀式來安定心情；婦女驚慌無依靠，應優先協助心理支持；喝酒在原鄉是一種高貴的行為，不能統稱酗酒，尊重他們的文化與習俗，其情緒比較能夠接受與穩定。

2. **災後所衍生的心理、生理、攻擊、自殺、憂鬱事件要列入追蹤與預防**：921地震後，暨南大學調查南投地區一年內增加負面事件家暴9件、性侵6件、虐待小孩6件、自殺5件、憂鬱症10件；在88水災地區，居民的躁動、強制遷村的抗爭事件、家暴事件不斷的發生，需列入追蹤與輔導。

3. **心理「哀傷的程度」，應做鑑別與區分**：心理哀傷的程度，可以區分為極高程度哀傷、中程度傷害、低程度傷害，需要做出不同方式的輔導與協助。

4. **心理創傷的「復原時間」需做評估**：謝臥龍（2011）指出「心理復原」時間因人而異，有些人數個月、有些人三年，有些人十年後還在作惡夢，心理機構至少進行三至五年的追蹤輔導比較合宜。

5. **重視身、心、靈整合的心理復健方式**：生理創傷的復健者需要給予心理的支持，更需要尊重其文化傳統的協助，使其身心靈早

日安頓。希望政府未來能夠有一個單位進行橫向的整合，例如有「衛生福利部」對教育、警政、心理、醫療、民間單位的「專業人力資源」做明確的分工與合作，才不會重複浪費資源。

6. **救災人員需做能力評估及「替代性創傷」心理復健**：88水災發現許多單位有熱忱投入救援，但「能力與資源」並未自我評估，又形成災區的一大負擔。許多的軍隊士兵、醫療人員、心理人員、社工投入第一線，搶救傷患、搬運遺體等，也常造成「替代性創傷」的心理症候群，對心理衛生人員，也需要給予心理復健。

第六節　大學生的危機事件

鄭照順（2008c）於大學的輔導中心，所接觸求助的個案類型依序為：學習與前程規劃、情緒問題、人際關係、人生觀與價值觀、焦慮症、生活壓力、男女感情問題、憂鬱症狀、精神分裂、人格障礙等心理症狀與問題。由於世界性的經濟不景氣，引發憂鬱症的成人與大學生不斷增加，2008年世界衛生組織公布，全球有憂鬱情緒的人數已達16%。鄭照順（2010i）觀察大學生常見的危機事件，包含來自男女感情困擾、人際關係衝突、課業壓力、經濟壓力、精神疾病及多種壓力交集等，所產生的自傷事件不斷增加。

成人世界的危機事件也不少，2008年衛生署的公布，近八年來台灣自殺人數每年均超過三千人，成人自殺的個案，有60%來自失業壓力的經濟因素所引起，其次是家庭失和壓力所引起，以及憂鬱症、精神疾病、久病厭世等原因。（2008.1.10，中時新聞網）

壹 心理危機的意義及要素

一、心理危機的意義

Myer（2000）指出「心理危機」的意義，是指一個人面對困難情境，他先前的處理危機方式及原有的支持系統，不足以應對眼前的困境，他所面對的困境超越個人的能力時，這個人就會產生暫時性的心理困擾，這種暫時性的心理失衡狀態，稱為心理危機。

韋伯辭典對「心理危機」的定義，是指一種緊張、關鍵的時間所發生的事件，也會牽動心理的緊張狀態。

Myer（2000）指出「心理危機」的涵義包含：(1)個人對生活目標受阻礙產生的一種心理狀態；(2)生活目標受阻、個人常選擇的方法無法克服這種障礙；(3)個人面對困境，無法有意識的主宰自己的生活；(4)個人的因應方法、環境遭受破壞，而產生害怕、震驚、悲傷的感覺，而不是破壞的本身；(5)個人面對困境無法及時解決，而導致情緒、認知、行為的失控現象。

林季宏（2009）、鄭照順（2010i），指出心理危機包含兩個層面，第一個層面是「突然的事件打擊」，諸如地震、水災、空難、重大疾病、恐怖攻擊、戰爭等，造成人員的死亡、傷殘。第二個層面是重大事件所產生的心理緊張狀態，如：心理失望、恐懼、失落，而導致情緒崩潰、認知失憶、行為失控等現象。這些生理、心理的傷害，在當時的狀況下並不能有效的因應與平息。

二、心理危機要素

近年來大學生心理危機事件，常見的事件包含生涯發展與就業問題、人際衝突、男女感情衝突、課業壓力等。例如：2007年維吉尼亞州一位美籍亞裔年輕人遭受班級同學冷落批評，憤而殺害師生35人。2007年北京地鐵有四名高校的學生自殺，主要是學習壓力大、人際關

係失落、感情苦惱、生涯工作競爭壓力過大。台灣地區大學生自殺事件於2008年有台大公衛系大四生，因擔心考不上研究所及就業困難而自殺。2009年有一位技職學院學生因為女友移情別戀，而報復殺死女友等。

大學生心理危機的因素，主要包含四種因素：(1)學校與社會惡性競爭的環境壓力因素；(2)個人主體的心理脆弱因素、個人的情緒不穩定、心理因素失去平衡；(3)個人過度期望因素，或過度的消極；(4)重大事件的打擊刺激因素，或不斷的失敗之累積因素。

（一）社會、學校惡性的競爭因素

外在驅動力，如：(1)社會的工作機會永遠是少於畢業的大學生人數，在工作、生涯競爭一直處於失利狀態，就容易產生挫敗、失落感等心理狀態；(2)學校的獎學金名額及出人頭地的機會總是少之又少；(3)在大學的班級裡常有課業競爭壓力，所修的課程超過自己能力範圍，及升學的管道受阻等都容易造成心理危機。個人遭遇危機事件，來自家庭支持力量又太薄弱，如：父母離異；父母關係不合；家庭冷漠；對孩子缺乏關心、虐待等。

（二）個人主體的心理脆弱因素

產生內在驅力，如：(1)個人在面對學習生活、人際問題時，常採用負面的看法；(2)別人不理會我，別人打擊我，因此常產生自我心理打擊、孤立、不肯求助，不會自省，而造成心理崩潰、自殘生命，或攻擊別人；(3)如加上孤僻個性、虛榮心、內向個性，容易引發情緒與行為的衝動。

鄭照順（2010i）、宋專茂（2009）等認為個人主體因素還包含：(1)認知的偏差，如過度追求完美、非理性認知、別人沒稱讚我，不肯定我就會有敵意；(2)情緒障礙、常有憂鬱情緒發生，凡事都往悲觀方面想；(3)壓力挫折容忍力低，不能容忍一時的挫折，常會表現沮喪或攻擊行為；(4)性格偏差、敏感多疑、孤僻內向、多愁善感等；(5)生活

中缺乏目標，無法面對社會競爭的許多挑戰，當新知識、資訊來臨，無法有效的面對。

（三）個人過度期望或過度的消極

個人能力、經驗不足、資源不足，但是理想過高，往往會造成過高的壓力，而自尋死巷；或者對人生過度的悲觀，面對挫折均責怪別人的不公平，過度的自責等。

（四）重大事件的刺激源

這是大學生心理危機的導火線，大學生須面對社會、學校、家庭等平時壓力源的挑戰，自己尋找內在的認知、能力、經驗、情緒控制、價值觀、挫折容忍力、壓力化解能力，當壓力達到極限時，又遭遇到重大的突發事件，突然被通知退學、失戀、嚴重人際衝突、受人羞辱、重大疾病等重大事件的打擊，會引發嚴重性心理危機，可能導致憂鬱症、精神分裂症、自殘或自殺等心理危機。

貳　大學生自殺行為：自殺發展階段與自殺類型

陳志霞（2006）對1,010位的大學生進行自殺意念與自殺態度調查，發現有過輕生念頭的占10.7%。《中國青年報》調查的大學生，有生活情緒壓力占50%，有焦慮症狀占20%。鄭照順（2010i）調查台灣地區五所大學，現代大學生有壓力情緒者占40%，有焦慮情緒者占30%，有憂鬱情緒者占16%，有學習恐懼占10%，有自殺意念者占4%。大陸的大學生在高度競爭下，課業排名壓力、獨生子的自尊壓力、就業壓力、人際衝突化解、愛情競爭壓力等均高於台灣地區的大學生。台灣當代大學生對情緒壓力的處理，仍然缺乏認知與紓解技巧，因此容易形成憂鬱與自殺的意念。

一、自殺發展階段

大學生在遭遇到挫折、打擊、高壓情緒無處發洩時，有山窮水盡之窘境及無後援力量時，爲了逃避現實，將自殺作爲「自我解脫」的手段。段鑫星（2008a）、朱俊梅（2009）、宋專茂（2009），對大學生自殺心理的形成過程指出常見的發展階段。

（一）「自殺動機」形成階段

有些大學生因學業、感情、人際、經濟、自我認同、高期望等連續的挫敗，而引發消極悲觀的情緒，因此引發自認爲沒有能力、無助感、生活沒有意義與絕望一起湧出的情緒、認知、行爲的困頓，交錯打擊自己的身心，因此想用自殺對付這一些失敗、挫折、苦悶、絕望的處境，以追求心靈的解脫。自殺的心理現象有「追求解脫」、「自責愧疚」、「報復心理」，及「恐嚇對方心理」等心理的特殊現象，這些都是各種「自殺動機」的來源。

（二）「自殺徬徨」階段

自殺的動機形成之後，當事人會有一段時間感到猶疑、徬徨。這樣做會不會對不起家人、朋友，會不會連累他人？會考慮自殺的方式、自殺的時間、自殺的地點、自殺的感覺等，在自殺的過程會找一些「合理的理由」，蒐集自殺方法的書，去穩固自己的思考與行爲的理由。準備自殺者常談論自殺，暗示要自殺。

（三）「自殺決定」階段

自殺者在做不自殺與自殺的問題解決，深入思考後，有了「決定自殺」的心理準備，心理的矛盾、心理的衝突逐漸恢復平靜，私自認爲「自殺」是解決人際、感情、財務、名譽等最好的方法，會很冷靜的「自我表露」、「請求大家原諒」，比平時開朗許多，並會積極準備「寫遺書」、「交代後事」、打電話或寫信告訴所有好朋友，也會爲心中的仇恨表達善意，會決定如何死會比較周全且無後顧之憂。

（四）「自殺實施」階段

自殺者會從矛盾、衝突中走出來，死亡決定的能量充滿內心，決死意志堅定，情緒逐漸恢復，表現異常平靜。對往日的仇恨者可能有反常表現，為了擺脫旁人對其自殺行為的阻礙與干預，往往給一些輔導人員、身旁周遭的人感覺危機已經消失的假象。準備好相關的自殺器材、藥品、繩子，等時機一到，即採取自殺的行為。

二、自殺類型

自殺的準備到實施，有時並沒有經過徬徨期的徘徊，有時是臨時起意，因壓力超過自己的忍受極限，隨即決定跳樓、跳河、自殺等，稱為突然「衝動型自殺」。大學生的自殺類型可分為下列：

（一）尋求解脫

當事人面臨人生難以解決的難題，感到困惑、迷失、無助、沒有希望時，痛苦不堪，長痛不如短痛，只能選擇以自殺來解決長期的痛苦。譬如：欠債被逼迫走投無路，找不到工作心灰意冷，又受家人冷嘲熱諷，長期生病就醫並無起色者。

（二）威脅性自殺

當事人太投入愛情之中，當愛起了重大改變，當事人為了挽救愛情，常表現以自殺、割腕希望獲得對方的同情，或希望挽回兩人的感情，虛張聲勢以引起他人的關心；男女間感情不睦時，當事人常用此方式威脅對方，造成對方的愧疚感。

（三）報復性自殺

報復性自殺來自個體內在的敵對與怨恨情緒，為使對方承受道德良心的譴責或法律上的制裁，以死向對方報復，以自殺來操作他人及社會。大學生報復性的自殺，常發生在愛情的糾葛之中，得知對方移情別戀後，先把對方殺死而後自殺的事件屢見不鮮。

（四）自表清白的自殺

有人因爲被誤解、懷疑其人格和清白，因而自責與苦惱，個人內心無法表示清白，常選擇自殺以示清白，譬如：有人被誤解爲小偷或偷情，無法承受別人的懷疑，爲表清白而自殺。

（五）自責、逃避現實的自殺

有些大學生對生命的意義、價值、人生目標不堅定，漠視自己生命的價值，被學校退學、被同學打擊，又被父母責備，無法改變現實，常因自責逃避現實，而選擇自殺。

第七節　對大學生危機事件的心理干預及輔導策略

大學生有自殺傾向者，經常可以從心理、語言、行爲及危險因素發現一些端倪，或發出一些求助信號，如果能夠「及時識別」，給予諮詢機會，實施干預，就能達到預防大學生自殺的效果。

壹 對有自殺傾向的個案，心理干預的方法

鄭照順（2010i）對有自殺傾向的個案，提供心理干預的方法如表11-7。

表11-7　自殺傾向的心理諮詢與干預

自殺發展階段	個案的身心反應	心理輔導者的諮詢與干預方法
一、自殺的動機形成期	1.情緒上：極為低落困惑、失望。 2.認知上：認為別人對他不公，語言思想偏激、常想尋死。 3.行為上：自責、找到可以結束生命的方法。 4.陷入危機因子中：感情、經濟、自尊感到失望。	1.提供諮詢管道：輔導老師、好友、導師的協助傾聽。也可透過團體輔導、電話諮詢、網路諮詢。 2.幫助當事人解除困境：協助紓解、心理支持、指導紓壓方法，使情緒恢復平靜。
二、自殺的徬徨期	1.個體認知思考：猶疑不定，左右徘徊。 2.個體行為：找到可以自殺的各種工具途徑方法。 3.個體仍身陷「多種危機因子」的打擊與困惑之中。	1.心理師主動關心、留意當事人的心情變化。 2.對當事人的語言、思考、行為，做深入訪談，協助走出「心理困惑」。
三、自殺的決定期	1.自殺認知：已接近成熟，有理論基礎、充分理由，並了解後果。 2.心理準備：心理平靜，堅定的準備自殺，請家人好友原諒。 3.行為上：寫遺書，告訴親友，輕鬆的自我表露自殺會對大家比較好。	1.心理師主動聯絡家人、朋友、同學、危機處理小組：共同醫護當事人的行為。 2.心理師對當事人提出「不自殺約定書」；分析自殺的利、弊、得失，自殺並不能解決一切問題，自殺只是在逃避問題。
四、自殺的實施期	1.死亡的能量充滿內心：意志堅定，並不猶疑。 2.當事人在等待時間、地點：已備好自殺工具，實施自殺而身亡。	1.學校訓輔人員協助家屬處理相關的保險、慰助金、喪禮、安葬、畢業證書。 2.班級團體的哀傷輔導，生命教育，給予當事人悼念。

貳 幫助大學生度過心理危機的輔導策略

一、消除心理危機的原則

　　大學自殺危機的干預，是希望採取緊急因應的方法，幫助處於「心理危機狀態者」，處理迫在眉睫的危機，使其心理、生理症狀得到緩解或消失，使心理功能恢復危機前的水平，並幫助當事人獲得新技能，以預防將來心理危機的發生。鄭照順（2010i）、宋專茂（2009）提出消除「心理危機」的原則：

1. 與當事人建立良好的諮詢關係。
2. 了解當事人產生危機的病因、病基。
3. 幫助當事人去正視危機，對身心的傷害及後果。
4. 協助提供可以幫助「解除危機」、「恢復壓力因應」的相關資訊。

二、度過心理危機的諮詢策略

　　林季宏和鄭照順（2009）並進一步提出幫助大學生度過「心理危機」的輔導策略。

　　大學生常要面對人生的三種抉擇，一個是事業的抉擇，一個是愛情的發展，一個是生涯的發展，這三種均是生命中重大挑戰。其他還有外在的誘因，經濟的壓力、生活的壓力、人際的衝突，要維護身心健康、順利發展也是一件不容易的事，因此心理諮詢師對大學生的身心、生涯發展的諮詢策略如下：

1. **建立符合「個人能力的目標」**：大學不是象牙塔，更要走出校園，面對社會的現實去求職、找工作、建立人脈，一切以個人能力所及的目標為努力方向，才不會耽誤。因此大學生面對生存危機，諮詢師要鼓勵能妥協、能低頭、能苦幹實幹，不要好高騖遠，才不會自責而帶給自己痛苦。有人際衝突、生涯的不順遂

421

時，先要反省自己，不要責怪別人。

2. 幫助當事人「自我成長」：大學生須學習面對社會發展所需的工作、生活、心理調適、心情調節的知識。大學的課程或許只教導專業知識，其他品格、人格、心理、人際關係的技巧還是要不斷的充實，才能因應各種工作、知識以外的危機。

3. 挫折常發生，要懂得如何「化阻力為助力」：許多大學生談戀愛失敗，一蹶不振、自責、自殺、怪罪別人，諮詢師鼓勵當事人，每個人都有「選擇愛情的權利」，自己努力充實，必定會遇到更符合彼此理想的夥伴。把愛情、人際的挫折轉為「積極向上」的力量。邱吉爾曾說：「失敗是成功的階梯」，有此信念人生就沒有失敗。事情、事業太早有成就，就缺乏自我磨練、自我向上提升的機會，也無法培養挫折容忍力。

4. 展望未來，建構適當的生涯發展策略，下定決心：失敗已成過去，展望未來有好的身體、有好的學習典範、有充分的休養生息，仍可以「東山再起」。諮詢師與當事者諮商，了解當事人人生發展的目標有哪些？如考研究所、找工作、交女朋友等三件事，建立學習計畫，每日踏實實施，做進度與成果的記錄。個人能找到好工作，其他情境也會水到渠成，問題也迎刃而解，教他「時間」、「體能」、「人際」、「作息」的管理策略是很重要的，是否成功，要下定決心，才會有好的改變及維持生命全方位的成長。

5. 尋求心理幫助，整合社會資源，以促進身心健康：遭遇身心危機的大學生，如果沒有足夠的家人朋友支持，應立刻求助學校的「心理諮詢中心」。心理諮詢中心的專業人員，可以針對個案生理、心理、情緒、人際、感情壓力問題的需求，提供專業的協助，以提供有效心理調適方法，也可以提供相關的社會資源，以及課業困難、感情糾紛、自我傷害、自殺危機的急救等。

6. **學校宜建立高危險群的檔案**：經由導師、同學的觀察，如有發現精神、情緒異狀的大學生，應轉介到學校諮詢中心，建立追蹤檔案，進行專業的輔導或進行班級的心理測量，對有憂鬱症、精神有異狀的高危險群做追蹤輔導。

7. **加強高危險群的保護措施**：高危險群的大學生可能是有抑鬱、絕望、輕生念頭者，學校的心理諮詢中心、導師、學務處應建立「團體保護網」，需要聯絡學生的家長共同合作，來監督當事人的生活與學習狀況；過度嚴重的身心狀況，則須緊急住院治療。其中「安全的環境照顧」、「班級支持系統」、「家長的協助」、「主動求助」、「壓力記錄卡」等多元輔導網路應及早建立。

8. **對學生的干預與輔導**：鼓勵大學生探索自己的困擾，當壓力大到自己無法承受時，要「學習求助」，鼓勵「正向思考」，積極善用「自身與社會資源」。

9. **對家人的心理輔導**：鼓勵家長常用信件、電話、網路去關心孩子，充分了解他的想法，當孩子面臨挫折、失敗時，父母要成為孩子的支持力量，不要成為指責、打擊的一方，發現孩子的求助信號時，要及時關心協助。

10. **對學校的心理預防諮詢**：學校的校長、心理輔導單位有責任建立全校的心理健康環境，包含校園建設的安全措施，開設心理課程，加強生命教育的探索，了解死亡的真相與意義。

　　綜合言之，大學生心理危機、自殺危機事件的預防與心理諮詢方向包含：(1)對大學生當事人的協助：建立務實的個人人生目標，不斷自我成長，能化挫折為助力，才能展望未來，鼓勵心理求助。(2)對學校心理衛生輔導的重視：提供心理支持力量、社會支持來源，建立高危險群檔案，追蹤協助、輔導。(3)建立全校的心理健康環境：開設心

理衛生、生命教育課程，重視學校環境建設的安全性與美化環境。(4)對家長的心理輔導關懷：家長須常常抽空關心大學生在校的生活與困難問題，多給子女支持，有求助訊號時，要立即協助，成為子女求學的後援力量。

第八節　大學生危機事件的心理諮詢歷程與技術

心理諮詢的過程牽涉來諮詢者與心理諮詢師關係的建立，問題的了解、問題嚴重性的評估與診斷，以及形成建立心理諮詢的目標，心理諮詢師如何有效的提供心理技術，幫助當事人解決問題等，是心理諮詢過程必經的歷程。心理諮詢也不一定能夠順利發展，有時會產生正向的轉移性、負向的轉移性及心理抗阻等現象。成熟的諮詢技術，會把握「諮詢的發展階段」，找出「核心的條件」、「核心的價值」、「善用面談的溝通技巧」、「語言與非語言的技巧」，及相關的「心理諮詢技能」去融會應用，才能發展出有效的個案諮詢。

壹　心理諮詢的基本過程

大學的心理諮詢工作是如何展開的？可以由當事人自己申請，或經由轉介的過程來到大學心理諮詢中心，心理中心的主任依據當事者的問題類型，先找到合適的心理諮詢師協助當事者開始進入心理諮詢。美國心理諮詢學者Corey（2010）、徐光興（2010）、鄭照順（2010i）等，認為心理諮詢的基本過程，應包含六個階段與互動模式。

一、第一階段：建立關係

1. **治療者與來訪者間關係的建立**：Rogers（1965）提出治療者與來訪者之間關係的建立，是心理諮詢成敗的關鍵，二者建立信任、支持、正向關係，諮詢者的專業知識、態度、技術，才能讓來訪者接受、認同與實踐。諮詢者才能應用相關的學理、技術、方法，協助來訪者去了解困惑、找出解決的方法。Rogers（1965）提出兩者建立關係的關鍵所在，是同理心（empathy）、感同身受，才能激發彼此認知的相互交集。

2. **開放眞誠的心**（genuine）：眞誠的開放自己喜悅、苦惱、困惑，與對方分享自己的挫折是如何走過來的，「眞誠的心」可以打動人心，也可以引發情緒的抒發、共鳴與安全感。

3. **溫暖的心**（warm acceptance）：諮詢師能夠接受當事人的情緒、批評、攻擊，當事人經由口語、情緒之發洩後，會和諮商者成爲朋友，因爲當事人找到一個「傾吐對象」，當「治療成熟時」，諮商師才可能「正向引導」與「積極鼓勵」去完成未來的任務。

二、第二階段：評估與診斷

諮詢師須對當事人的家庭因素、學校因素、人際關係、學習情況、人格特質、環境因素及學習因素等做了解，以及對他目前所遭遇的困境，做出綜合性的「問題描述」及「診斷其原因」。

三、第三階段：形成諮詢的目標

諮詢師針對當事者的心理、情緒、人際、人格、生涯發展等問題，提出心理諮詢與輔導的目標，訂定明確的輔導性、教育發展目標，有助於掌握諮詢與輔導的方向。

四、第四階段：面對問題、解決問題、肯定與鼓勵

當事人的問題診斷、輔導目標都已確定，諮詢者將可以根據諮詢輔導的專業技巧，提供當事人努力的方向與方法的抉擇，嘗試自己解決自己的問題，即引導「認識問題」、「面對問題」、「解決問題」。當事人每一個小小的進步都應該給予支持與肯定，以產生自我解決問題的能力並增加自信心。每一個努力的步驟，對當事人都不是很簡單，要引導、陪伴，鼓勵他產生「好的想法」、「好的態度」、「好的行動」，經由自己能解決問題。

五、第五階段：綜合性的成效分析、終止與追蹤

諮詢師依據諮詢的目標，排定輔導工作的進度是二、四、六週完成其諮詢任務時，應對當事人做一綜合性的成效分析。哪些已經達成任務，哪些需要自己繼續努力，並詢問當事人此時做結案好不好，態度有禮貌，使雙方在愉快中結案。未來有發現「新的問題」仍可重新開始。

六、第六階段：研究與評估

每一個個案都是一個故事、一個專題，諮詢師可以針對典型、特殊的個案做進一步深入的學術研討、自省與評價。這一個個案所花費的時間、人力、資源是不是恰當？輔導結束時的情況是否改善？個人的能力、經驗、專業、知能是否足夠？這個案對自己及未來接觸個案的啟示有哪些？在進行這個個案諮詢時有哪些不足之處？

貳 心理諮詢的技術

一、諮詢過程的非語言、行為觀察技術

當來訪者進入諮商室，諮詢師與來訪者最先觀察到的，是一些非語言的動作、態度與行為。這些「非語言」表示何種「心理狀態」，諮詢人員應予了解及適當的回應，可參見表11-8。

表11-8　諮詢過程的非語言行為觀察技巧

非語言的身體部位	非語言的動作	可能的心理狀態
身體姿態	1.垂頭	可能內心沮喪
	2.身體前彎	可能身體疲勞
	3.全身緊張	可能對面談感到焦慮
	4.身體後仰	可能無可奈何
身體運動	1.抖腿	可能焦慮、緊張
	2.搖頭、點頭	可能不想發言
	3.玩弄小物件	可能想轉移注意力，減輕壓力
眼光與接觸	1.目光閃避	心理不穩定
	2.閉眼	沉思、不想面對
	3.流淚	有委屈
	4.穩定接觸	想注意了解渴望的解答
嘴部	1.緊閉	心事不想講
	2.咬唇	焦慮講出心中話
	3.微笑	心情已放鬆
面部表情	1.呆滯	驚嚇之反應
	2.皺眉	苦惱難啟口
	3.生動	情緒轉為激動、興奮
聲音	1.低語	缺乏信心
	2.顫抖	心情焦慮緊張
	3.快、高亢	內心急躁的傾吐
	4.慢、低沉	思考反應受阻

二、 諮詢師的核心語言、核心態度、核心技術

　　心理諮詢師面對來訪者，需要應用部分的專業態度反應與語言技術，才能有辦法逐一打開來訪者的「心扉」，打開來訪者的「話匣子」，才能順利的進行「對話」。這些「對話」的結論，應回饋給當事人去「確認」，才能啓發下一次繼續會談的信心。心理師的語言技術包含下列，見表11-9。

1. **接納**：來談者心理迷惘之際，當然需要有一個傾吐的對象，諮詢師的語言態度是「完全的接納」他的不滿、他的委屈、他受苦的「情緒語言」。

2. **支持**：來談者所需要的是精神上、心理上的支持者，有人傾聽，有人支持、鼓勵，自己活得才會有意義。諮詢師給當事人的支持是「正面的價值」，而不是批評、教訓、攻擊、評價。對每一個個案的「態度」、「行為」、「情緒」，均可從「正面價值」去解釋。「情緒的發洩」找到地方、找對人、找到時機、找對方法去發洩，都對身心健康有意義。

3. **回饋**：當事人有時無法一下表達自己的想法、感覺、意圖，因此在諮詢結束的時段，諮詢師要提出「重點意圖」、「重點改善方向」，向當事人回饋確認。

4. **提問法**：當事人心理產生抵抗時，我們應採取「開放式」的提問。譬如詢問最近最快樂、最困惑的事是什麼？以及哪些事情你想與我分享？當事人如果願意合作，直接可以切入核心，「最近人際困擾」的事件是什麼？你的做法如何？心情表現如何？想要有哪些作為？

5. **指導的方法**：當心情緊繃時，哪些方法是有效的？例如：大叫、旅行、登山、打球、散步、聽音樂、與好友去玩、接觸大自然等；哪一項對改善心情、改善學習的效果最好？改善人際關係，

可以提供有效的方法，供當事人選擇。列出下一次的作業：如何改善人際關係？如何改善生活上的不良習慣？定時起床，不再熬夜，做一些記錄，發現自己的缺點在哪裡，引導內在情緒，走向理性認知；由認知再走向好的行為、好的習慣。

表11-9　心理諮詢面談中的語言、回應技巧

語言技巧	諮詢的語言、回應	諮詢作用
1.展開式提問	1.諮詢師：能不能多分享近況，如一些快樂的事，再來談一些過去、最近不愉快的事。 2.當事人：交異性朋友，去玩很快樂，但最近感情觸礁了。	1.用以蒐集當事人近年來快樂的回憶。 2.了解他近年來人際觸礁的情況，是自己用情太深或別人無情。
2.關閉式提問	1.諮詢師：提出要分手的想法，你是否有動念過？ 2.要分手是你「先提」，或「對方先提」？	對男女分手這一件事情，找出「是」、「不是」自己的意念，以明確找出責任歸屬。
3.鼓勵	諮詢師對當事人的講話，表示你「很優秀」、「很健康」，樂意分享你的秘密，每一關鍵談話，均給予鼓勵。	鼓勵當事人的「特別想法」、「特別感受」，做深入探討，支持談話的進行。
4.反饋	整理當事人的談話概況意圖，回饋給當事人重聽，「是否有需要補充？」以對「當事者」的尊重。	表達諮詢師所理解的重點，「回饋給當事者」，檢驗彼此的陳述是否有落差。
5.情感回應	對當事人的情緒給予注意及回應。	澄清、驗證當事者的情緒狀態。
6.綜合摘要	對於當事人所做的描述、事實、困境、意圖及諮商師的相關參考意見，提供當事人明確理解。	綜合摘要，使這次的交談有成就感、有進展感，以利下一目標的交談或結束會談。

三、心理諮詢過程的「核心條件」與「核心技術」

當諮詢師與來訪者建立了「諮詢關係」，做了「初步的評估與診斷」、「形成諮詢目標」，進一步進入「技術注入」與「問題解決」之階段，需要逐步發展一些「核心諮詢條件」，以及配合一些「核心諮詢技術」，才對來訪者有具體的幫助，否則僅在消耗彼此的時間、精力與人力而已。其中「核心的條件」包含：同理心、積極關注、眞誠、尊重、即時性、面質、具體化、自我啓發、自我心得、自我領悟等核心條件。把握這些核心，才能深刻的催化諮詢的心理作用，也才能產生「正向的諮詢關係」（見表11-10）。

由「正向的諮詢關係」做基礎，才能有效的應用更高一級的心理諮詢技術，包含建立「信賴關係」、「心理世界的理解」、「適當的分析與解釋」、「諮詢技術的選擇」、「當事人自我了解，改變認知與態度」、「來訪者主體性改變」、「培養來訪者自我解決能力」、「來訪者表現語言、感情、行爲的穩定與一致性」等。

綜合言之，大學生危機事件將發生之刻，心理諮詢時應敏感當事人的危機因子，在危機發展階段適時的干預，協助解決困境。心理諮詢師要能夠充分掌握下列臨床技術，才能有效的進行臨床上的個案諮詢，包含：(1)心理諮詢歷程的理解與規劃；(2)諮詢過程非語言與行爲的觀察技術與了解；(3)諮詢師的語言、態度技術；(4)心理諮詢的核心條件與核心技術；(5)諮詢師要了解與當事人關係的建構，認識移情與阻抗現象等。

表11-10　心理諮詢過程的「核心條件」與「核心技術」

核心條件與核心技術	內容	目的
1.同理心	主動傳達對當事人有感同身受、關心、理解之情。	培養友善氣氛，鼓勵當事人「傾吐委屈與苦衷」。
2.積極關注、接納	讓當事人感受每一個人均有共同價值與地位。	把當事人當作一個有「重要價值的人」來接納。
3.真誠一致	真誠一致的接受當事人的思想、感情與行為。	對當事人的心理接待，是「熱誠及真誠、前後一致」。
4.即時性	短期諮詢看重即時發生的心理狀態，給予慰藉、支持鼓勵。	即時性的情緒焦慮、要讓他「先得到支持、安慰，身心舒展」。
5.面質	對當事人所說與所做的矛盾，給予詢問為何要這麼做？	幫助當事人了解自己的「想法、態度與行為間的矛盾」。
6.建立信賴關係	諮詢人員向當事人說明諮詢意義、目的、次數、保密等責任。	當諮詢關係建立之後，「應有流程責任、保密責任」的告知。
7.心理世界的理解	充分了解當事人的生活、工作、感情、人際、測驗結果，對其心理世界充分了解。	對當事人的「生活、人際、認知、心理世界有了解」，才能「提供更好的干預策略」。
8.分析與解釋	對當事人的態度、行為做適當的分析。	為幫助當事人自我「了解自己的優點、缺點，以及可以改善及增加優點的地方」。

表11-10（續）

核心條件與核心技術	內容	目的
9. 諮詢技術的選擇	諮詢師考慮當事人的特點：如年齡、智力、理解力、性格等。問題內容：如情緒、壓力、行為、緊急、緩慢性等，提出諮詢方針、問題解決方法、現實處理、人格變化、學習方法、壓力處理等技術選擇。	對不同的人、不同問題內容、問題的輕重緩急，提供不同的諮詢方針，及採用短期或長期諮詢。
10. 自體性的改善	諮詢師幫助當事人了解問題的製造來源，提供有效的治療方針、努力方向，仍然要當事人「自我改善認知、態度、行為」，問題才能解決。	問題來源有環境性、人際性、認知性、情緒性等，分析出問題的關鍵性，要鼓勵當事人做出努力，問題才能改善。抉擇權、改善權均在當事人的身上，縱然環境不利，亦可以容忍或改變環境。

【討論題】

1. 遭遇天然重大災害（如地震、水災），個人「可能遭遇的困境」有哪些？對災區的困境哪些是有效的救援策略？請從個人、社會團體、政府組織的方向思考。

2. 個人遭遇天然重大災害，所面臨的「身心傷害」可能有哪些？個人如何面對重創，重建身心的健康？

3. 大學校園常發現憂鬱情緒、感情失落或想自殺的個案，如何有效的輔導，以幫助個案度過心理困境？

參考文獻

一、中文部分

上官風（2008）。**大學生心理健康教育**。北京：理工大學。

于美人（2009）。**于美人黃金說話課**。台北：平裝本。

大島清（2009）。**步行，健腦又健身！：讓大腦越來越年輕**。台北：新自然主義。

孔維民（2008）。**心理諮詢與治療新論**。北京：人民。

王文忠（2008）。**災後社區心理援助手冊**。北京：科學。

王以仁、林淑玲、駱芳美（2006）。**心理衛生與適應**（第二版）。台北：心理。

王淑俐（2009）。**人際關係與溝通技巧**。台北：揚智。

王智弘（2009）。**網路諮商、網路成癮與網路心理健康**。台北：學富文化。

王琳雅（2006）。技術學院學生壓力源研究。**新竹教育大學學報，26**（1）。新竹：新竹教育大學。

王登峰（2002）。**大學生心理素質教程**。北京：北京出版社。

王極盛（2008）。**素質決定成績**。北京：電子工業。

世界衛生組織（1989）。**心理衛生的定義**。http://zhidao.baidu.com/question/ 99217033

世界衛生組織（2008）。**心理衛生的宣言**。http://apps.who.int/gb/ebwha/pdf

吉　紅（2006）。**大學生心理健康與調適**。北京：中央編譯。

朱俊梅（2009）。**大學生心理健康教育**。北京：清華大學。

朱家賢（2009）。**我的第一本人際相處學**。台北：一言堂。

朱麗雅（2009）。**大學生生活事件因應方式**。北京：教育網。

江文雄（2008）。**生涯發展與規劃**。台北：全華圖書。

何裕民（2010）。**中醫心理學臨床研究**。北京：人民衛生。

余　琳（2008）。**大學生心理健康**。武漢：武漢大學。

余開亮、李滿意（2006）。**國學大師的養生智慧**。北京：東方。

吳武典（2004a）。台灣教育改革的經驗與分析。載於香港中文大學舉辦之「**香港第一屆香港校長教育研討會**」論文集，香港。

吳武典（2004b，8月13日）。我們需要健康的教改止亂象。**中央日報**，9版。

吳武典（2009）。大學生的人格特徵與發展。載於**2009導師研習手冊**。高雄：高
　　苑科技大學。

吳武典、洪有義、張德聰（2010）。**團體輔導**（第二版）。台北：心理。

吳武典、鄭照順（2005）。多元智能的教學設計與實施成果**全國高中多元智能
　　研討會**。台北：教育部。

吳若權（2000）。**打造自己的幸福.com：e世代生活的黃金定律**。台北：時報。

吳英璋（2000）。921地震心理急救的策略。載於**921大地震研討會專輯**。台北：
　　台灣大學。

吳英璋（2009）。88水災心理急救的策略。載於**88水災研討會專輯**。高雄：高雄
　　醫學大學。

吳澄波（2006）。**親子新溝通藝術**。台北：揚智。

吳清基（2010，5月10日）。大學生存淘汰賽將開始，在未來十年中將淘汰三分之
　　一的大學。**聯合報**，5版。

吳幸如、黃創華（2006）。**音樂治療十四講**。台北：心理。

呂素貞（2008）。藝術治療及在情緒創傷輔導的實務。**高苑心田電子報，2**。高
　　雄：高苑科技大學。

呂國禎（2008）。**勤樸——王永慶一根扁擔挑出兩兆帝國**。台北：商周。

宋專茂（2008）。**大學生的愛情心理**。北京：社會科學。

宋專茂（2009）。**大學生心理健康與導向**。廣東：暨南大學。

李中瑩（2006）。**重塑心靈——NLP一門使人成功快樂的學問**。廣州：世界圖
　　書。

李中瑩（2009）。Cheers快樂工作人。**天下雜誌，107**（4），10-12。

李開復（2008）。**做21世紀的人才**。台北：聯經。

李開復（2007）。**與李開復對話：成長與學習，李開復的230個解答**。台北：聯
　　經。

李斌山（2008）。**大學生心理健康**。北京：科學。

汪秀縈（2003）。**危機管理**。台北：品讀文化。

肖水源（2005）。**大學生心理健康**。北京：人民衛生。

周文欽、孫敏華、張德聰（2010）。**壓力與生活**。台北：心理。

周　倩（1999）。網路超文本環境中新聞敘事結構與寫作歷程之初探。**1999傳播論文選集**。台北：中華傳播學會。

周祝瑛（2003）。**誰捉弄了台灣教改？**。台北：心理。

金樹人（1997）。**生涯諮商與輔導**。台北：東華書局。

林季宏（2009）。大學生戀愛與分手的因應策略。載於**2009心理研討會專輯**。高雄：高苑科技大學。

林季宏（2010）。精神障礙臨床個案分析與相關藥物治療。載於**2010心理研討會專輯**。高雄：高苑科技大學。

林季宏、鄭照順（2009）。精神障礙臨床個案分析與治療。載於**大學生心理與精神障礙研討會專輯**。高雄：高苑科技大學。

林崇德（2005）。**21世紀心理學系列教材・健康心理學**。武漢：武漢大學。

林梅鳳（2008）。音樂治療的理論與應用技巧。**高苑心田電子報，1**。高雄：高苑科技大學。

林清山（1970）。教師的期望、師生的互動、班級學習氣氛對學習成效的影響。載於**教育心理研討會專輯**。台北：台灣師範大學。

林清文（2000）。**921地震災民心理反應調查**。台北：國立台灣大學。

林清江（1970）。**教育社會學**。台北：正中書局。

林淑惠（2009）。**壓力也要週休**。台北：旗林。

林詠琛（2006）。**戀如水**。香港：青馬文化。

林萬億（2000）。**921地震的社會工作調查**。台北：國立台灣大學。

邱連治（2008）。溝通百分百。**高苑心田電子報，2**。高雄：高苑科技大學。

洪　蘭（2009）。**洪蘭開講——如何提升學習效果？**。台北：天下文化。

柯永河（2008）。**心理治療與衛生**。台北：張老師文化。

柯志鴻（2005）。**網路成癮疾患診斷準則**。發表於大華技術學院舉辦之「網路成癮問題暨輔導策略研討會」，新竹。

柯慧貞（2005）。大學學生之社團活動參與程度及其與社會支持、壓力因應型態、憂鬱、自殺之關係。**中華心理衛生學刊，17**，21-25。

柯慧貞（2006）。大學校院學生網路使用時間與學業及身心適應之關係。載於**大學心理研討會輯刊**。台南：成功大學健康照護科學研究所。

柯慧貞（2009）。台灣臨床心理學的未來展望。**應用心理研究，41**，15-20。

段鑫星（2008）。**大學生心理健康教育**。北京：科學。

胡志強（2009）。**幽默一定強‧胡志強的閃亮幽默學**。台北：天下文化。

施純全、黃碧松（主編）（2005）。**台灣中醫精神醫學臨床治療彙編**。台北：台
　　北市中醫師公會。

范瓊方（2008）。**藝術治療——家庭動力繪畫概論**。台北：五南。

宮川龍雄（2008）。**健康之道**。京都：三省堂。

徐光興（2010）。**心理諮詢的理論與技術**。上海：上海教育。

馬英九（口述）（2008）。**沉默的魄力：馬英九的台北記事**。台北：天下文化。

唐璽惠、王財印、何金針、徐仲欣（2005）。**情緒管理與壓力調適**。台北：心
　　理。

張大均（2008）。**大學生心理健康教育**。北京：北京師範大學。

張其成（2010）。**黃帝內經——養生全解**。台北：商周。

張春興（1981）。師範大學生與普通大學專業服務精神調查研究。載於**教育心理
　　研討會專刊**。台北：台灣師範大學。

張春興（2009）。**現代心理學**（第二版）。台北：東華書局。

張錦貴（2003）。**換個腦袋，出路無限**。台北：方智。

戚煒穎（2007）。**人格魅影：祛魅人格心理學**。北京：北京大學。

莊婕筠（2004）。**音樂治療**。台北：心理。

許　燕（2008）。**大學生的戀愛心理**。北京：社會科學。

許金聲（2008a）。**人格三要素——改變命運**。北京：航空航天大學。

許金聲（2008b）。**自我實現人格的特徵**。北京：航空航天大學。

許金聲（2008c）。**活出最佳狀態**。北京：航空航天大學。

許金聲（2008d）。**通心**。北京：航空航天大學。

許玉君（2008，3月5日）。痛苦指數10年來第3高。**聯合報**，A6版。

連廷嘉（2010）。**網路心理與行為**。高雄：麗文。

陳俊欽（2002）。**精神分裂症**。台北：健康文化。

陳紅英（2008）。**大學生心理健康教程**。武漢：武漢大學。

陳皎眉（2004）。**人際關係與人際溝通**。台北：雙葉。

陳皎眉、鍾思嘉（1996）。**人際關係**。台北：幼獅文化。

陳瑞昌（2010a）。**大自然能量有助於情緒的放鬆**。高雄：養和健康學會。

陳瑞昌（2010b）。**神志病與針灸治療**。高雄：養和健康學會。

陳照雄（2007）。北歐國家的品格教育。**高苑心田電子報，1**。高雄：高苑科技大
　　學。

陳志霞（2006）。**個案社會工作**。武漢：華中科技大學。

陸雅青（2005）。**藝術治療——從美術進入孩子的心靈世界**（第三版）。台北：
　　心理。

盛秋鵬（2009）。**類分裂人格障礙個案研究**。台北：水牛。

郭兆林（譯）（2005）。A. Einsten著。**相對論的意義**（The meaning of relativity）。
　　台北：台灣商務。

彭　勃（主編）（2010）。**中醫內科學**。北京：人民衛生。

彭懷真（2007）。**21世紀社會學**。台北：風雲論壇。

馮觀富（2005）。**情緒心理學**。台北：心理。

黃希庭（2002）。**心理學**。廣西：廣西師範大學。

黃政昌（2008）。**大學生的心理衛生**。台北：心理。

曾燦燈（2001）。**EQ與人生命運**。高雄：清涼音。

富邦文教基金會（2010）。**青少年媒體使用行為研究調查**。

黑幼龍（2008）。**黑幼龍的加減乘除**。台北：商周。

楊國樞（2000）。**中國人的心理與行為——本土化研究**。北京：中國人民大學。

楊國樞（2004）。**人際關係與人際互動**。台北：桂冠。

楊國樞（主編）（2005a）。**自我實現與自我實現者**。台北：桂冠。

楊國樞（2005b）。**中國人的自我——心理學的分析**。台北：五南。

楊國樞、陸　洛（2005）。**社會取向與個人取向自我實現觀**。台北：桂冠。

楊朝祥（2004）。**跨越斷層教改再出發**。台北：教育部。

楊朝祥（2010，8月27日）。狂飆式的教育改革。**聯合報**，A-11版。

葉重新（2004）。**教育研究法**（第二版）。台北：心理。

新浪新聞網（2006）。**大學生生活困境調查**。北京：新浪新聞網，http://news.sina.
　　com.cn/z/gxyyz/

董氏基金會（2008）。**台灣地區大學生憂鬱情緒調查**。台北：董氏基金會。

鄒浮安、鄭照順（2008）。科技大學學生生活壓力與適應之調查研究。載於**2008南台灣大學通識教育研討會集刊**。高雄：高苑科技大學。

蔡東杰（2008）。音樂對憂鬱個案的應用。載於**大學心理研討會輯刊**。高雄：中山大學。

蔡順良（2009）。**生活方式對人格的影響**。台北：國立台灣師範大學。

劉曉明（2009）。**大學生心理健康教育：體驗、認知、訓練**。北京：科學。

劉顯達（2010）。如何提升大學競爭力。載於**大學評鑑研討會輯刊**。屏東：美和科技大學。

劉必榮（2006）。**學會談判**。台北：文經社。

劉若蘭（2007）。**心理衛生概要**。台北：華都文化。

劉焜輝（1975）。**輔導原理**。台北：天馬。

樊富珉（2009）。**大學生心理健康**。北京：社會科學。

蔣　勳（2007）。**美的覺醒：蔣勳美的沉思有聲書**。新竹：新竹廣播公司。

鄭照順（1988）。**國中教師專業社會化之研究**。高雄：復文書局。

鄭照順（1999）。**青少年生活壓力與輔導**。台北：心理。

鄭照順（2006）。高苑科大卓越教學計畫架構。載於**大學卓越計畫專輯**。高雄：高苑科技大學。

鄭照順（2007）。藝術治療與情緒探索。**高苑心語，1**。高雄：高苑科技大學。

鄭照順（2008a）。大學生身心困擾與輔導策略。載於**2008導師輔導知能手冊**。高雄：高苑科技大學。

鄭照順（2008b）。青少年網路成癮與輔導途徑。載於**2008導師研習手冊**。高雄：高苑科技大學。

鄭照順（2008c）。科技大學學生生活壓力與學校適應之調查研究。**高苑學報，15**。

鄭照順（2008d）。感情失落者的療傷與止痛。載於**2008導師研習手冊**。高雄：高苑科技大學。

鄭照順（2008e）。**企業與教育領導原理**。台北：心理。

鄭照順（2008f）。品格教育的課程與教學。載於**2008第十七屆世界資優教育研討**

會集刊。倫敦：華威大學。

鄭照順（2009a）。大學生的人格與培育。載於**2009兩岸博雅教育研討會集刊**。廣東：湛江師範學院。

鄭照順（2009b）。自我實現人格培育課程。載於**2009品格領袖研習專輯**。高雄：高苑科技大學。

鄭照順（2009c）。大學生的人際交往與輔導。載於**2009高苑科技大學通識教育研討會集刊**。高雄：高苑科技大學。

鄭照順（2010a）。大學生身心發展與保健。載於**潛能探索專輯**。高雄：高苑科技大學。

鄭照順（2010b）。大學校園常見的心理障礙：憂鬱症與精神分裂症之輔導。載於**個案研討專輯**。高雄：高苑科技大學。

鄭照順（2010c）。音樂治療於輔導上的應用。載於**2010高苑科技大學通識教育研討會集刊**。高雄：高苑科技大學。

鄭照順（2010d）。情緒的冬天與春天。**澎湖教育訊息**。澎湖：澎湖縣政府。

鄭照順（2010e）。藝術治療在心理輔導的應用。載於**2010品格領袖研習專輯**。高雄：高苑科技大學。

鄭照順（2010f）。大學生的戀愛心理與輔導。載於**2010心理研討會專輯**。高雄：高苑科技大學。

鄭照順（2010g）。大學學生心理困擾來源之研究。載於**2010品格領袖研習專輯**。高雄：高苑科技大學。

鄭照順（2010h）。情志病身心兼治之研究。載於**兩岸中醫研討會輯刊**。台北：廣州中醫大學校友會。

鄭照順（2010i）。心理創傷危機處理流程。載於**2010導師輔導知能手冊**。高雄：高苑科技大學。

鄭照順（2011a）。如何培育大學生自我實現的人格。載於**高苑學報，17**。高雄：高苑科技大學。

鄭照順（2011b）。大學生網路成癮與輔導途徑。載於**2011大學通識教育研討會**。高雄：高苑科技大學。

鄭麗芬（2010）。分手失落的調適與輔導。載於**情傷研討會專輯**。苗栗：育達科

技大學。

蕭仁釗（2000）。921地震心理急救的實務。載於**921大地震研討會專輯**。台北：
　　台灣大學。

蕭淑貞（2007）。**精神科護理概論**。台北：華杏。

賴保禎（1994）。**心理衛生**。台北：五南。

賴保禎、簡育仁（1980）。**心理衛生**。台北：天馬。

賴倩瑜、陳瑞蘭、吳佳珍、林惠琦、沈麗惠（2000）。**心理衛生**。台北：揚智。

賴念華（譯）（2002）。M. Liebmann著。**藝術治療團體：實務工作手冊**（Art
　　therapy for groups）。台北：心理。

戴晨志（2009a）。**想快樂的事，沒有不快樂的**。台北：時報。

戴晨志（2009b）。**力量來自渴望：最壞的時代，最好的自己**。台北：時報。

戴晨志（2009c）。**能幽默，就不寂寞**。台北：時報。

謝汝光（2007）。**心腦共振音樂**。香港：霍克。

謝臥龍（2011）。八八水災的心理復健模式。載於**八八水災三週年論文集**。南
　　投：暨南大學。

韓承捷（2008a）。**醫學共振音樂**。台南：宇宙音。

韓承捷（2008b）。音樂治療的效果預估方法。**高苑心田電子報，2**。高雄：高苑
　　科技大學。

譚謙章（2009）。**新編大學生心理健康教程**。北京：化學工業。

釋證嚴（2006）。**人間菩提**。台北：靜思文化。

釋證嚴（2008）。**證嚴法師生活的智慧**（增訂新版）。台北：健行。

嚴烽彰（2007）。**不憂鬱的生活**。台北。甜水文化。

二、外文部分

春山茂雄（1996）。**腦內革命**。東京：サンマーク出版。

Allport, G. W. (1950). *The basic psychology of rumor*. NY: Winston.

Allport, G. W. (1961). *Pattern and growth in personality*. NY: Winston.

Allport, G. W. (1963). *Becoming: Basic considerations for a psychology of personality*. NY: Harper & Row.

Anderson, M. R. (1987). *Stress management for chronic disease*. NY: Winston.

Andreasen, N. C. (2006). *Introductory of psychiatry*. London: British Publication.

Andreasen, N. C. (2009). *Introductory of Psychiatry*(4th ed). NY: Psychiatric Publishing.

Archer, J. (2010). *Physical symptoms of stress in college students*. NY: Elsevier Books.

Barry, P. D. (2008). *Mental health and mental illness*. NY: Lippincott Books.

Beck, A. T. (2004). *Cognitive therapy of personality disorders*. NY: Guilford Press.

Beers, C. W. (1908). *Mental hygiene*. NY: Guilford Press.

Beers, C. W. (1917). *The development of mental hygiene*. NY: Guilford Press.

Bolton, R. (1986). *People skills: How to assert yourself, listen to others, and resolve conflicts*. NY: Longman.

Cassidy, J. & Shaver, P. R. (1999). *Handbook of attachment: Theory, research, and clinical applications*. NY: Springer.

Cervone D. & Pervin, L. A. (2009). *Personality: theory and research* (11th ed). NY: Material Books.

Coan, R. W. (1974). *The optimal personality: An empirical and theoretical analysis*. NY: Columbia University Press.

Cohen, D. J. (2006). *Developmental psychopathology, theory and method*. NY: Harper & Row.

Columbia University (2010). *Student stress: College can be stressful*. NY: Columbia University Press.

Corey, G. (2010). *Theory and practice of counseling and psychotherapy*. CA: Brooks.

Cotton, H. G. (1990). *Stress management*. NY: Brunner Publishers.

Derlega, V. J. (1985). *Personal adjustment*. NY: Bantam.

Ellis, A. (1979). *Reason and emotion in psychotherapy*. NY: Birch Lane Books.

Erikson, E. H. (1994). *Identity and the life cycle.* NY: Norton.

Freud, S. (1905). *The contributions to theory of personality*. NY: Knopf.

Frisch, N. C. (2010). DSM-IV-TR Classification, In *Psychiatric mental health nursing*, Appendix-C. CO: Thomsom.

Gardner, H. (1993). *Multiple intelligence.* NY: Basic Books.

Gardner, H. (2007). *Five minds for the future*. NY: Bantam.

Gilroy, E. (1992). *Research in art therapy*. London: Open University.

Goleman, D. (1995). *Emotional intelligence*. NY: Bantam.

Hanser, S. B. (1999). *The new music therapist's handbook*. Boston, MA: Berklee Press.

Harris, M. (2002). *Developmental psychology: A student's handbook*. NY: Basic Books.

Holland, J. L. (1980). *The theory of personality for career development*. NY: Winston.

Hubner, P. (1987). *Emperors of music*. NY: Working Copy.

Jone, D. (1975). *Art therapy pioneer*. KY: University of Louisville.

Joos, K. (2003). *What does it mean to be a success: The future goals and values of American teenagers*. FL: University of Florida.

Jung, C. (1961a). *Psychology of unconscious*. NJ: Princeton University.

Jung, C. G. (1961b). *The development of personality.* NY: Basic Books.

Kohlberg, L. (1970). *The development of children's orientations towards a moral order*. NY: Bantam.

Lazarus, R. S. (1960). *Stress, appraisal and coping*. NY: Springer.

Lazarus, R. S. (1994). *Emotion and adaptation*. London: Oxford University Press.

Levick, M. F. (1967). The goals of the art therapist. *Journal of Albert Einstein Medical Center, 15,* 157-170.

Lickona, T. (2005). *Educating for character how our school can teach respect and responsibility.* NY: Bantam.

Lovinger, J. (1976). *Ego development*. CA: Jossey-Bass.

Lovinger, J. (1998). *Personality development, theoretical, empirical, and clinical inventions of Lovinger's conception of ego development*. NY: Lawrence Erlbaum.

Lowry, L. (1954). *Gathering blue*. London: Guilford Press.

Maslow, A. H. (1950). *The third force: The psychology of Abraham Maslow*. NY: Harper & Row.

Maslow, A. H. (1954). *Towards a psychology of being*. NY: Van North-trand.

Maslow, A. H. (1963). Self-actualizing people. In Levitas, G. B. (Eds.), *The world of psychology*. Vol. 2. NY: Braziller.

Maslow, A. H. (1970). *Motivation and personality*. NY: Harper & Row.

Myer, R. (2000). *Assessment for crisis intervention: A Triage Assessment Model*. NY: Thumson.

National College Health Assessment (2005). *The college student sressors and stress relievers*. Washington: National College Health Committee Press.

Naumberg, M. (1958). *Art therapy: Its scope and function*. IL: Charles Thomas.

Nevid, S. N. (2004). *Psychology: Concepts and applications*. NY: Winston.

Payne, H. (1992). *Dance movement therapy with children and adolescents*. London: Tavistock.

Pfaflenberger, A. H. (2007). *Exploring the pathway to post-conventional personality development*. CA: Pro-Quest Company.

Piaget, J. (1948). *The moral development of the children*. NY: Free Press.

Prinsley, M. (1995). *The fountions of music therapy*. London: Constable.

Rathus, S. A. (2008). *Psychology and the challenges of life*. NY: Wiley.

Roane, S. (1993). *The secrets of savvy networking*. NY: Warner.

Robertson, M. (2003). *Interpersonal psychotherapy: A clinic guide*. London: Arnold.

Robinson, J. (2006). *Natural Prozac: Learning to release your body's own anti-depressants*. CA: Harper.

Rogers, C. (1975). *On becoming a person: A therapist's view of psychotherapy*. NJ: Prentice Hall.

Rogers, C. R. (1965). *A way of being*. Boston: Houghton Mifflin.

Rogers, C. R. (1980). *Counseling and psychology*. Boston: Houghton Mifflin.

Rogers, C. W. (1990). *A study of relationship between participation in student activities and scholastic achievement in high schools*. Ok: University of Oklahoma .

Rusbult, C. E. (2005). *Key readings in social psychology*. London: Psychology Press.

Sanderson, P. (2007). *Arts therapies: A research-based map of the field*. London: Elsevier Books.

Schaler, W. (2009). *Stress management for wellness*. NY: Thomson.

Selye, H. (1983). *The stress of life*. NY: McGraw-Hill.

Senge, P. (2000). *School that learn*. NY: Double-day.

Skinner, B. F. (1930). *Beyond freedom and dignity*. NY: Bantam.

Skinner, B. F. (1974). *About behaviorism*. NY: Knopf.

Stanford University (2010). *Stress and the college student*. CA: Stanford University Press.

Sternberg, R. J. (1999). *Love is a story: A new theory of relationships*. NY: Harper & Row.

Sullivan, J. (1953). *The development personality and interpersonal relationship*. NY: Wiley.

Thaut, M. H. (1999). *Group music psychotherapy in correctional psychiatry*. NY: McGraw-Hill.

Thurow, L. C. (2001). *The knowledge-based economy*. NY: Board.

Tieger, P. D. (1995). *Do what you are: Discover the perfect career for you through the secrets of personality type* (2nd Ed.). NY: Guilford Press.

Tirri, K. (2008). *Values and foundations in gifted education*. Helsinki: Helsinki University Press.

Torres, A. (2010). *Common causes of stress among college students*. FL: Florida State University Press.

Torrey, E. (2006). *Surviving manic depression: A manual on bipolar disorder for patients and providers*. NY: Psxgrden.

Varcarolis, E. M. (2008a). *Foundations of psychiatric mental health Nursing*. NY: Elsevier Books.

Varcarolis, E. M. (2008b). *Psychiatric mental health nursing*. NY: Elsevier Books.

Waller, D. D. (1990). *Art therapies and progressive illness.* London: Buckingham.

Young, K. S. (1996). *Internet addiction: The emergence of a new clinical disorder.* Retrieved June 16, 1996.

Young, K. S. (1998). *Caught in the net: How to recognize the signs of internet addiction and winning strategy for recovery.* Retrieved July 18, 1998.

國家圖書館出版品預行編目（CIP）資料

大學生心理衛生與輔導／鄭照順著. --初版. --
臺北市：心理, 2011.12
　　面；　公分.--（輔導諮商系列；21101）

ISBN 978-986-191-438-1（平裝）

1.教育輔導　2.心理衛生　3.大學生

525.64　　　　　　　　　　　　　100010371

輔導諮商系列 21101

大學生心理衛生與輔導

作　　　者：鄭照順
執 行 編 輯：林汝穎
總　編　輯：林敬堯
發 行 人：洪有義
出　版　者：心理出版社股份有限公司
地　　　址：台北市大安區和平東路一段180號7樓
電　　　話：(02) 23671490
傳　　　真：(02) 23671457
郵 撥 帳 號：19293172 心理出版社股份有限公司
網　　　址：http://www.psy.com.tw
電 子 信 箱：psychoco@ms15.hinet.net
駐 美 代 表：Lisa Wu（Tel: 973 546-5845）
排　版　者：新裕豐文化事業有限公司
印　刷　者：昕皇企業有限公司
初 版 一 刷：2011 年 12 月
初 版 二 刷：2014 年 3 月
I S B N：978-986-191-438-1
定　　　價：新台幣 500 元